读研有方

研究生科研与学习指南

马臻 著

化学工业出版社

·北京·

内容简介

本书重点介绍了研究生读研期间需要掌握的技巧方法，涵盖读研的意义、导师选择、文献阅读、课题选择与设计、学术论文撰写与发表、学术规范、学术交流、学位论文撰写与答辩，另外还涉及时间管理、人际关系、职业规划等重要课题。本书为研究生提供了一个全面而实用的指南，能够帮助研究生在学习、科研、心理等方面获得成长，通过阅读这本书，研究生可以更好地了解研究生阶段的任务和要求，掌握必要的方法和技能，为未来的科研之路和职业发展打下坚实的基础。

本书可供准备或已经在攻读研究生的学生参考使用，尤其适合环境、化学、物理、材料、生物等研究性专业的学生参考使用。

图书在版编目（CIP）数据

读研有方：研究生科研与学习指南 / 马臻著.
北京：化学工业出版社，2024. 10. -- ISBN 978-7-122-46294-7

Ⅰ. G643.246

中国国家版本馆CIP数据核字第202466U2W4 号

责任编辑：韩霄翠　仇志刚　　　　　　文字编辑：于　水
责任校对：李雨晴　　　　　　　　　　装帧设计：史利平

出版发行：化学工业出版社（北京市东城区青年湖南街 13 号　邮政编码 100011）
印　　装：中煤（北京）印务有限公司
710mm×1000mm　1/16　印张 16¼　字数 271 千字
2025 年 1 月北京第 1 版第 1 次印刷

购书咨询：010-64518888　　　　　　　售后服务：010-64518899
网　　址：http://www.cip.com.cn
凡购买本书，如有缺损质量问题，本社销售中心负责调换。

定　　价：88.00 元　　　　　　　　　　版权所有　违者必究

前言

　　近年来，我国研究生招生规模持续扩大，很多学生在高校、研究所读研（本书中的"读研"包括读硕士和读博士），也有很多本科生面临"是否读研"的选择和纠结。读研是学生在学业上要求上进的表现，但这往往不是一件轻松的事。不知道如何寻找研究课题和实验切入点、不会设计实验、不会分析数据、不会写论文固然是读研常见的问题，此外很多研究生还缺乏角色认知，不清楚读研和读本科的本质区别，缺乏科研动力，较难平衡科研和课外活动、职业发展（考证、实习、应聘面试）的关系，进而产生诸多困惑。研究生的困惑不仅包括学业方面的困惑，还包括职业发展和人际关系等方面的困惑。如果不能妥善处理这些问题和困惑，那么研究生的读研体验和实际利益将会受到影响，甚至有部分学生由于没有把握好时间节奏、没有掌握读研方法，而不能正常毕业或者毕业时没有获得学位证。等到他们经历了种种"磨难"再回过头看，就会感叹自己在读研期间犯了很多错误，有很多教训。

　　1994 ～ 2001年期间，我在复旦大学化学系读本科和硕士研究生。那时，研究生和导师把注意力更多地放在研究生学习专业知识和从事具体的科研上，"科研生存技能"并不被强调，至少没有课程专门讲授设计实验、撰写论文、做报告等"科研生存技能"。2001 ～ 2006年期间，我在美国加州大学河滨分校读博士，除了读过Robert A. Day和Barbara Gastel写的 *How to Write and Publish a Scientific Paper*（6th edition）之外，几乎没有阅读关于"科研生存技能"的书。当时我忙着做实验、写论文，我对研究生做科研的了解基本上停留在"通过亲身实践，慢慢积累经验"的阶段。当然，当时的导师在指导我改论文以及与我日常交谈时，也会陆陆续续传授一些"科研生存技能"。

　　2006 ～ 2009年期间，我在美国橡树岭国家实验室做博士后，读了很多关于科研生存技能的书，比如 *Write Like a Chemist: A Guide and Resource*、*A PhD Is Not Enough!: A Guide to Survival in Science*、*Who Wants to be a Scientist?: Choosing Science as a Career*、*On Being a Scientist: A Guide to Responsible Conduct in Research*、*Survival Skills for Scientists*、*The Art of Being a Scientist: A Guide for Graduate Students and Their Mentors*、*The Chicago Guide to Your Career in Science: A Toolkit for Students and Postdocs*、*At the Helm: A Laboratory Navigator*、*Making the Right Moves: A Practical Guide to Scientific Management for Postdocs and New Faculty*。我认识到：在科技职场取得成功，不仅需要操作仪器之类的实验技能，还需要更加广泛意义上的"科研生存技能"，包括撰写论文、做学术报告、时间管理、沟通协调、指导研究生、申请科研项目等。

2009年回到复旦大学任教后，经过几年的积累，我在2016年开出"学术规范和科研技能"研究生课程。这门课并非单纯讲学术规范，也并非单纯讲论文写作，而是以"读研（科研）"为主线，通过授课、案例讨论、课后阅读、视频学习、学生分享、总结撰写等，提高研究生的科研技能和写作能力，加强学术伦理教育，端正学风，提高科研素养，促进学生职业发展。

该课程获批复旦大学2015～2016年度研究生课程建设项目、2017年复旦大学研究生科学道德与学术规范课程建设项目、2020年复旦大学FIST课程项目、2021年复旦大学FIST课程项目、2021年复旦大学研究生课程思政项目、2021年复旦大学研究生课程配套教材建设项目、2022年复旦大学FIST课程项目。在2022年，该课程入选上海市课程思政示范课程，本人成为上海市课程思政教学名师。2023年，该课程被评为复旦大学研究生课程思政标杆课。该课程开出了研究生专业选修课、全校研究生公共选修课、暑期FIST课程。2016～2024年已有1000多人修读，学生主要来自环境系、化学系、物理系、高分子系、生命科学学院等十多个理工、医科院系。

通过课程教学和指导研究生实践，我认识到现在研究生面临很大的压力、很多的困惑，导师对指导学生也比较头痛。每年都有大批研究生进校并进入各个课题组，导师不可能事无巨细地对研究生开展系统化的读研方法、科研方法、论文写作、学术规范的培训。于是，"公共导师"就有了"市场"。但这种系统化的针对读研的"公共指导"不能脱离教师的本职工作来开展，而要和讲授相关的研究生课程（比如"学术规范和科研技能"课程）或者自己从事的学生工作（比如担任研究生辅导员）结合起来。并且，"公共指导"的内容要符合中国国情——不能照搬照抄国外关于"科研生存技能"的书，而要在"公共导师"自己指导研究生、积累经验的基础上，明白新时代国家的需求，明白国内研究生的特点以及他们面临的问题，进而提供有针对性的指导和行之有效的解决方法。并且，时间管理以及为人处世方面的指导也是很重要的。

《读研有方——研究生科研与学习指南》是我自己亲历了读研、做博士后和指导研究生后经验的结晶，也是我讲授"学术规范和科研技能"研究生课的成果。本书既可以作为"学术规范和科研技能"类研究生课程的教材和参考书，也可以为广大研究生和导师提供参考。有志于读研的本科生也可以阅读本书。本书有部分内容取自我在《中国研究生》《大学生》《科技导报》《科学新闻》《中国科学报》《上海研究生教育》《时代人物》发表的文章，也有部分内容源于我发在科学网博客的文章。感谢化学工业出版社编辑促成本书的出版，也感谢复旦大学研究生院资助本书的出版（2021年复旦大学研究生课程配套教材建设项目）。

目前国内图书市场上已经有一些关于读研和做科研的书，比如《高质量SCI论文入门必备——从选题到发表》《读研究生，你准备好了吗？》《高质量读研：教你如何写论文、做科研》等，这些书从不同的侧面给研究生读研和做科研提供了指导。需要指出的是，研究生不可能有很多时间逐一阅读所有的相关书籍，因为毕竟要把大量时间花在做科研上；做科研和写论文是研究生的主要任务。因此，选择一两本有针对性的书籍开展学习非常重要。另外，任何一本关于"科研生存技能"的书对于研究生来说都不是"万能药"。学生在读研之前和读研的过程中都可以读这样的书，但很多事情还需要自己去做，很多书中的道理要在遇到事情之后才会有更深的认识。

如果有任何关于本书的问题，可以给我写电子邮件，我的联系方式是zhenma@fudan.edu.cn。也可以关注我科学网博客的日常更新。

马臻

2024年元旦

目 录

摘要部分写作/结论部分写作/参考文献

第5章 学术规范 119

第6章 学术交流 143

第10章　撰写科研论文之外的通俗文章　　218

第11章　结束语　　243

附录　使用的已经发表文章　　247

1.1 读研的意义和要求 ▶▶

不同的学生怀着不同的目的来读研

这些年，选择读研的本科生络绎不绝。在有些重点大学的应届本科毕业生群体中，有占总数三分之二的学生选择毕业后在国内或国外读研。但很多本科生对读研不甚了解，他们要么放弃深造机会，要么"随大流"考研，等到成功"上岸"后才发现读研并不适合自己。

有些本科生愿意通过推荐免试研究生（简称"推免"）的方式读硕士，而不愿意直博。对此，他们解释说：直博生的毕业要求高，直博生和硕士生相比需要发表更多的科研论文才能拿到学位。他们还误以为博士生毕业后的唯一出路就是"献身科学"，而他们一听到"献身科学"就有些发怵。

在做选择前，要认清"自己的选择意味着什么"以及"各种选择的利弊"。但很多学生想象中的"利弊"可能脱离实际——也许自己原先认为某一个考量因素（比如读研期间学生有没有出国交流的机会）很重要，但听"过来人"讲解之后，才发现那原本就不构成问题（即不必纠结于某一个点）。或者，有些学生原先认为某一个考量因素（比如选择导师）不重要，但后来读研时遇到麻烦，才发现自己当初"想简单了"。

有些学生不想在毕业后马上踏入社会，他们对参加工作有些胆怯，怕自己适应社会的能力不强，也担心自己在短期内找不到理想的工作。有些本科生来不及准备出国英语考试，就想在读研期间准备出国英语考试，读完研究生再出国深造。有的本科生就读于一所知名度不太高的大学，他想在本科毕业后去一所更著名的大学深造。有的本科生读的专业并非自己所爱，想通过读研来学习自己更感兴趣的专业。在当今社会，博士学位、硕士学位代表着一定的水平和稀缺度，而且毕业生的职级、待遇、落户多与毕业生所获的学位挂钩。应聘有些岗位的基本条件之一就是硕士或者博士，因此很多学生选择读研。也有的同学准备将来从事研究工作，准备当教授、研究员，因此读研。

读研的意义

读研的意义不仅局限于给学生提供就业和出国深造前的缓冲、就读大学和专业的调整以及学历的提高，还在于提高学生的学术水平、处理事情的能力、人际交往能力和克服困难的能力。

读研能提高学术水平。本科生很大一部分任务是学习课本知识（当然，他们也需要参加文体活动、社团活动、社会实践，并完成学位论文）。在有些顶尖高校，部分本科生从大二起就有机会进课题组跟着老师、研究生做科研。但在通常情况下，本科生接触科研的时间往往是在大四做毕业论文期间。本科生做毕业论文的时间短，课题难度小，独立程度低，毕业论文的篇幅短，较容易通过。

而在读研期间，研究生的主要任务不再是上课，而是做科研。相较于本科生做科研，研究生做科研的课题难度更大，独立程度更高，持续时间更长，学位论文的篇幅更长，通过的难度更大，有些高校对研究生还有发表论文的要求。导师也会投入更多的时间指导研究生做科研。以"研究"为导向，能提高自身的学术水平。当然，研究生课程的难度也比本科更大，研究生通过上课也能提高学术水平。此外，研究生有更多的参加学术会议、听报告的机会，这也是提高学术水平的有效途径。

读研能提高处理事情的能力。读研虽然不是在企业工作，但是研究生日常需要办的事情很多。

第一类事情是和科研相关的，比如采购科研仪器、请工程师维修科研仪器、安排好每个阶段的实验、和他人开展科研合作等。

第二类事情和科研关系较小，但也是课题组维持运行所需的，比如帮导师制作学术报告PPT、写科研项目结题报告、处理课题组财务报销事务、帮导师承担学术会议的会务工作、协助导师协调校外科研基地的参观活动、担任实验室安全管理员等。

第三类事情是做课程助教、院系助管、担任团学联干部、组织社团活动、协办班级活动等。

第四类事情是处理和毕业、就业相关的事情，比如填写各种表格、打印装订学位论文、找不同的人签字盖章、找工作、办理离校手续等。

处理不同事情虽然方法不尽相同，但都有从陌生到熟悉的过程，也要遵循做事的规范和方法。无论是顺利完成还是遇到挫折，研究生通过做事，能提高自己的办事能力。

读研能提高人际交往能力。 在读研期间，学生会和导师、课题组的学生以及自己的同学打交道。

与导师打交道——讨论研究课题、接受导师的指导和任务安排、接受导师的批评教育、和导师协商毕业和实习找工作的时间安排。有时候，导师不愿意轻易地把学生的论文投稿发表，不愿意让学生在平时做科研期间外出实习、找工作，不同意学生按时毕业，学生需要和导师沟通协调。当然，若学生不理解或者不同意导师提出的科研思路或者任务分配，这时也需要和导师沟通协调。

与课题组的学生打交道——刚进课题组时，研究生往往需要争取师兄、师姐的帮助；等自己资历更深之后，研究生往往会在科研和生活方面帮助师弟、师妹；此外，还需要和课题组的学生协调处理好课题组公共事务，比如打扫卫生、购买课题组共同使用的实验耗材；在做科研的过程中，需要和课题组的学生协调好使用仪器设备的时间。

与自己班上的同学打交道——参加班会活动，并和班级同学交流讨论学习、科研、生活、职业发展。

此外，研究生在组织各类活动（班会、学术讲座、职业发展讲座、社团活动、公益活动）以及求职应聘的过程中，也能锻炼自己与人打交道的能力。有的学生在自己的诉求得不到满足时（例如当导师不允许研究生按时毕业时），还会找院系和研究生院工作人员和领导表达自己的诉求。

读研能锻炼克服困难的能力。 研究生可能会面临各种困难，包括经济压力大、做科研不顺、忙不过来、和导师相处不愉快、和同学相处不愉快、论文发表困难、学位论文没有通过盲审、找工作困难、家庭出现状况等。最主要的困难，是做科研和找工作的困难。在经历了遇到困难和克服困难的过程后，人会变得更加强大，也会对自己的能力和将来的发展计划有更实际的认识。

比如，有的博士生本来梦想着能在*Nature*或*Science*等顶级学术期刊发表论文，以便毕业后进高校任教，导师也经常鼓励他。但科研论文屡屡遭遇退稿，最终只发表在普通的学术期刊上，勉强能保证毕业。于是，他对自己的科研能力、发表论文的难度以及在学术界生存的难度有了更清晰的认识，最终选择毕业后去企业工作。

再比如，即将毕业的学生找到了工作，但学位论文没有通过盲审，导致先前签订的三方协议作废了。尽管很郁闷，但却不得不面对现实，按照评审人的要求补做了实验，并认真修改了学位论文，最终通过盲审和答辩，也顺利找到了新的工作。这段经历也使他收获良多。

总之，读研是就业的前期训练，能锻炼研究生各方面的能力，促使研究生成长。即便有些学生将来毕业后不再从事学术研究，在读研期间锻炼的各种能力对自己今后的职业发展还是有用的。比如，有些学生毕业后去咨询公司工作，日常的工作就涉及查阅资料、分析资料、撰写报告、提出可行性分析，这和读研期间做研究、写报告和论文类似。并且，经过几年读研的训练，研究生在职业技能和为人处世方面更加成熟了，心态也得以调整，这对他们毕业后在职场开展工作很有帮助。

*读研对国家、社会、人类的意义。*当今世界，人类面临着各种问题，包括能源危机、环境问题、卫生医疗问题、信息安全问题、食品安全问题、经济发展问题等。在全球范围内，不同国家有大有小，发展也极为不均衡。一个国家民众的文化水平、科学素养能影响社会的文明程度、社会观念和现代化程度，也能影响生产力发展水平乃至综合国力。国家培养研究生、壮大研究生教育事业，能提升国家的科研水平和综合国力，推动社会发展。比如，世界有能源危机、环境问题，那么我们就需要培养人才来解决能源危机、环境问题。国家和国家之间有贸易和谈判、技术交流的事务，那么我们就需要培养这方面的高层次人才。在医疗、教育、经济、研究等领域，国家也需要大批拥有博士、硕士学位的高层次人才。

读研的要求

有很多研究生进校后走了很多弯路，原因就在于他们缺乏对读研的正确认识。比如，他们把很多时间花在参加各类活动、上课上，而没有在上课之余"见缝插针"地开展文献调研、做实验，以至于到了读研的后期，时间非常紧张，研究生很难兼顾写学位论文和找工作。还有一些研究生一味地等着导师布置任务，或者沉醉于阅读文献，而没有及时开展研究，最终影响了毕业。当然，也有一些研究生把很多时间花在了外出实习、考教师资格证、考驾照、考会计证上，而没有及时地投入研究。

要明白，读研和读本科有很大的不同。读本科是以课程学习为核心，事实上评价本科生的重点是学习成绩（尽管德智体美劳全面发展很重要）；而读研是以科研为核心的，评价研究生的重点是科研论文和学位论文（尽管德智体美劳全面发展很重要）。研究生在完成课程学习的基础上，需要通过文献调研以及和导师讨论，找到研究课题，然后开展研究，完成学位论文。读研期间，研究生会经历开题报告、中期考核、预答辩、学位论文送审、答辩等环节。有很多学校还要求研究生在学术期刊发表学术论文。

要知道，读研涉及"输入""转化""输出"三个过程。阅读文献是"输入"，是"转化"和"输出"的前提。"转化"主要是指做实验（或者文科研究生开展调研）、处理数据、撰写论文。而"输出"是指发表科研论文和提交学位论文。"输入""转化""输出"三者的协调很重要。往往，有些研究生只是一味地阅读文献（输入），而没有及时地转化和输出，这是读研的大忌——毕竟读研的时间有限，没那么多时间让研究生慢慢学习而不产出科研成果。而对研究生学习规划较好的学生，则能把握好"输入""转化""输出"的先后顺序和时间的比例，有的甚至在正式入学前就已经通过提前阅读文献来"输入"了。

针对具体课题，需要提出问题、分析问题、解决问题。一篇能够顺利通过评审的学位论文，不能只提出问题（开展文献综述），也不能只分析问题（提出自己的想法），还要解决问题，提出解决问题的方案。

为了顺利读研，研究生需要有勤奋刻苦的精神、善于观察的眼睛，善于动脑思考，善于动手做研究或者迈开双腿做调研，善于归纳总结，并把研究结果整理成文，并需要较强的团队协作和沟通协调能力。研究生需要很强的抗压能力和面对挫折的斗志，还需要知道什么重要、什么不重要。当然，研究生还需要好的品德，这表现在诚实地对待自己的科研和数据，真诚地对待自己的导师和同学，在团队中乐于助人，并把自己在专业和职业发展方面的进步放在国家需求、社会进步的大格局中思考。

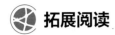

拓展阅读

研究生读研的"十大忌"

马臻

我想通过以下文字告诉大家：读研要有合理的定位、合理的规划，脚踏实地地把事情做好，而不要浮，不要飘。读研要遵循一定的规范，要做一个诚实靠谱的人。以下文字说的是通常的现象，并非特指。

一忌优越感强。考上名校的研究生，在读本科期间往往是各自学校的佼佼者。考上了名校，容易给人一种优越感。然而，从事科学研究，很多时候要做实验，要在艰苦的条件下取得科研进展；而且，往往做科研没有那么简单，理想和现实之间的差距很大。研究生需要放下优越感，放下对自己"外在相状"的执着，撸起袖子加油干，以"笑到最后"（顺利毕业、找到工作）为准。

二忌精力分散。读研的主旋律应该是做科研。可以适当参加课外活动，但是不宜过早参加校外实习，尤其当实习与培养方案、专业和研究课题无关时。参加校外自选实习很容易导致精力不集中，耽误科研进度。如果研二不能在科研上"出东西"，那么毕业、拿学位证的难度就加大了。与其这样，还不如一开始全身心投入科研，等到研二结束时完成论文，再利用研二暑假全身心投入实习，在研三还有时间找工作。读研期间，分散精力的事情还有很多，比如考驾照、考教师资格证、考会计证等，不可不慎。

三忌好高骛远。读研究生应该有一条心理底线，那就是做出科研成果、发表论文、写出学位论文，在规定的期限内正常毕业；即使不能按时毕业，也要有可以预期的毕业时间，比如延半年或者一年后确保毕业。整个读研期间的努力，都要围绕这个目标。而且，人要对自己的能力有充分的认识，不要自己论文还没有发表，甚至毕业都成问题，还想着出国去名校深造、交流。很多时候，需要求稳。

四忌自欺欺人。当导师说学生的科研进度不行，有的学生会说："我比班级里其他的同学强多了。"当导师说学生的实验数据有问题，有的学生会说："文献里别人也是这么做的，他们不照样发表论文了吗？"万事万物遵循一定的规律，有一条规律就是"种瓜得瓜，种豆得豆"。如果违背了这条规律，掩耳盗铃，最终发表论文、毕业都会成问题。

五忌犟头偬脑。导师给你改论文，他让你这么改，只要不违反学术道德，你要尽可能听从导师的意见，按照导师的意见去修改，而不能置之不理，还说"别人不这么做，不也发表了吗？"如果觉得导师说得不对，可以书面回复或者当面找导师讨论。你想，导师让你这么修改，而你没有改，当导师拿到你给他的修改稿时，会高兴吗？即使你现在不修改，导师勉强让你通过，论文稿到了审稿人手里被找出问题，最终耽误论文的发表。

六忌弄虚作假。弄虚作假包括实验造假、数据处理造假、论文写作造假、署名不规范等，违反学术道德是科研的大忌。举个例子，曾经有一个学生测一个样品的EDX-mapping元素分布。不料，由于制样超声的时间太长，有的元素跑到具有某种形状的载体的外面去了，这个元素就像撒胡椒面一样布满了整张图。当被导师指出后，该生用Photoshop软件把载体外面的该元素的亮点全部改成了黑色。这是很严重的学术造假。

七忌忙而无用。有些研究生像拼命三郎一样埋头苦干，一味地积累数据，然后机械地写论文。如果有的实验或者研究课题本身是没有意义的，有必要在犄角旮旯里做文章吗？如果一开始的实验就不是很有意义，那么即使积累了很多数据，最终的研究也不会太有意义。写论文也是这样，机械地去写，急着要投稿，缺乏深入的思考和分析，这有用吗？

八忌过河拆桥。比如说，有的学生有一篇文稿被导师压在手里，他就希望导师快点修改后投稿。不料，论文被接收后，他却"翘尾巴"，实验进度明显放慢。再比如，有的学生需要别人帮忙时，开空头支票说可以给别人署第二作者。然而，后来由于种种原因，最终并未实现当初的允诺。

九忌虚头巴脑。虚头巴脑就是不脚踏实地。具体表现在：嘴上说要好好学习，结果上课时低头看别的书，看着看着还睡着了；嘴上说毕业后要进高校当教师，结果不好好做科研，尽干一些别的事，最终论文"难产"；嘴上说这个事儿肯定在什么时间之前搞定，结果一到截止日期，又找各种借口。

十忌惹是生非。课题组肯定受一定环境的影响和规章制度的约束。课题组成员做一些事，有可能会影响到课题组在院系中的生存，造成一定的影响。惹是生非的表现有很多，比如跳出来质疑院系的规章制度、违反院系实验室安全制度等。

以上，我指出了读研的十个大忌。希望大家看到后对照一下，看看有没有类似的现象。

（来源：马臻. 研究生读研的"十大忌"[EB/OL]. 科学网. 2023-02-08. https://blog.sciencenet.cn/blog-71964-1375386.html.）

1.2 学业、科研、职业发展概述 ▶▶

读研不仅仅意味着完成课程学习，还意味着做科研和职业发展。

完成课程学习是读研必需的。本科课程较为基础，而研究生课程难度更大，也更前沿。读研初期的课程学习能扩充、加深研究生的专业知识，并为做研究、写论文打下基础，但往往研究生并不是完成了课程学习就能毕业，而是在完成课程学习之外，还需要花大量时间做研究、写论文。比较糟糕的情况有两种：一种是研究生不认真听课（在课上用手提电脑做别的事情，玩手机），或者逃课，这就意味着错失学习良机，没有打好基础；另一种是研究生还是像读本科那样沉醉于"刷绩点"、刷大学英语六级考试成绩，而没有及时开展研究。

读研的核心是做科研，写出学位论文。做本科毕业论文时，本科生跟着研究生师兄、师姐"打酱油"，在老师和师兄、师姐的"保驾护航"下，能较为稳妥地完成任务。而研究生做科研并不那么简单，需要消耗的时间也多。很多人一开始心气很高，以为自己随便研究几下，就能在高档次学术期刊发表论文，但最终仅能勉强毕业，甚至不能按时毕业。这个话题会在本章节的拓展阅读材料《读研面临的困难及化解对策》中详细介绍。

研究生还有一个要务是职业发展。即思考毕业以后干什么——去企业、高校、研究所、政府部门工作，还是深造？是准备从事和本专业相关的工作，还是准备从事和本专业关系不大的工作？是准备出国，还是准备留在国内深造或者工作？研究生还可以通过实习等方式锻炼自己的职业技能，并参加求职应聘。现在大学非常在意毕业生的就业率；研究生参加实习将有助于自己找到和实习岗位相关的工作。然而，研究生做科研和职业发展这两者可能互相争抢时间，这两者之间的平衡很难把握。

总之，读研期间主要有三项任务：完成课程学习、做科研并写出学位论文、规划职业发展。完成课程学习能打下自己在读研期间做科研的基础。在课程学习的同时要开展和学位论文相关的科研工作，而不能在课程学习上投入太多的时间，追求完美的绩点。职业发展虽然不是毕业的要件，却是实现自身发展的必需。毕业和就业是衡量读研"结局"的两个关键指标——绝大多数研究生都能完成课程学习，但有相当一部分研究生无法按时毕业，或者没有及时就业。

相较于硕士生，博士生完成课程学习所需的时间更少，因为需要修读的课程相对较少（以便集中精力开展具有创新性的研究）。而且，博士生经过了硕士阶段的训练，他们的科研基础一般比硕士生的科研基础好，但博士生做科研的任务更重，毕业、申请学位的标准更高。此外，博士生职业发展所需的时间少，即博士生一般不需要参加实习，也能较为顺利地找到和专业对口的工作。

硕士生和博士生相比，需要修读的课程更多。硕士生做科研的要求相对低一些，但是硕士生需要更长的时间实习和找工作。这是因为，硕士生的就业面和博士生的就业面相比更加宽广，有很多硕士生还想从事和本专业关系不大的工作，比如学习环境工程的学生想进会计师事务所。还有的硕士生在找企业工作的同时，还想考公务员，这就会和做科研发生时间冲突。

"成功"的学生往往能够协调好课程学习、做科研和职业发展三者的关系。他们知道什么东西重要，什么东西不重要，善于管理时间（或者说善于管理自己），还能从导师、同学那儿获得帮助。我给"成功"加上双引号，是想有所保留。有的学生表面上取得了"成功"，其实是走了捷径，或者比较幸运，比如他刚进课题组就"继承"了课题组师兄、师姐毕业时留下的课题和数据，甚至是尚未发表的论文稿，也有的学生把论文发表在了审稿快、质量把控不严的某个开放获取期刊上，因而有更多的时间"刷"实习经历，复习公务员考试。有的学生发表论文早且多，因而获得了奖学金和其他荣誉。相反，有些同学没有取得"成功"是因为课题比较难、做"横向"应用课题不容易发表论文、自己做科研比较认真（反复重复实验、核查数据结果）、导师要求比较高（不轻易发表论文），或者自己运气不好（例如论文投稿后，遇到刁钻的审稿人）等。从旁观者的视角来看，"怀才不遇"的学生在经历了种种挫折和不顺之后，确实也提高了自己的能力，获得了宝贵的人生经历。但另一方面，"怀才不遇"的学生做事也并非百分之百完美，这当中也有衔接不好、沟通不畅、效率不高、不够努力、能力不足、选错了研究方向等问题。

为了协调好课程学习、做科研和职业发展三者的关系，学生不能抱着"混毕业"的想法读研，而要端正态度，真正打起精神，并多和导师沟通。

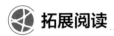 **拓展阅读**

读研面临的困难及化解对策

马臻

近年，研究生招生规模扩大，考研学生人数逐年增加。很多研究生进校后面临读研的种种困难；同时，研究生教育面临提高质量的挑战。需要细致分析研究生读研面临的种种困难及其原因，并提出相应的对策，进而使研究生、导师、学校、政策制定部门等各个"利益相关方"正视问题，努力改进。

读研面临的困难

很多研究生在读研之前，对读研会面临的困难没有足够的认识和心理准备。

研究生申请硕士、博士学位的必要条件是写出学位论文并通过评审和答辩。有些院校还要求研究生必须在学术刊物上发表若干篇学术论文。写论文并不是"剪刀浆糊"那么简单。文科的研究生需要阅读大量文献，包括学术专著、学术论文、报刊文章，需要在思考、研究的基础上提出自己的新观点，甚至需要进行实地调研、访谈。理工科的研究生不但需要阅读大量文献，还需要做实验、采集数据、分析数据、提出新观点。完成论文，不但需要写作的功夫，还需要平时研究的功夫。从研究的创新性以及完成论文工作量的角度来看，读研期间做科研比在本科期间完成毕业论文难多了。

研究生做科研，在任何环节都可能遇到困难，出现纰漏。比如，有的学生刚进课题组，面对陌生的课题和浩如烟海的文献，找不到科研的方向，不知道如何开始做科研；即便找到了研究切入点，也吃不准这个科研点子到底有没有用——有什么意义？做出这组实验后，得到的实验结果能否整理成论文发表？有的学生苦于课题组缺乏做实验的硬件条件和导师有效的指导——导师可能不大熟悉学生具体从事的研究课题，或者忙着授课、备课、申请科研项目、行政工作和各种杂事而无暇顾及研究生。有的学生做实验缺乏章法，就像熊瞎子掰苞米，掰一个丢一个，最终没有一个实验结果能整理成文。更常见的，是学生做实验得不到预期的结果，却又找不到失败的原因和改进的方法。

以催化研究为例。对于研究生来说，一个合适的研究并不是搭建一套催化装置，也不是从事催化剂的工业化试验，而是一个有合适切入点、能发表学术论文或者能把实验结果用于学位论文的研究。一篇催化研究论文往往包括催化剂制备、表征、性能测试和机理研究等内容。一个缺乏科研章法的研究生往往制备了一大堆催化剂，然后一个劲地测试催化剂的催化性能，而没有及时分析实验数据并推进后续的催化剂表征和机理研究。还有的研究生做了很多实验，才发现类似的实验点子已经被报道过了或者自己的实验设计错了。

好不容易积累了一些实验结果，将这些实验结果整理成文也难。写学术论文需要业内约定俗成的学术语言，有一定的风格和规范，不能想到哪里就写到哪里。并且，写论文着重"写"，这是具有创意的工作，不是做英语考试的选择题和阅读理解。更何况，写论文并非简单"看图说话"般描述实验数据，而是要透彻分析数据，并引经据典地开展讨论，提出新的观点。一些理工科学生写作水平令人堪忧，他们也没有经历严格的论文写作训练，以至于捣鼓了好久都不知如何下笔。

研究生好不容易写出了论文初稿，但这样的论文初稿往往不能马上投稿，因为离学术期刊发表的要求还是有很大的差距。还要请导师花大力气修改，甚至彻底重写，才能投稿。这时，有的导师可能忙着别的事情，而没有时间修改稿子。或者导师写作能力也不强，并且看到这样的论文稿觉得离学术期刊发表的要求还有很大差距，就把论文束之高阁。即使论文改了几遍以后投出，很有可能几个月后遭遇退稿。即便论文没有被直接退稿，也有可能要花大力气补做实验，修改论文，重新投回去审稿，还不能保证能在申请学位之前及时发出来。

读研时间非常紧。除了五年制硕博连读，硕士毕业后读博的学制通常为三年或者四年。学生入学后第一年要边上课边做科研，最后一年要在三月底提交博士论文，还要找工作。在这么短的时间内又要发表几篇科研论文，难度可想而知。对于硕士生来说，虽然毕业的要求没有博士生的毕业要求那么高，但是时间也很紧，因为不但要上课，还要参加自选实习。

研究生不但身体累，心也累。有的学生在考研面试时对将来的读研生活信心满满，但进校后看到隔壁课题组的学生在顶级学术刊物发表论文，就感叹自己投错了师门。有的学生做科研不顺利，想到家乡亲人的经济压力，想到自己的茫茫前途，就抑郁了。有的学生牵挂着身处远方的对象，进退维谷。有的学生读到后来，不能按时毕业，就"疲"掉了。还有的学生自身科研基础并不理想，本来完成学业都有困难，还想着出国留学。

要是遇上不靠谱的导师，就更悲催了。有的导师喜欢"生产流水线作业"——让每个学生负责科研论文的部分工作，由他根据学生毕业的需要来分配论文，即指定某个还没有论文的高年级学生作为论文的第一作者，但这耽误了其他一起做实验的学生，因为他们也需要署名为第一作者的论文才能毕业或者申请学位证。有的导师让学生做从企业拉来的研发课题，但研究生做这些课题往往是不能发表毕业所需的论文的，还得另起炉灶，做另外一个基础科研题目应付毕业。也有些导师没时间修改论文、不擅长写论文或者不愿意让学生轻易发表论文，学生的论文稿到他的手上要耽搁半年、一年才能投出去。或者，他总想着把论文发在高档次学术刊物，结果论文投了几回都被退稿，时间也耗费了……

化解对策

尽管读研使人身心俱疲，但这是一段宝贵的人生经历。我记得自己以前在美国读博时，每天工作十多个小时，甚至做实验、写论文到凌晨。五年读下来，看了近两千篇文献，发表了十多篇科研论文，有种"脱胎换骨"的感觉。我回国任教后指导的博士生毕业后，有的进高校当讲师，有的做博士后，有的进企业从事研发，他们都说读博很有价值。当然，我指导的硕士生也很有收获。

但问题是，学生都会有心累的时候，有的甚至在遇到困难时不想读了，或者干脆将手机关机，想独自静一静。大多数研究生还不那么骁勇善战，他们在科研上做了很多无用功。其实，成功是有规律可循的，如果没有那么多心累和懵懂，效率至少可以提高一倍！

首先，研究生要沉得住气，心思不能太灵活。要在正确的时候做正确的事情。不要想着高中同学哪个买了豪车，哪个当了领导；也不要自己还没有发表毕业、申请学位证所需的论文，就想着出国交流一年；更不用多想将来找工作的事，要先保证自己能顺利毕业。每个学生做的课题不一样，发表论文的难易程度也不一样，不要羡慕别的同学发表了高档次论文而自惭形秽。

其次，研究生要稳扎稳打、步步为营。我的做法是让研究生做实验以科研论文为目标，一个阶段就忙对应于一篇科研论文的实验。不要同时做几个课题，也不要看到别人做什么热门课题，自己就丢下手头的研究，去研究别的东西。每完成一个阶段的实验，就及时用英文写科研论文。最终，学生需要把自己作为第一作者发表的若干篇英文科研论文翻译成中文（作为学位论文的主干章节），再写出学位论文的绪论章节以及结论与展望章节。换言之，读研有一定的节奏，要把握好这种节奏，做科研要抓紧，而不要拖拉。

再次，研究生要与导师多沟通，多借助导师的力量，取得导师的指导和认可。导师在缓解研究生读研困难方面，肩负着很大的责任，可以做很多事。

在提高研究效率方面，导师有很大的责任。我的做法是让学生集中精力做科研，不做企业课题，也不做杂事。我和学生一起设计研究课题时，就会想清楚：这个课题能稳妥地做出来吗？学生做这个课题能发表论文、正常毕业吗？学生开始科研之后，我会经常（甚至每天）问学生科研进展，及时纠正实验错误，并发出指令——为了发表论文，还要补充什么实验。尽管走弯路也可以锻炼学生，但读研的三年时间真的很紧，我们没有时间瞎折腾。

在指导学生写作方面，导师也有很大的责任。我告诉学生，为了提高论文写作能力，要多读文献，多写论文。我还开了一门"学术规范和科研技能"课，把论文的各个部件拆解给学生看。此外，写论文要有自己的归纳、分析、论述，而不能打开模板灌装内容，更不能抄袭。要用自己的语言去写——就像有的人讲PPT会拿着稿子读，如果能丢开稿子，会更加自然！

大多数研究生写出的文稿都达不到稍加修改就能发表的程度，需要导师精心修改：一是英语语法；二是整体论文结构和段落详略；三是学术内容，包括需要补充实验、补充引用文献。好的导师改得好、能提出有价值的修改建议，还能及时修改论文，投稿也能把握时机。

最后，在引导学生正确面对人生困惑方面，导师也可以发挥自己的作用。比如，学生的常见困惑是：自己不喜欢这个专业。也有的同学说，自己本想读这个专业改变世界，但进校后发现做的课题没有工业前景。遇到这些问题，有些老师就会说"做科研的这一套能用于今后的工作"或者"我们做的课题还是很有前景的"。但我说，手头的课题没有工业前景，这没关系——有多少课题能真正马上工业化？关键是既然选择了读研，就得正常毕业，找到工作，还得一步一个脚印把眼前的事情做好。

学生的常见困惑还在于：博士毕业后是否一定要做科研？也有的同学说，如果进不了高校怎么办？遇到这些问题，我常常回答：博士毕业后不一定要做科研，进高校，还可以去企业（工业界）、事业单位和社会组织。现在进高校得有很强的"生存"能力，包括上课、申请项目、做科研、指导研究生。高校青年教师有很多时间需要授课，做各种杂事，科研条件（用房面积、启动经费、研究生招生名额）不一定能得到满足，且往往面临"非升即走"的困境。从事任何工作，都没那么简单。把事情给学生"掰开来"说清楚之后，学生就能豁然开朗。

结语

上述这番话给读者的启示在于以下几点。

第一，读研是难的。学生准备考研前，真的应该想明白自己为什么要读研，能否面对困难，能否读出来。如果感觉自己的科研基础差得太远，或者难以静下心来，那么不应该"随大流"读研。

第二，读研是有规律可循的。学生只要好好干，心无旁骛，就能提高效率；反之，像无头苍蝇那样乱做一气或者弄虚作假，最终会吃到苦头。在开展科研的过程中一定要经常想一想，及时梳理、总结，避免走弯路。

第三，导师在指导科研、写论文方面起关键作用。准备读研的学生一定要擦亮眼睛，多方打听导师的指导方式和课题组学生的毕业情况，找认真负责、有能力的导师。万一找到不靠谱或者不合适的导师，如果不能转导师或者退学，那么就要和导师沟通好，尽可能顺利毕业。如果在课题组有不顺心的事，也要学会往前看、往前走，而不要纠结。

对于导师来说，不能出于"刷工分"的目的把学生招进来，不问不管。导师应给学生布置合适的课题——难度适中，能在合理的时间内做出来，能发表论文，且具有一定的理论价值。导师还应该给学生创造良好的科研条件，并及时指导研究生，确保学生能发表论文，并维持学生的科研积极性。

为了使学生获得更好的读研体验，也为了提高效率，学校也应"双管齐下"：一方面加强对研究生学术规范和"科研生存技能"的教育，解决研究生思想困惑，调和师生矛盾；另一方面，也要加强导师培训，让导师能热心带研究生，擅长带研究生。

（来源：马臻. 读博难不难？[EB/OL]. 科学网. 2019-03-27. https://blog.sciencenet.cn/blog-71964-1169857.html.）

1.3　选导师的准则和方法 ▶▶

每年九月，很多新进校的硕士生忙着奔波于各个课题组，想寻找合适的导师，也有些学生早在参加推免面试、考研前后就预定了导师。不料，学生加入课题组后，各种问题往往纷至沓来，以至于有些学生进退维谷，苦不堪言。研究生选导师真的要慎重考虑，而不能随意。

考虑导师的研究方向和课题

很多人会首先考虑导师的研究方向和课题。我认为，研究方向和课题对于准备将来进高校、研究所继续从事研究的博士生来说很重要，因为这有可能决定他们将来在新的单位入职后的研究方向和申请科研基金的方向。而对于那些毕业后不准备深造或者继续科研的学生来说，纠结于"课题有没有前景"是没有多大意义的。课题对于大多数硕士生来说，只是把他们从"此岸"渡到"彼岸"的"木筏"，学生毕业后大概率不会再从事硕士期间研究的课题，而且不要指望自己在读研期间做的课题能马上产业化。很多人毕业后从事的工作和本专业关系不大。假设有些环境专业的硕士生想进企业成为环境、健康、安全工程师（EHS）或者想进环保局当公务员，那么他们需要的是本专业的硕士文凭，用人单位不会在意他们在校期间是研究水处理还是大气污染控制工程。因此，一般的硕士生只要自己对导师布置的课题不反感，并且能顺利地做出科研结果，拿到毕业证和学位证就行了。

当然，研究方向和课题并非不重要。想进一步深造并终身从事研究的学生，得想好长期的研究方向并选择具有潜力的课题。其他的研究生也需要思考：自己在读本科期间的研究基础能否用于读研期间的科研？比如，一位学生在本科期间从事光催化研究，那么她在读研究生时，可以考虑挑选光催化的课题，这样她不但能很快"上手"做研究，而且后期能腾出时间参加实习，找工作。试想，如果她"从零开始"学习生物传感器或者量子化学计算，那需要多大的努力才能"上手"啊。诚然，学习新知识很重要，从事新课题研究也并非一定不行，但读研时间这么紧，不准备深造的学生也要通盘考虑自己的学业进展和职业发展，尽可能"求稳"，确保在学业进展和职业发展方面"两边都顾上"。正如导师申报国家自然科学基金课题需要一定的前期基础一样，研究生也要考虑自己是否具备研究特定课题的前期基础。

考虑师生能否"匹配"

除了研究方向和课题因素，选择导师的关键考量还在于师生能否"匹配"。

第一，学生将来就业、深造的倾向是否能和课题组"运行模式"匹配；如果不一致，那么能否找到平衡点。课题组有一定的运行模式——做研究，取得科研发现，发表科研论文，申请科研项目。准备在毕业后深造的硕士生往往更能够把心思放在科研上，也不需要参加那些和专业培养关系不大的自选实习，他们的目标往往契合课题组整体目标。而如果硕士生不准备在国内读博，那势必需要花很多时间参加自选实习、找工作或者复习英语、申请出国，这有可能和课题组的运行模式发生冲突。在这种情况下，有些导师会体贴学生，让学生有很多时间做自己想做的事（尽管这意味着可能会影响课题组的可持续发展），而有些导师更多考虑课题组的发展，让学生不停地做实验、写论文，学生便没有足够的时间实习、找工作。平衡点放在哪里，将极大地影响学生的幸福感和前途。

第二，学生的基础、能力能否满足导师的学术标准。有些导师急切地"抓"学生来"干活"。他们"捡到篮子里都是菜"，一下子招了几个学生，又对学生提出极高的论文发表要求。比如院系要求硕士生在核心期刊发表一篇论文，而有的导师提出硕士生要在高档次SCI刊物发表一篇论文才能毕业。在管理学当中，一个人是否有积极性做一件事，取决于自己的能力和目标是否匹配。如果目标太高，人会感到再怎么努力都无法实现，就没有积极性。而如果目标太低，人会感到很没意思，也不会有积极性。能使人发挥出最佳水平的情形，是"跳一跳摘桃子"。在上述例子中，如果学生的基础、能力和导师的学术标准相差太远，最终会导致矛盾爆发，研究生也会进退维谷。

第三，师生的行为模式是否匹配。DISC行为模式理论把人的行为模式分为支配型（dominance）、影响型（influence）、稳健型（steady）和服从型（compliance）。这不是说一个人只可以具有一种行为模式，而是说一个人在通常情况下主要表现出一种行为模式，他同时也可以有一定比例的其他行为模式。并且，人在和他人的互动过程中也可以调整行为模式，例如支配型的教师遇到支配型的领导，可能会暂时变成服从型的教师。有很多支配型导师非常强势，课题组能够和他和谐相处的学生都是唯唯诺诺的服从型学生，而不是支配型的学生。学生如果不能改变自己的行为模式，那么最好选择适合自己的导师。

第四，学生能否适应导师的管理风格。有的导师就像直升飞机盘旋在人的上方那样盯着学生，控制着学生的作息，管理非常严格。有的导师的管理风格属于"放养型"，即对学生做科研不闻不问，任由学生自己折腾。"放养型"的导师虽然不大会和学生发生直接冲突，但是学生也得不到指导和督促，需要自己去摸索科研之道。当然，也有的导师实行民主型管理，他们既关心学生的科研进展，也对学生嘘寒问暖。学生进课题组后，有可能适应导师的管理风格，也有可能不适应，而不适应会使自己非常难受，甚至会影响毕业进程。

除了考虑以上几点，还要了解导师的类型。有些导师是拥有各种耀眼光环（行政职务、学术头衔、获奖记录）的资深教授，他们年龄大约在50岁以上，课题组阵容庞大，不缺仪器、经费，课题组发表论文多，以前曾培养出大量的优秀学生，这些学生目前还活跃在学术界、企业界。但因为这样的资深教授往往经常出差做学术报告或者忙于科研项目，日常又承担行政工作，所以没有太多时间直接指导名下的研究生。自身基础非常好且具有独立科研能力的学生更有可能在这样的课题组茁壮成长。当然，也有可能研究生虽然名义上是这位"大教授"的学生，但实际上由课题组其他导师或者由师兄指导。

也有的年轻导师处于事业起步阶段，他们或是急需产出很多科研成果来证明自己，获得晋升或者学术头衔，或是在所属院系得不到足够的资源（实验空间、办公空间、研究生招生名额）。他们往往亲自上阵，指导研究生做实验。学生要注意：有可能这样的年轻导师很优秀，有很多科研点子，甚至有一些尚未整理成文的数据可以让他指导的第一批研究生使用。这样的导师对科研也很有激情，对学生催得比较紧，学生有可能在短时期内出成果，但也有可能需要花很多时间搭建实验装置，以至于无法快速产出成果。当然，也有可能有的事业刚起步的导师不适应岗位工作，通不过"非升即走"考核而不得不离职。后两种情况（学生需要从零开始搭建仪器、导师可能会离职）对研究生顺利毕业会有影响。

还有的导师过了事业发展的黄金时期。他们在科研上也曾做出过成绩，但随着时间的流逝，他们的精力和创造力正在走下坡路。他们平时不做实验，也很少有时间看文献，论文产量也减少，因此很难申请到科研项目。他们不再富有锐气地从事前沿的科研，而是通过授课、做行政工作来满足年底的考核要求，有的导师甚至考核表现不理想。选择这种导师千万要慎重。除非学生做研究不需要太多的经费，而且学生能自己完成学位论文，否则不建议学生选择这样的导师。这和这位导师是不是一个"好人"无关，主要是因为他的课题组缺乏培养研究生的条件。

和导师面谈时要问清楚

每个导师的要求是不一样的。研究生在进课题组之前就要找导师问清楚。

首先，要问清楚导师的培养理念和毕业要求。有的导师以培养科学家为己任，有的导师认为学生只要达到院系的毕业要求就行，还有的导师会提出稍高一点的要求，比如院系要求学生发表一篇论文，该导师要求发表两篇论文，但如果学生最终只是发表了一篇论文也可以接受。得到导师的回答后，一定要慎重考虑——如果导师提出的毕业要求远远超过院系要求，自己是否真的能够达到？不要逞能说自己就是要做科学家，也不要看着课题组以前的硕士生能达到导师的要求，就以为自己也能轻松地达到导师的要求。当自己的能力和导师的要求相差太远时，会在读研的过程中产生很多问题。

其次，要问清楚导师对学生日常时间的安排，对实习、找工作有什么要求。有的课题组要求学生每天"打卡"签到，甚至在办公室安装摄像头。有的导师采取相对温和的方法，让学生自己管理时间。每个课题组都会对学生寒暑假休息的时间进行规定，区别会很大，比如有的课题组允许学生在暑假休息两个月，而有的课题组规定在暑假只能休息一个星期。就业也是学生的人生大事。有的导师规定学生在校期间不能参加自选实习、找工作，也有的导师同意学生在取得较好科研进展之后参加实习、找工作。各个课题组的规定有很大差别，对学生的影响也非常大。

再次，要问清楚如果进入这个课题组，具体研究什么课题，研究模式是怎样的。是学生在实验室合成样品，然后把样品送给校内外测试机构，请别人测试，还是学生亲自做所有的实验？学生是使用电脑分析现成的数据，还是得花几个月时间到校外采集数据？是一开始跟着课题组师兄、师姐做实验，然后再开展相对独立的研究，还是课题组一群人像"生产流水线"一样每个人负责一小块研究，最终导师将学术论文"按需分配"？学术论文由谁来写？谁会成为学术论文的第一作者？等等。

最后，对于一些"敏感问题"，要见机行事。即根据导师的性格脾气和谈话时的气氛来决定自己要不要提问以及以何种方式提问。比如，有的学生一见导师就问自己每个月能拿到多少研究生补助，这会让导师觉得学生很冒昧。也有的学生和对象"异地恋"，他小心翼翼地问导师，自己多久能和对象见一面。遇到这种问题，有的导师可能会故作开明："这是你们的事，我不管"，也有的导师可能会觉得有些尴尬。

总结一下，和导师面谈时，比较忌讳的是导师"支支吾吾"，即导师既不明确学生的研究课题，也不对学生日常的时间安排"定调"，还不明确毕业要求。当学生问一下实际的情况（比如暑假能休息多少天，每个月是否有补助）时，有的导师支支吾吾或者大谈理想、情怀，这就显得不直接、不坦诚。

侧面打听，避免进"火坑"

除了和导师谈话，还要找知道"内情"的师兄师姐聊几组问题。

第一组，关于毕业和职业发展的问题。导师提出的毕业要求，课题组学生都能达到吗？学生以往都能按时毕业吗？如果没有按时毕业，原因是什么？他们在毕业前能有多少时间参加实习、找工作？毕业后去向如何？

第二组，关于科研和日常安排的问题。科研点子一般是导师给出，还是由学生提出？导师改论文快吗？学生读文献、做实验、写论文的时间比例是什么？平时在课题组需不需要"打卡"签到？学生参加一些社团活动，导师会不会反对？在周末和寒暑假，学生有多少时间可以休息？

第三组，关于导师的特点以及学生和他相处的注意事项。导师的指导风格究竟是怎样的？他是"放养型"，还是事无巨细，每天都催得很紧？他的性格脾气怎样？会不会很强势？他有什么缺点？会不会责骂学生？会不会采用冷暴力？学生和他相处特别需要注意什么？有没有学生和他产生激烈矛盾？课题组学生和他相处，到底是一种怎样的状态？

你有权提出上述问题，被问到的学生也有权不回答你，他们也有可能会觉得你拈轻怕重，甚至会把对你的这种印象反馈给导师，这可能对你造成不利的影响。但是，如果对方总是支支吾吾或者保持沉默，那么你就要慎重考虑这究竟意味着什么，还可以找本院系其他课题组的学生了解情况。当然，在访谈时，你也能察觉到研究生的神态是不是眉飞色舞，是不是自然。

没有哪一位导师是十全十美的，而且导师平时忙于各种事务，很难花费很多精力指导研究生，但研究生在确定导师之前需要多方了解，慎重考虑。

往往，有些导师急需招研究生时，把科研前景说得花好稻好，但学生进组后，就会发现进了"火坑"：

① 学生经常帮导师跑腿报销，影响自身学业进展。

② 学生帮导师做企业课题（做这种课题不能写论文），同时还需要做另外一个和学位论文相关的课题才能毕业。

③ 导师把学生转交给副导师（俗称"二导师"），但"二导师"一味地让研究生帮他做课题，学生不知道能够保证自己毕业的课题和论文在哪里。

④ 课题的实验周期长，学生不能相对独立地做研究，更像是"生产流水线上的工人"。

⑤ 导师出于某种明显不合理的原因，不让学生按时毕业，也不及时修改学生毕业所需的科研论文。

⑥ 导师一味地把学生的科研论文投给高端学术刊物，论文一直被退稿，导致学生毕业所需的论文迟迟不能发表。

⑦ 导师把学生采集的数据交给急需论文毕业的人去写，或者在学生写的论

文里加上"共同第一作者"，让他人不劳而获。

⑧ 当学生不习惯课题组，提出转导师时，导师不同意，理由是这样会损失他一个招生名额。有的导师甚至说："除非你退学。"

⑨ 导师平时很少指导研究生，或者缺乏指导能力，以至于学生不能按时毕业。

⑩ 导师经常大发雷霆，甚至还威胁学生。

有些情况可以理解。比如，生物、医学领域的研究课题，常常需要由不同的人合作完成，实验周期长。比如，有的学生采集了数据，不及时写论文，所以导师把这位学生的数据交给别的学生来写论文。再比如，导师忙于各种事务，不可能刚收到学生的论文稿，就马上修改。论文被期刊编辑退稿，也是常见的。

但问题是，很多学生没有打听清楚情况就急切地跳进了"火坑"，以至于影响了自己的前程。要知道，导师并非只是辅导研究生完成科研，他既是指导者，又是培养质量把关者，可以决定是否投送研究生的科研论文、是否送审研究生的学位论文、是否让研究生参加答辩；简而言之，导师对于研究生能否正常毕业有很大的决定权。为了避免今后的麻烦，学生还是应该事先打听清楚、慎重考虑，再决定进哪个课题组。

找导师和课题组研究生面谈，就像是"相亲"一样。宁可通过面谈找到问题（无论是你发现对方的问题，还是对方因为觉得你"拈轻怕重"而把你拒之门外），也不要"误入歧途"，使自己在接下去的几年不愉快。

1.4 和导师沟通的技巧和方法 ▸▸

沟通能力对于研究生在校期间顺利完成学业以及将来步入社会之后的发展都很重要。在学校，研究生要善于和导师沟通。我常对研究生说，无论实验结果好坏，都要如实向导师汇报。另外，研究生的职业发展、时间安排、心理困惑有可能和科研发生冲突。师生沟通不畅会造成彼此不快，也会影响学生今后的发展。

沟通不畅，会使师生彼此都难受

我曾经接收了一名从其他课题组转过来的博士生。在他正式加入我的课题组之前，我向他的导师问起他的情况，他的导师告诉我："他的沟通能力不行。不过你多一个帮手也好。"当时我心想：只要学生埋头苦干，不会说话也无伤大雅。

但是他进课题组后，经常往学校外面跑，比如，他说他一不小心，把父亲的车钥匙带到了学校，于是想把车钥匙送回去……我还经常电话联系不上他。他的种种行为使我备受煎熬。后来他读了三年，肄业了。

后来我又招收了一位学生。一天晚上我打电话问他科研进展，他说"这篇论文整不出来了"。我好说歹说，他就是不肯说出根本的原因。后来当面谈话时，他承认对数据"做了不好的事情"。

我谢谢他告诉我实情，并说，既然论文没有发表，没有造成严重后果，我不会追究此事（也怕他有极端行为），但请他以后别这么做。他怕毕不了业。我对他说：有我亲自指点，学生只要认真做实验、写论文，不可能毕不了业；毕业时找工作也不难。我花了很多时间劝他，他振作了一些。可过段时间他遇到实验困难，或者我让他反复修改论文，他又承受不了了。他不接我的电话，也不回我的电话。最后他选择了退学。

我还曾招收过一名两年制专业学位的硕士生。第一次见她，就觉得她很优秀。然而，她进校后，因为复习托福、GRE的事儿和我发生了矛盾。与她沟通，她也只是流泪不说话。后来她虽然开展了实验，但对我心存隔阂。到研二快结束时，彼此才打开心结。但这时，她没有完成学位论文和培养方案要求的相关企业实习，也没有找到工作，就申请延期毕业。毕业前夕，她对我说："如果当初能跟您很好地沟通，我想您不会那么不开心，我也能更好地安排时间。"

通过以上几个案例，我们可以体会到：读研不只是做科研，还涉及和导师的相处、沟通。其实作为导师很辛苦——平时花了很多时间和学生沟通，既要指导学生做科研，又要解决他们的思想困惑，调动他们的积极性。我曾说，如果研究生没有那么多科研之外的事情，那么他们的科研效率能大大提高。那么，研究生究竟要怎样和导师相处或者沟通呢？沟通什么呢？

如何与导师沟通？

学生在确定导师之前，就要和导师进行沟通。很多学生没有概念，认为"只要能录取，怎么都行"。进入课题组，才发现导师既不提供科研点子，也不及时修改学生的论文，甚至让学生做杂事。其实，学生在确定导师之前就要问清楚：自己进课题组以后做什么课题？做这个课题，需要哪些知识储备？要用到什么仪器？是把样品送到校外机构测试，还是实验室就有完备的测试条件？课题组的理念是什么？是以发表论文为导向，还是以做企业研发课题为导向？如果做企业课题，那么是否还要另外做一个基础研究课题？研究生达到什么要求才能毕业？导师的指导风格是怎样的？是每天像直升机一样盘旋在学生的头顶，还是"放养"？学生是需要每天签到、朝九晚十，还是能自由安排时间？课题组是集体劳动，还是每个学生做一个课题，并拥有第一作者署名权？读研期间，有多少时间能用于实习和找工作？学生在确定导师之前，有权向老师和其他学生了解情况。了解这些，将避免今后很多麻烦。

学生在确定导师之后，要通过各种途径（包括亲身实践、问导师、问课题组其他同学），进一步掌握导师的行事风格。有的导师对学生不放心，希望学生经常向他"报备"科研进展和寒暑假安排。那么你就得主动地向他汇报。有可能他听了几次汇报，对你放心、满意了，就放手让你开展科研。还有的导师忙于各种事务，希望学生别去烦他。那么，你就想一想自己能否较为独立地做实验、写论文。学生遇到困难，可以主动找老师，也可以问实验室的师兄、师姐，还可以在网上查找相关资料。如果学生觉得导师的行事风格严重影响了自己的学业进展和职业发展，那么可以坦率地找导师谈一谈（我接下去还会谈到这一点）。但要知道，导师的脾性不会轻易改变。研究生如果改变不了导师也换不了课题组，那只能适应环境。读研几年时间一晃而过，学生没有时间纠结，只能往前看，努力完成学位论文。

要阶段性地通过坦诚对话核查学业进度是否合理，明确师生彼此的期望值，确定下一步怎么做。导师会阶段性地给学生提供反馈。有时候导师频繁给出反馈（比如一天到实验室催问五次），这可能是因为他对你的科研课题很感兴趣，急需得到好的实验结果。也有可能学生的科研进展很慢，导师非常焦急。你应该想一想他为什么会这样，然后及时整理数据，向导师汇报。有时候你把握不准导师对你的科研进展和行事方式是否满意，那就应该直接问导师，让他给你反馈。有一次我在课题组微信群里狠狠批评了一位学生。第二天，她找我谈了一个上午。她说她本来可以找个地方独自静一静，但她想还是应该找我坦率沟通。我们梳理了问题的来龙去脉，明确了下一步怎么做。

学生不同意导师的某些做法或者有自己的诉求，要勇于沟通。很多学生在网上说导师不及时帮学生修改论文或者导师让学生干杂事，但这些学生忽略了主动找导师沟通解决问题。其实，大多数老师都是讲道理的。但是，对于导师的不合理要求（比如要求你经常给他的小孩辅导功课），该拒绝就要勇敢拒绝，而不要被迫答应后，心里很不爽，在网络上去宣泄。记得我读硕士时，曾写了一篇综述，当时课题组一位"小老师"让我把另外一位老师的名字加上。我不情愿，就对他说能不能不加别人的名字。他尊重了我的意愿。后来我自己成了老师，一开始不同意硕士生参加暑期实习。后来一位硕士生多次找我沟通，说如果不去实习，不但找不到好工作，而且将来找工作时会消耗更多时间。虽然我不喜欢听这样的说辞，但我还是同意他在研二暑假参加实习。

沟通时要注意方式方法，以便达到好的效果。鹏飞（化名）是我和我们学校化学系一位教授联合培养的博士生。他在化学系导师的实验室合成催化剂，利用化学系公共测试平台测试催化剂的物理化学性质，并使用我实验室的一套催化装置测试催化性能。有时候，鹏飞会主动向我汇报工作，说他得到一些有趣的实验结果，这些数据可以整理成一篇高质量的论文，但现在需要用我的催化装置补测几个数据，只需要两三天时间。想着我自己的学生用这套装置短时期内还出不了一篇论文，我就让鹏飞"插队"使用实验室的装置。鹏飞总是这样积极争取。他做得多，发表论文多、拿奖学金也多。毕业后，他去了一所世界顶级大学做博士后，之后到一所C9高校当特聘研究员。

而有时候，学生不注意表达方式，会让人很不高兴。我对学生催得紧了一点，一位学生顶撞说："你对学生要求这么严，但为什么课题组学生没有在影响因子10以上的期刊发表论文？"我让学生补做实验，有的学生嘟嘟囔囔："别人不做这个实验，论文不也发表了吗？如果做了这个实验，论文能发在更好的期刊上吗？"

再比如，有的学生请求导师让自己按时毕业，他不是论述自己已经达到了毕业的水准，也没有承诺自己在提交学位论文之前努力改进科研态度和学位论文的质量，而是两手一摊，说"我已经找到工作了，不毕业的话工作就没了"或者"其他课题组的学生没有做什么研究，他们的导师允许他们毕业"。这会让导师听闻此言后，感到自己被"道德绑架"了，因而很不爽。这反而起不到好的沟通效果。想一想：研究生应如何对导师说，才能实现有效沟通？

总之，科研能力是一种"硬实力"，而沟通协调能力是一种"软实力"。有的学生既会做科研，又会和导师沟通。有的学生会做科研，但不善于和导师沟通。有的学生不擅长做科研，但善于和导师沟通。而有的学生既不擅长做科研，又不善于和导师沟通。

虽然很多人还不明白"软实力"也很重要，但我相信，大多数人都会在不断"跌倒"之后吸取教训——毕竟，现实摆在眼前，适者生存！

拓展阅读

研究生如何与导师相处

马臻

研究生为什么要处理好师生关系？如果师生关系不好，轻则导师不愿意搭理研究生，甚至可能会导致研究生论文被卡、导师不让学生外出实习、研究生毕不了业，进而在总体上给研究生带来糟糕的读研体验。

怎么处理好师生关系？图书市场上已经有不少关于沟通的书，例如《好好说话：新鲜有趣的话术精进技巧》《沟通的方法》《可复制的沟通力：樊登的10堂表达课》等。三联中读还推出了"沟通思维提升营"网课。读这些书，听这类网课，对提高自己的沟通能力有一定的作用，但这些书和网课更多的是介绍在职场和生活中与人沟通的"方法"（术），而研究生处理师生关系要更多地符合研究生教育的"情境"。

"导学矛盾"的类型

邓艳芳编著的《核心冲突：化危机为契机的冲突管理技能》提到：人际冲突包括观念冲突、目标冲突、利益冲突、决策模式冲突、方法冲突、习惯冲突、认识冲突、个性冲突。我认为，这些分类同样也能用来讨论"导学矛盾"（导师与学生矛盾的俗称）。而且，针对每一种矛盾，都能举出相关的例子。但其实，上述八种矛盾在研究生师生关系的范畴内可以笼统地分为两类：一类是因为双方的阅历、性格、认识不同而导致做决策、做事情方式方法的不同；另一类是由双方利益诉求、站位、目标不一致而引发的矛盾。

首先说第一类矛盾。每个人思考问题、做事情的方式方法都不尽相同。比如，有一天我和家人到一个商厦购物，获悉我妻子的商场积分卡里有一些积分，我提出应该马上把这些积分换成几支牙膏，否则到年底如果忘记兑换，积分会作废。但妻子和小孩却说，不要牙膏，情愿到年底用更多的积分换一个水杯。

研究生和导师的一些矛盾也是因为思考问题、做事情的方式方法不同导致。比如，论文被退稿后，研究生希望导师能够把论文投到更"低档"

的学术期刊，这样论文能够更加稳妥地发表，自己也能确保毕业，拿到学位证。但导师认为应该根据审稿人的意见补做实验，并把论文投到更"高档"的学术期刊。

再说第二类矛盾。第二类矛盾的本质是课题组运行模式和学生的需求、情况不匹配。根据组织行为学，组织有三个共性：有特定的目的；组织中的人员作出决策并开展工作，以实现组织的目标；有规则和规章制度明确人们可以做什么、不可以做什么。组织是一个开放系统，组织从外部输入资源（人力、资金、原材料、技术、信息），经过内部的转化，向外界输出产品。

课题组就像组织，也有输入、转化、输出的过程。课题组输入资金、实验设备、新生，通过科研活动，输出科研成果、技术发明、毕业生，并且凭借自己的产出获得更多的输入（资源），实现可持续发展。

这就意味着，导师希望：学生认真读研、顺利毕业；课题组能够可持续发展，特别是能够获得科研项目、发表科研论文；学生心思不要太灵活，不要多事。

但研究生有自己的诉求，他们希望：尽快"达到毕业要求"之后参加自选实习，找工作，还有的学生希望发表高档次论文，以便在将来找到更好的工作。

师生的诉求不同会导致矛盾。

此外，研究生还面临着几方面的压力：科研进展、写论文、按时毕业；实习、找工作；经济压力、婚恋、同辈压力或者影响。这些压力会构成产生师生矛盾的"情境因素"，即种种压力叠加在一起，会使得矛盾更加突出。

遇到问题怎么办？

研究生身处导师建立的课题组，如果和导师发生矛盾，自己会很难受，也不利于完成学业。那么，遇到问题怎么办？

第一，要换位思考，即了解导师为什么这么做。

有些导师不希望研究生外出做兼职、出国交流、主动提出到外单位联合培养、"刷"大学英语六级成绩、外出参加自选实习。有些研究生遇到导师不允许学生干这个、干那个的情况，会非常不解甚至生气。但如果你理解了刚才说的课题组运行机制，你就更能够理解导师的决定。

就拿学生出国交流来说吧，有的导师非常支持研究生出国交流一年：一方面，这可以开阔学生的眼界；另一方面，导师在这一年不用怎么管这位学生，学生在国外发表论文还会带上导师的名字。但有的导师不支持研究生出国交流，理由是这名研究生还没有整理出科研论文，毕业都保证不了；出国后，做的课题和学位论文的选题无关（也和导师的科研课题无关），得到的科研数据无法写入学位论文；研究生做国外导师的课题发表论文，国内导师可能不是通讯作者，短短的一年交流也很难产生科研论文。

研究生毕竟阅历浅，往往会单方面地从自己的角度出发思考问题并提出诉求，或者羡慕他人出国交流，但对一些"利害关系"欠考虑。毕竟，每一个学生的情况是不同的，每一个课题组的情况和要求也不尽相同，既然已在目前的课题组，那学生只能按照课题组的要求来行事。

第二，和导师、父母、师兄、师姐、过来人多沟通。

我曾经有一位研究生在进校后准备"刷"大学英语六级考试成绩，我让她别这么做，"要这么做的话，你就转到别的课题组去好了"，她很不愉快。后来，我对她说还是要先把学业搞好，发出科研论文、把学位论文写好，之后会有时间全身心地外出实习，找工作。她的父母、师兄、师姐也劝她，并且师兄、师姐在完成学业和实习、找工作方面起到了榜样的作用。到我们学校开讲座的资深人力资源经理老郭也说实习经历比英语笔试成绩更重要，而完成学业是找工作的前提。老郭的意思是：要先把学业搞好，把毕业证和学位证拿到手，否则说什么都没有用。这样，她逐渐转变了思想，在读研期间发表了两篇SCI论文，提前完成学位论文，从而有大量时间实习、考公务员、找工作。她获得校级冠名奖学金、复旦大学优秀学生称号，被评为上海市优秀毕业生，最终找到了满意的工作。

第三，对自己的发展和课题组运行要有大局观。

导学矛盾经常会出现，研究生要想一想：是原则问题（性骚扰、违反学术道德、违反财务规定），还是做事情方式、方法不同的问题？导师是希望学生在学业上严格要求自己，还是故意卡学生，不让学生毕业？

自己是要在学业和职业发展方面取得最终的理想结果，还是纠结于导师的只字片语？举个例子，有些学生在研一时，科研起步比较慢，或是因为没有掌握科研方法，或是参加了很多课外活动。那时，导师并没有密切关注学生的学业，也没有提供详细的指导。转眼到了研三，学生看似写出了学位论文，但科研工作不完整，申请学位所需的学术论文也没有写好。这时，很多学生会和导师发生冲突，也会想不开，甚至会有退学的想法。我作为过来人，往往会劝这样的学生认清现状（即自己已经有什么数据，论文初稿到什么程度，还需要做什么才能达到毕业、申请学位的要求）。如果通过延期毕业能够补救的话，那就延期毕业，不要急于一时。

第四，不要纠结，不要钻牛角尖。

曾经有一名博士生做实验不顺利，他就把两条实验曲线"对调了一下"，后来被导师发现。他沮丧地说："老师你还相信我吗？你把我当朋友吗？"他的导师是一名"海归"，说话很直接："国外有书籍说，导师和研究生不能成为朋友。导师就是导师，学生就是学生。"该生纠结于导师的只字片语，惦记着父母在家乡的辛劳，想着"找工作"，最终选择了退学。

哈佛商业评论出版社出版的一本书 *HBR Guide to Managing Stress at Work* 提到，当遇到沮丧的事情时，要尝试着用新的镜头来看问题。

采用"反转镜头"看问题，就是问自己："在这个冲突当中，另一方会怎么说？为什么他可能是对的？"

采用"长焦镜"看问题，就是问自己："六个月后，我会怎么看这个情况？我还会痛苦吗？"

采用"广角镜"看问题，就是问自己："事情已经发生了，我从这件事情当中，能够学到什么？"

当自己转换了看问题的角度后，很多烦恼都会烟消云散。

第五，明白利害关系，好汉不吃眼前亏。

我有个博士生写出了一本博士论文，其中绪论章节有100多页，我一开始觉得没什么问题。但在我们系预答辩环节，有多位评审老师说这会让外审专家认为他没有科研内容所以通过写综述来弥补，还说他写的绪论章节不聚焦。因此可能有这种后果：明明他已经发表了五篇SCI论文，可以正常毕业，但有可能因为绪论章节写得太长而招致外审专家的不满。如果不按照这些意见修改的话，就不能送审。这位博士生马上把绪论章节删减大半。

再举个例子。一位博士生的博士论文有三章主干内容，他的导师让他在答辩时要按照一定的逻辑顺序，先讲基础的、铺垫的研究工作，然后在这个基础上，再讲"升华"的研究工作，体现层层递进的关系。但这位博士生硬是要先讲一个他认为最精彩的研究工作，试图一上来就折服评审专家。见这位博士生不听引导，导师怒了："不按照我说的去做，我就不允许你答辩。"

再比如，一名博士生把写出的论文稿交给导师。导师让他重新画一张图，他却说："其他人也是这么画的。其他人不进行数据处理也可以发表。"但导师认为他这么画图是不对的。见这名博士生拒绝重新画图，导师很生气："不改图，我就不投稿了。"

回过头去想想，是学生有道理，还是老师有道理呢？学生有必要为一些并非原则性的问题和老师对着干吗？

如果遇到"恶导师"，该怎么办？

第一，自己尝试着直接和导师沟通。

第二，分析一下，是自己的原因，还是导师的原因？课题组其他同学是否也认为他是"恶导师"？别人能毕业吗？

判断一件事出问题是自己的原因还是其他人或者其他事物的原因，有几个判据。比如，一个纺织工人用一台织布机织布总出次品，究竟是这台织布机的问题，还是他的问题？

判据一：他换一台织布机织布，还出问题吗？如果他换一台织布机还出问题，那么出次品可能是因为他自己技能不行，工作态度不端正。

判据二：他以前从事其他工作（比如说当超市营业员），出问题吗？如果他以前做别的工作也经常出问题，那么这次出次品很可能是出于他个人的原因。

判据三：别人用他的织布机，会出问题吗？如果别人用他的织布机没有出问题，那么他用这台织布机出问题，很可能是他自己的问题。

因此，研究生要分析一下：究竟是自己的问题，还是导师的问题？如果在一个课题组，其他同学都能"存活"而且能够获得各类奖学金、发表科研论文、正常毕业，就一位研究生抱怨、投诉导师，那么除非有确凿证据证明导师有问题，否则别人很可能会认为这是这位学生自己的问题。反之，如果在一个课题组，很多同学发不出科研论文，毕不了业，并且总是抱怨导师，那么旁观者可能会认为是导师的问题。

第三，如果是导师的问题，那么分析一下，是什么性质的问题？是指导方法、指导习惯的问题，还是原则性问题？

所谓原则性问题，包括以下几类：违反学术道德，授意研究生剽窃他人的科研点子、伪造数据、篡改数据；违反师德，对学生进行性骚扰或者打骂研究生；违反财务规定，比如导师通过给学生发放补助再收回的形式套取科研经费。如果导师的问题不是原则性问题，那么研究生要想一想：哪些可以自己妥协，哪些可以通过沟通，让导师调整？

第四，向院系研工人员求助或者投诉，必要时转导师或者退学。

但需要提醒的是，哪怕是导师的原因，最终研究生还是要达到院系毕业要求才能毕业。而且你说这是导师的原因，这只是一面之词；面对学工人员或者院系领导，导师往往会提供自己的说法（而这种说法可能对你不利）。还有，如果因为和导师发生矛盾而转导师，那么研究生做课题基本上要"从零开始"，自己在以前课题组的数据和成果都得放弃，不能用于撰写学位论文。因此，不要等到问题扩大了才想到去解决。

在导师课题组，究竟要怎么做？

2016年4月14日，北京林业大学教师信忠保在科学网博客发文《给研究生朋友的一些建议》，其中提到，要有读研的整体规划安排；围绕终端目标，将大目标分解为小目标，取得导师的理解和支持；积极主动与导师沟通学术，每过一个星期、半个月向导师汇报科研进展；积极主动地完成科研任务，不要拖拉；端正对经济收入的看法；提高个人的交际沟通能力。

我以笔名"景云"在《中国研究生》2019年第8期发表《研究生应学会与导师沟通》中提到：

① 学生在确定导师之前，就要和老师进行沟通。

② 学生在确定导师之后，要通过各种途径（包括亲身实践、问导师、问课题组其他同学），进一步掌握导师的行事风格。

③ 要阶段性地通过坦诚对话核查学业进度是否合理，阐明师生彼此的期望值，明确下一步怎么做。

④ 学生不同意导师的某些做法或者有自己的诉求，要勇于沟通。

⑤ 沟通时要注意方式方法，以便达到好的效果。

要注意沟通的方式方法，不要说：

"别人不努力，不也毕业了吗？

"发表一篇论文，不就达到毕业要求了吗？

"到时候把学位论文交出来不就行了吗？

"你对学生管得严，那为啥课题组没有出影响因子10分以上的论文？

"如果毕不了业，我也没有存在的价值了。"

怎么提高沟通能力？可以阅读刚才提到的《好好说话：新鲜有趣的话术精进技巧》《沟通的方法》《可复制的沟通力：樊登的10堂表达课》，也可以学习相关的网课。

最后，我想告诉大家：师生之间有冲突并非完全是一件坏事。从冲突当中，导师可以了解学生的诉求，探讨改进之道，学生也能"吃一堑，长一智"，提高自己抗压能力和分析问题、解决问题的能力，收获成长。

（来源：马臻. 研究生如何与导师相处[EB/OL]. 科学网. 2022-11-03. https://blog.sciencenet.cn/blog-71964-1362217.html.）

1.5 处理好和课题组同学的关系 ▶▶

课题组是由人构成的。研究生不可能脱离人际关系，单纯地沉浸在科研世界中。

处理好和课题组同学的关系很重要。一方面，和课题组同学相处可以提高自己的人际交往能力，沟通协调能力，化解问题能力；另一方面，研究生可以从他人那里获得帮助，比如向课题组同学请教学术问题、仪器使用方法、就业选择以及如何与导师相处。课题组同学还是重要的人脉基础。反过来，如果在课题组没有处好和同学的人际关系，有可能自己在课题组待着会很憋屈，这会影响自己的学业进展和心理健康。

课题组同学之间可能会遇到什么矛盾？较常见的，是有的同学进课题组时"抢"了工作室比较好的座位，在工作室大声说话，把个人物品堆得到处都是，或者在工作室拉帮结派。也有的同学在实验室"抢"仪器使用，做完实验不及时清理实验室，或者在做实验缺少仪器配件时把别人的仪器配件拆下来。在课题组微信群或者在微信朋友圈议论课题组同学也会引发矛盾。

当研究生遇到学业压力时，一些"风吹草动"会使他们更加敏感。比如，有的研究生闹不开心，是因为他觉得课题组有同学在议论他。还有的学生对别的学生看不惯，是因为他觉得导师对别的学生偏心（比如导师把一些写综述、参加学术会议、出国交流的机会给个别学生，并总是夸赞他们；或者导师把能够发表好论文的、容易做的课题给个别学生）。当别的同学很快发出论文，而自己做科研困难时，自己的压力就更大了，妒忌心就会产生。

上述矛盾冲突可以分为两类：一类是课题组同学性格脾气和做事方法不同而导致的"看不惯""处不好"的问题，个性张扬、做事莽撞、不顾他人的研究生容易引起他人的反感；另一类是因为竞争有限的资源（工位、实验设备、机时、导师的指导和关心、参加学术会议和出国机会）引发的矛盾。

课题组同学之间存在矛盾，对课题组和学生都有危害。一方面，这使得课题组的人员把精力浪费在人际关系的内耗当中，从而影响了科研进展；另一方面，这会使得课题组的成员都很不开心。而且，研究生如果不知道如何协调处理内部矛盾，那么自己在将来步入职场，也会遇到类似的问题。那时候，不但自己会不开心，而且会遇到工作危机。

邓艳芳编著的《核心冲突：化危机为契机的冲突管理技能》中提到，组织内部的冲突会导致以下有害结果：消极对待工作，不思进取；人际关系恶化，针锋相对；加剧资源浪费，效率低下；扰乱组织运营，阻碍发展。

那么，怎么处理好自己和课题组同学的关系？从表面上讲，这涉及磨合和适应。刚进课题组，研究生对环境有种陌生感。随着时间的推移，研究生慢慢了解周围人的性格脾气和行事风格，了解课题组的管理方式（比如每周开一次组会），也了解所在课题组的文化（比如是否一起去食堂吃午饭和晚饭，是否一起参加课外活动）。通过在办公室、实验室、食堂、活动场馆、组会和答辩现场的各项活动和日常接触，自己和课题组同学的关系有可能会更加融洽。此外，还要注意承担课题组公共事务，比如打扫卫生、订桶装水、组织春游等。

而从更深层次来讲，要处理好自己和课题组同学的关系，需要在明白上述矛盾冲突可以分为两类之后，注意调整自己性格脾气当中个性张扬、做事莽撞、不顾他人的元素；面对别人的话语，不要"草木皆兵"（即不要过于敏感）；面对课题组有限的资源，不妨表现得大度一点，同时还要和课题组同学沟通协调好课题组资源的有效使用。

从"道"这一方面来说，每一位同学是课题组的一个成员，有责任和义务维持课题组良好的氛围；而且，铁打的营盘流水的兵，一般情况下，每一位同学都是课题组的"过客"，不要纠结于某一位同学和自己性格不匹配，还是要以自己顺利毕业为重；此外，遇到难以相处的人，也可以锻炼自己的忍耐力和与人相处的能力，毕竟将来走出校园，社会和职场并非理想化的。

处好和课题组同学的关系有何具体的注意事项？注意不要触及同学的利益——未经许可，不要看同学的电脑、笔记本、实验记录本，不要把同学的私人物品和实验器材、实验试剂借给别人，不要议论同学的隐私，不要"偷"同学的实验点子，不要把同学尚未公开的实验思路透露给他人，不要在导师面前搬弄是非，不要在课题组微信群和同学发生争执。

讲个反面例子。我以前读硕士时，有一次我急着要用实验室的一台管式炉焙烧样品。等排在前面的那位学生用完管式炉后，我迫不及待地把管式炉中她的瓷舟取出；看到瓷舟里面什么也没有，就把瓷舟洗了一下，装上我的样品，把瓷舟放到管式炉中加热。那位同学获悉后很生气，因为瓷舟里不是什么也没有，而是有微量的样品。我的举动，造成她白费了一个星期的劳动。

学生在决定进一个课题组之前，最好和课题组全体成员接触一下，看看自己能否适应课题组的氛围，能否融入课题组。和课题组全体成员接触的方式包括到课题组和研究生面谈、参加课题组聚餐和郊游、参加组会、参加课题组组织的学术研讨会和校外科研实践基地参观等。

处好和课题组同学的关系还要有很强的沟通能力。樊登《可复制的沟通力：樊登的10堂表达课》中提到：沟通力很重要——它可以提升人的社会竞争力，加速事业的成功，并且它是人际关系的润滑剂；沟通之前要先明确目标——你要为自己、对方以及你们的关系分别创造什么；不尊重的沟通方式包括——喜欢给对方贴标签，忽视对方的感受，用威胁的口气说话，喜欢与别人攀比；沟通中切忌挖苦嘲笑；不抱怨，把握沟通的尺度；利用复述和认同感染对方；有效提问与倾听。有兴趣的读者可以读一读这本关于沟通的书。

1.6 本章小结 ▸▸

　　研究生教育对个人、国家、社会都有重要意义。在当今时代，国家和社会需要大批高素质人才，人才是国家强盛的根本，也是国家和用人单位在国际竞争中处于有利形势的重要资源。读研对学生个人而言是一种深造，能提高学生的学术水平、办事能力、与人相处的能力和克服困难的能力。哪怕学生毕业后不再从事学术研究，读研都是有价值的。但是，读研并非适合所有人。

　　读研要了解并处理好"输入""转化""输出"的关系。"输入"指的是上课、读文献。"转化"指的是做实验、分析数据、写论文。"输出"指的是发表科研论文、提交学位论文。最终，评价一个研究生是否合格的关键标准，不是他"输入"多少篇文献或者在"转化"的过程中多么努力，而是他"输出"了什么样的科研论文和学位论文。研究生不能只"输入"不"转化"，也不能只"转化"不"输出"。当然，研究生没有把心思放在"输入"上，那也是不行的。

　　读研要处理好课程学习、科研和职业发展三者之间的关系。课程学习是读研的基础，科研是读研的核心，职业发展是为自己谋出路。这三者在时间安排上有可能发生冲突，比如有的学生刚开始花很多时间完成课程学习而没有及时投入科研，有的学生因为科研而影响职业发展，还有的学生因为实习、找工作而影响科研。为了解决这个问题，一要态度端正并努力；二要掌握方法，知道如何高效做事。本书后续会有章节介绍科研方法和时间管理。

　　选导师对于完成学业和职业发展都很重要。研究方向和学术兴趣固然重要，但也要考虑导师的性格脾气和学生的性格脾气是否匹配，导师对学生的要求和研究生对自己的要求是否匹配。有的导师实行"放养"式管理，这只是适合能力强、能独立开展科研的学生。有的导师对学生提出过高的要求，可能对学生正常毕业产生影响。学生事先需要向导师问清楚：是否支持学生的职业发展？究竟要把科研做到什么程度才能毕业？此外，学生还需要事先从侧面多跟别人了解导师的行事风格，要求和培养研究生的条件（实验和办公空间、科研经费）等，以此来减少信息的不对称，进而作出无悔的选择。当然，研究生选导师时，对科研拈轻怕重、过于功利也不行。

和导师沟通很重要。无论科研进展顺利还是不顺利，都要及时找导师讨论。当学生需要花较多时间做和科研无关的事情（比如参加自选实习、当团学联干部）时，需要得到导师的同意。如果研究生不同意导师的工作安排或者有心理困惑，也需要和导师讨论。研究生和导师沟通，能处理好师生关系，化解导学矛盾，也会使自己的科研和职业发展更顺畅。

师生之间遇到矛盾冲突，研究生该怎么办？第一，要换位思考，即了解导师为什么这么做、这么做具有什么合理性；第二，和导师、父母、师兄、师姐等过来人多沟通；第三，对自己的发展和课题组运行要有大局观；第四，不要纠结，不要钻牛角尖；第五，明白利害关系，好汉不吃眼前亏。如果还是无法解决，可以寻求辅导员、研工组长的帮助。

要处理好和课题组同学的关系。相关章节分析了处理好和课题组同学的关系很重要、课题组同学之间可能会遇到什么矛盾、怎么处理好自己和课题组同学的关系、处理好和课题组同学的关系有何具体的注意事项、处理好和课题组同学的关系还要有很强的沟通能力等。反之，如果没有处理好和课题组同学的关系，那么这会导致心理的不顺畅，也会影响课题组的氛围和效能。研究生要把握自己读研的"主旋律"，以完成学业、找到工作为要务，加强自身建设，团结同学，不要过多纠结于看不惯的非原则性的问题、小矛盾。

第 2 章

查阅
文献

2.1　查阅文献的目的 ▶▶

除了学习课程，理工科研究生还需要阅读专业文献，做实验，撰写科研论文。专业文献包括学术专著、在学术期刊上发表的论文（包括综述和实验论文）、在会议论文集上发表的会议论文、公开的发明专利等。学术专著和综述旨在系统总结学科领域或者某一专题的知识、取得的发现和最新进展。会议论文、在期刊上发表的实验论文旨在报道论文作者取得的研究进展。专业文献还可以分为中文文献和外文文献。对于从事自然科学研究的人来说，在做研究之前必然要阅读发表在高档次国际期刊的英文文献。

初学者刚读文献时会发现文献充满陌生的英文单词和专业术语，因而对阅读文献望而却步。但是求学、做科研的奥妙就在于循序渐进。在打好专业基础、学好专业英语的前提下，不必一步到位地阅读很艰深、前沿的专业文献，而可以有选择地读一些浅显易懂的专业英语书和本研究领域的综述。读了这些以后再阅读特定课题的文献，就容易多了。

读文献应该具有一定的"目的"。研究生如果能够带着"目的"去读文献，那么就能够提高阅读文献的"吸收率"。

读文献的目的有多种。在开展科研之前，需要进行文献调研，其目的是调查自己拟研究课题的来龙去脉，提出具体的科研点子。并且，学习一些本专业的经典文献、重要文献，也有利于自己打下学术研究的基础。在实验进展过程中读文献，目的是继续跟踪最新科研动态。在实验中遇到困惑的问题，有针对性地用搜索引擎找文献，目的是寻求答案，推进研究。在写论文时继续查找并阅读文献，目的是加深对自己论文的认识，针对自己写论文过程中产生的问题寻求答案，进而推进论文写作。如果被邀请写综述，那么查找并阅读相关文献的目的是写出这篇综述。并不是所有读到的文献都能被写进综述，但是读到能被引用到综述里的论文，自是兴趣十足。

有时候研究者还会读和自己的课题关系不大的文献。比如研究"负载型金催化剂催化氧化一氧化碳"课题的人读"溶剂热法合成纳米材料""碳纳米管的表面修饰"之类主题的文献，甚至还会浏览学术期刊发表的各种论文。读这些文献的目的是开阔视野，为将来在学术界继续发展打下基础。

我把看过的文献分门别类用塑料的或者牛皮纸的文件袋放好，每个文件袋上写明具体的专题，如"金催化剂在环保中的应用""溶剂热法合成氧化物"等。撰写论文时，往往会从这些文件袋里抽调文献进行精读，或者干脆把需要精读的文献重新打印出来，把这些文献放在一个文件袋里，在封面上写好"整理某某论文需要的文献"。

在读具体的文献时，有的人偏好读图，有的人偏好读文字，有的人偏好读摘要。这取决于不同的目的。有的人读文献的目的只是浏览学科最新进展。

而对于具体的"对口"论文（比如论文的课题和自己从事的课题非常相似），那就要仔细看了。要带着问题去看：本文主要讲了什么？本文的研究目的是什么？作者用了什么方法或者实验手段？作者的实验结果是什么？这些研究结果在这个课题中达到了什么高度？哪些东西是有原创性的，哪些东西没有原创性？哪些数据是合理解释的，哪些有问题？哪些实验做得不好？哪些问题还没有搞清楚？还缺乏什么实验？这篇论文写得好还是不好？哪些部分写得好，哪些部分写得不好？如果自己是本文的作者，应该怎样写才能写得更好？带着问题去看文献，拿着记号笔去标注文献，在纸上留下自己的记号。

一篇和自己的科研相关的重要文献至少要在不同的时间读三遍。开展课题前读一遍，做研究期间读一遍，写论文期间读一遍，每次都会有不同的收获。这不但能加深记忆，而且能全面领会一篇文献，对"上下文"有一种"通透感"。

读文献能融会贯通。当你第一次看到溶剂热法合成氧化钛的某一篇文献时，不了解课题的"上下文"。后来读到溶剂热法合成氧化钛的其他文献，反过来再读刚开始读的那一篇文献，就有新的体会。再后来你还读了溶剂热法合成其他氧化物，甚至读了其他方法合成其他氧化物的文献和综述，那么更能把握课题的"上下文"，这有助于写科研论文。

2.2 文献检索和管理 ▶▶

有很多理工科研究生刚开始做科研时，会找一些中文文献阅读。常见的搜索中文文献的引擎包括中国知网、维普、万方。他们还会用百度搜索文献。我认为，理工科研究生做研究应及时追踪国际学术前沿，掌握国际学术动态，多读高质量的论文。有些比较好的文科论文以中文发表在国内期刊，比如《中国社会科学》《探索与争鸣》《学位与研究生教育》，但理工科质量高的论文一般用英文写作，发表在国际刊物上（国际刊物也包括国内科研单位或出版社主办的面向国际学术界的英文刊物）。如果理工科学生只看用中文写作的文献，那么很有可能学术水平得不到很好的提高。而且，如果你写论文时引用的是发表在一些质量不高的中文期刊上的文献，那么审稿人可能对你的论文产生不良印象。

查找理工科的论文一般采用Web of Science或者SciFinder。利用这些搜索引擎，以关键词法搜索和自己课题相关的论文。可以把这些论文的信息导出到文献管理软件，比如EndNote，并下载论文。

确立了一个研究课题之后，用Web of Science或者SciFinder搜索关键词，发现有几百篇甚至上千篇文献怎么办？遇到这种情况，可以更加严格地限定搜索的范围，比如排除会议论文摘要、发明专利，只保留发表在学术期刊上的论文。还可以浏览搜到的一长串文献的标题，挑选出和自己做某个特定的研究课题直接相关的一些文献。

学校图书馆网页往往会有链接通往文献检索引擎。有些搜索引擎有滞后效应，即一篇论文发表一段时间（几个月）之后才能被搜到。为了避免漏看文献，在开展文献调研或者写论文期间可以直接找到本专业领域内几个主要出版社的网站，通过搜索关键词，找到最新的相关文献。例如，查阅化学期刊可以找到美国化学会、英国皇家化学会、Elsevier出版社、Wiley出版社、Springer出版社的网页。有的最新的文献甚至刚被学术期刊接收，还没有诸如卷号、期号和页码之类的出版信息，但这不妨碍读者下载阅读。

不同人保存论文的方法不同。有的人会把查到的论文PDF文件全部下载到电脑硬盘里，在电脑屏幕前打开PDF文件阅读，并在PDF文件上进行标注，以这种方式来学习。有的人会把文献一篇篇地打印出来。还有的人甚至会把文献装订成册，并编一个目录。我喜欢把相关的文献全部打印出来，以一篇文献为单位订上订书钉，而不是装订成册。读文献时，我在文献上涂涂写写。写论文时，我在文献堆里挑出相关的文献进一步研读。

2.3　读文献的注意事项 ▶▶

导师让研究生读文献有多种原因。首先，文献是前人研究的结晶，是后来人做科研的基础。阅读文献不但能增长知识，而且能促使读者思考，并产生新的实验点子。换言之，阅读文献是从事学术研究的必需。其次，导师让研究生读一些文献，这方便导师进行量化的管理（了解研究生每星期读了多少篇文献）。然而，研究生要了解注意事项，而不能只顾着"低头拉车"。

目的明确，读文献要有针对性

从培养学术大师的角度来说，研究生最好能每天都读文献，达到"学富五车"的境界。但这是非常理想化的情况。事实上，读研时间紧、任务重；最终考核研究生能否毕业、获得学位证的指标，并非研究生读了多少篇文献（输入），而是研究生是否发表了科研论文并写出学位论文（输出）。因此，读文献要有明确的目的——或是为了找研究选题和实验点子，或是为了写学位论文的绪论章节，或是为了寻找实验图谱中峰的归属，或是为了找论据来证明自己的观点，偶尔还可以通过阅读文献来学习如何写作。重要的是在确定课题后，有针对性地阅读文献。如果研究生阅读文献缺乏针对性，虽然能提高研究生的学术水平，但不利于自己集中精力在"关键点"上取得进展。

读综述和读实验论文相结合

文献有好几种，理工科研究生要注意区分综述和实验论文。刚接触一个课题，可以先读单篇的实验论文，比如自己课题组师生或者别的课题组发表的实验论文。在读了一些实验论文的基础上，再读综述，以便加深对这个研究领域的认识。也可以先读综述，对这个研究领域有个大致的了解，再读实验论文。还可以穿插起来，先读综述再读实验论文，再读综述；也可以先读实验论文，再读综述，再读实验论文。

总之，不能只读具体的实验论文而不读综述，也不能只读综述而不读具体的实验论文。把实验论文和综述结合起来读，就能够既看到具体的实验论文，又了解整个研究领域，把具体的实验论文放在一个"上下文"中来理解。

精读和泛读相结合

阅读具体的论文应该详略得当。对于和自己的研究关系不大的论文要跳着读，甚至只看标题和摘要，就把它放在一边；对于一般的论文，可以了解大致意思和主要的实验点子；对于好的论文以及和自己的研究课题直接相关的论文就要精读，除了理解具体的意思，还需要搞清楚实验是怎么进行的，如何得到一张张的图表，这些图表是怎么一回事，怎么从图表得出具体的结论，数据是怎么分析的，这篇论文还有什么问题。

在研一上学期，学生最好每星期挑选一篇论文精读，并制作PPT，在组会上讲解，得到导师的指导。这样，能在制作PPT、讲解PPT、阅读文献、批判性思维和掌握专业知识等方面取得进步，这比浮光掠影地阅读大量文献强多了。

输入和转化、输出相结合

只是"输入"文献而没有"转化""输出"是没有用的。在确定科研选题之后，要开展相关的文献调研。一边读文献，一边把"思想的火花"记录在小本子上。在从事相关的研究并阅读了足够的文献后，可以写文献综述，既可以作为学位论文的绪论部分，也可以作为开题报告。但需要注意的是，文献综述和学位论文的绪论部分并非文献摘抄。在对文献开展广泛调研、全局把握的基础上，研究生需要"咀嚼"和"提炼"，产生对完成学位论文有价值的综述报告。

读文献要仔细

常常有研究生在和导师讨论科研时提到有文献提出某一观点，可以支持自己的实验结果。然而，当导师问这篇文献发表在什么期刊、作者是谁、作者是哪个大学或者研究机构的时，这位研究生答不上来。这是读文献的大忌。

研究生对和自己课题相关的文献要如数家珍。除了能说出论文的实验结果、

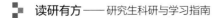

主要观点外，还要记住论文在哪一年发表在什么期刊、作者是谁、作者属于哪个大学或者研究机构，甚至要能举出作者在这一个课题发表的系列论文。

理性辨析文献

对于重要的文献，一定要辨析清楚。比如，很多文献说氧化亚氮分解可以采用负载型铑催化剂。假设有一种催化剂被记为 Rh/SiO_2（就是把铑负载在氧化硅载体上，得到这种催化剂），那么你就要搞清楚：这里的铑是金属铑还是氧化铑？有很多同学误以为是金属铑。其实在不同的制备条件下，可以得到不同的铑物质。读文献时需要搞清楚：催化剂有没有经过还原处理？还原温度是多少？不要想当然，也不要不仔细看文献，更不能盲信文献。理性辨析文献，是研究生的基本功。有的学生口口声声说"金属铑"，但导师问他文献给出什么证据，他却答不上来——这是读文献、做科研的大忌。

🌐 拓展阅读

问：科研新手在了解一个新研究领域时，是应该先泛读多篇文献建立知识架构，还是先精读一篇高水平论文？

答：这个问题没有孰优孰劣的固定答案，就看什么方法适合自己、自己能否读得进去；并且，不要纠结于孰优孰劣以至于止步不前。我认为，刚开始时，只要自己能够看懂手头的文献即可，不必太在意阅读的先后顺序。我刚开始读研时，读不懂高水平的论文，就先阅读用英文写的4页会议论文（这些会议论文写得较短，易于理解），再读这篇会议论文作者发表的关于这个研究课题的8～10页的长论文，就更能进入文献阅读的状态。初学者可以把实验论文和自己所从事的研究领域的综述结合起来读，无所谓哪个先读，哪个后读，也可以交错读。还有，要把精读和泛读相结合，把读文献和组会报告相结合。总之，阅读文献不是一蹴而就的，不能指望自己一下子就能看懂吃透所有的文献；阅读文献是一个循序渐进的过程，并且要带着特定的目的，为实现目的所用。

问：读论文读不懂怎么办？

答：很多年前，在复旦大学读大四时，我把一篇英文文献全部翻译成中文，写在一个本子上再学习。现在回想起来，当时的做法挺原始的。正确的做法是把英文文献打印出来装订好。阅读时遇到不认识的单词，可以查字典或者上网查询，并把译文写在打印出来的英文文献上。一旦你读过20篇文献，后续读文献就更容易了，因为同一个专题的文献都有类似的写作套路、研究背景、实验方法、研究内容、专业术语，你在读文献的过程中也积累了经验。刚开始读文献，你可以先读原创的研究论文，再读综述，也可以把实验论文和综述结合起来读。假设一开始只能读懂50%，这是正常的。这时候你只能吸取主要的研究思路和研究结果。随着时间的推移，你读了一些文献之后，前后读的内容就融会贯通起来。另外，关键文献只读一遍还不够，还需要反复阅读。大约有三个时段需要读文献：找实验点子；做实验之前或者做实验期间需要借鉴别人实验的步骤或者方法；写论文时需要引用文献或者找图谱中峰的归属。不同阶段有不同的文献阅读目的。有的文献在这三个阶段都要各读一遍。而有的文献，浏览一下后，你就发现它和你的研究关系不大，就马上排除了。要对准靶心去打，而不要每篇文献平均施力。

问：当看到一篇文献某个图片或方法觉得自己能用到类似处理时，能否发邮件咨询写论文的老师如何、用什么方法处理原始数据呢？

答：你可以写电子邮件，但对方有可能不回。如果那样的话，你可以让导师发邮件给这篇论文的通讯作者寻求答案。但也有时处理数据实在太复杂，一时说不清，那么对方可能只会简短地回复。如果你们需要更详细的处理数据的方法，那么他会和你的导师商量是否需要进行合作。所谓合作，就是对方指导你处理数据，或者对方帮助你处理数据，写论文时需共同署名。

问：我在看文献的时候，会遇到自己之前并没接触过的表征手段，请问对于这一部分内容，应该花多少时间对待呢？怎么快速弄懂表征背后的意义？

答：遇到这样的图，可以自己有针对性地学习这种表征的原理和数据图代表的意思,这样以后读到类似文献时,你就会理解图的含义。当然,你也可以被动地接受作者说的结论、对数据的解读,而暂时不去补习关于这种表征手段的知识。过一段时间,文献看多了、看熟了,就会明白一些大概。还有,有些表征手段虽然被用在某篇文献中,但自己的研究并不需要使用这种表征手段,或者自己的课题组没有使用这种表征手段的条件,那么,读者如果一时半会儿不理解这种表征手段的原理,只需要了解所读文献的主要思路和结论即可,而不要纠结。

2.4　本章小结 ▶▶

　　读文献是做科研的前提。专业文献包括综述、实验论文、学术专著、专利等。阅读综述和学术专著可以对研究方向和课题有总的了解。阅读实验论文能够了解课题的研究进展、实验方法和论文写作。

　　读文献有几个功能。读文献的功能包括:了解国际学术前沿、寻找课题方向和实验点子、构建研究方法、了解论文写作方法。在写论文过程中,可以更有针对性地读相关的文献,以便写出论文的引言部分、在讨论时找到文献支持。

　　检索文献很重要。要使用合适的搜索方法或者网站找到有针对性的高质量文献,而不能缺乏针对性地把网上的资料都下载,也不能把精力花在查找和阅读那些发表在低档学术期刊上的论文。收集文献后,要分门别类整理文献,甚至在打印、装订文献后,在文献的首页进行标记,这样便于今后快速寻找相关内容。

　　读文献时,要搞清楚:作者从事的这个研究领域有什么重要性或者意义?作者为什么要开展这个研究?作者用什么方法分别研究了什么?作者得到什么研究结果和结论?这些研究结果有什么意义和价值?该论文在写作上存在哪些优点和缺点?该论文在实验设计或操作上存在哪些缺点,需要进一步研究?

　　读文献要注意几点:

　　①目的明确,读文献要有针对性。搞清楚:自己读文献的目的是寻找科研点子,为了寻找实验方法和具体的步骤,为了分析图谱中峰的归属,为了在写论文时引证,还是为了消磨时间?不能漫无目的地阅读文献。

　　②读综述和读原创科研论文相结合。综述对研究课题进行整体梳理,而实验

论文提供技术报告，两种类型的文献结合在一起读能达到最佳效果。调研一个课题，可以先读综述后读实验论文，也可以先读实验论文再读综述，还可以交错阅读，不必纠结于是否有一个固定的做法。

③精读和泛读相结合。要精读和研究课题直接相关的高质量论文，泛读和科研课题有些相关的论文。切不可泛泛而读，平均施力。

④输入和转化、输出相结合。不能光读文献而不做实验，不写论文。读文献只是输入，实践（实验）能够使自己对这个领域或者课题有更深入的认识。只有把做实验和看文献结合起来，才能达到更好的效果。最终，研究结果需要以论文的形式表现出来。

⑤读文献要仔细。研究生对和自己课题相关的文献要如数家珍。除了能说出论文的实验结果、主要观点，还要记住论文在哪一年发表在什么期刊、作者是谁、作者属于哪个大学或者研究机构，甚至要能举出作者在这一个课题发表的系列论文。

⑥理性思辨。即不要不假思索地接受论文的观点，要搞清楚论文用什么证据来证明观点，证据、论证过程是否有问题。通过理性思辨，能提高自己的学术水平，也能够使自己产生好的科研点子，做好自己的研究。

第3章

做科研

3.1 确定科研方向和研究题目 ▶▶

研究生确定科研方向和研究题目非常重要。如果挑选了不合适的科研方向或者科研题目，那么有可能在学制期限内得不到有价值的成果，导致无法正常毕业。

在开展接下来的介绍之前，我们首先要区分科研方向和科研题目。这两者有一定的联系，但也有区别。简而言之，科研方向是一个较为笼统的方向或者领域，比如"固体强酸在催化中的应用"。而研究题目更加具体，往往对应于能够发表的一篇或者几篇论文，比如"WO_3/M_xO_y型固体强酸催化分解氟利昂-12"。

研究生的科研方向往往是导师定的，对理工科的研究生来说尤为如此。这是因为，课题组在现有的几个研究方向有一定的科研基础和积累。积累包括：从事该研究方向所需仪器设备、文献、知识经验、人员和发表论文的积累。研究生从事课题组已有的研究方向更容易上手，更能够得到导师的指导、师兄师姐的帮助，也更容易出成果。反之，离开了课题组的研究方向"另起炉灶"，则不容易在学制期限内达到毕业的要求（原因在于缺乏开展研究需要的相关设备、研究基础和导师指导）。

一般导师对研究生的研究题目有规划和布局。这些题目是导师承担科研项目的一部分。导师往往会以完成科研项目为目标，把一个科研项目切分为若干个课题，让课题组的研究生开展研究。理想情况下，研究生完成了课题，发出了论文，写出了学位论文，而导师拿这些科研成果去结题。如果研究生脱离了导师的课题，"天马行空"去想课题，往往得不到导师的支持，也没有资金开展研究。毕竟，做科研需要资金，导师申请到的科研经费原则上只能用于他申请到的特定项目，而不能大量地用于开展和获批的科研项目无关的研究。

确定研究方向有何考虑因素？有的人会考虑选择这个方向能否和自己毕业后的职业理想匹配。比如，有的人毕业后想创立一个微电子企业，那么他在读研期间开发一种新型的芯片可能会和他的职业理想契合。有的人毕业后想当大学老师，那么他在读研期间选择一个"有前途"的研究方向可能会和职业理想契合。但理想和现实不一定是一回事。比如，对于想在毕业后创立微电子企业的学生，即使他在读研期间开发了一种新型芯片，未经导师同意，他也不能拿着这种技术去创业。再比如选择一个"有前途"的研究方向，有可能你在从事这个方向，别人也在从事这个方向，也有可能过了几年，这个方向不再热门。

确定研究方向和课题需要考虑自己的兴趣。如何知道自己对某个研究方向和某个课题是否感兴趣？可以读读这个研究方向和这个课题的论文，看看自己是否有浓厚的兴趣读下去。可以听听课题组老师、同学作相关的学术报告，看看自己是否能够听得懂，并感到有趣。只是为了"能够按时毕业"或者"毕业后有前途"来从事一个课题，那不是真正出于自己的兴趣。

还得考虑自己的基础以及课题组的积累。曾听有的导师说忌讳做"两新"（对于学生是新的、对于课题组是新的）课题。无论如何，底线要求是研究生可以在合理的时间范围内做出课题，取得科研成果，进而获得毕业证和学位证。研究课题的难度要适中。如果难度太大，那么研究生很难在合理的时间范围内做出课题。如果难度太小，即便研究生在短时间内做出课题，学位论文的评审人也会觉得这个成果的分量太轻。

选择课题还需要考虑以下问题：

① 有时，导师布置的是应用型的"横向"课题，以解决企业的需求为导向，甚至是帮助企业生产化学品中间体，帮助企业分析测试样品，以此来获得科研经费和报酬。导师承接这样的课题，是为了课题组的生存发展（导师有年终考核的压力，需要拉项目；导师有给研究生发科研补助的经济压力），也能满足企业的实际需求。但研究生做这样的课题，由于缺乏创新性而且发不出论文或者不能发论文，可能会导致自己无法达到毕业、获得学位的要求。

② 研究生进校前，有些导师对研究生的课题布置没有明确的想法。这些导

师想的可能是"先把研究生招进来再说"（他们或是需要一种课题组"阵容庞大"的感觉，或是不大为研究生是否能做出课题缜密思考、周密布局）。研究生进校后，导师"拍脑袋"分配科研题目，有可能课题难度不合适，或者他给两位研究生分配一样的课题，有可能导致今后成果分配的矛盾。还有的导师把学生招进来后，把学生分配给"小老师"指导，而"小老师"让这位研究生帮助自己做课题，却没有考虑"这位研究生将来写学位论文需要涉及哪个课题"，这可能使得研究生忙了很久，却没有成果能用于写学位论文。

③ 选课题要考虑有没有可能在合理的时间范围内产生可以用于毕业的成果。有的课题需要长时间的采样和观测，比较适合研究所的工作人员开展，而不适合学制较短、有毕业要求的研究生开展。如果有的课题组的确需要长时间的采样和观测，往往需要研究生用课题组以前的采样和观测数据写论文，而研究生现在采样和观测则是为"后来人"做的。还有的课题不是研究生"单打独斗"就能够完成的，比如需要别的单位的合作者提供测试数据或者量子化学计算，而研究生很难催促其他单位的合作者，这有可能导致后来的毕业僵局。

④ 选课题要考虑本课题组有没有开展这个课题所需的条件；如果没有条件，该如何解决。有些课题听起来很时髦、有新意，但实验室往往缺乏开展此类课题所需的仪器条件（比如同步辐射）。研究生如果选择了这样的课题，做科研必然步履维艰，甚至不了了之。

⑤ 选课题之前，还需要把学位论文评审表找出来，对照评审表当中对选题的要求进行分析：如果选这样的题目，能否毕业。比如，学位论文评审表中要求选题具有较高的理论价值或者对于国家、社会的需求有实际意义。现在大学、研究所做科研，强调面向世界科技前沿、面向经济主战场、面向国家重大需求、面向人民生命健康。如果研究生一开始就选择了一个没有较高理论价值，也缺乏实际价值的"鸡肋"课题，那么以后通过学位论文盲审和答辩会成问题。

⑥ 选课题还要了解：课题组以前的和现在的学生有没有做过类似的课题？目前准备挑选的课题在课题组整个研究体系中处于什么位置？如果课题组师兄师姐做类似的课题，前期在高端学术期刊发表了好几篇论文，顺利毕业，那么这可以说明课题组在这个研究方向已经有一定的积累。相反，如果课题组师兄师姐做了类似的课题，结果做了好久都发不出论文，毕不了业，那么正准备选课题的研究生就要三思了——不排除自己在课题组师兄师姐探索的基础上取得突破性的进展，但也有可能自己在今后的科研中遇到和课题组师兄师姐一样的情况。

⑦ 需要明确：研究生确立研究课题一定要得到导师的许可。这不仅是因为导师需要在开题报告上签字，而且研究生的课题也是在导师的指导下进行的。导师可能会认为研究生提出的有些课题缺乏创新性，范围太小或者太大，缺乏可行性，或者范围超出了导师的研究范围。

举个例子：一位研究生在完成课程学习后，向导师提出到外校做课题的请求。他向导师讲述了这种做法对课题组的好处（例如导师不需要花精力指导这位研究生，能够拓展课题组的研究领域，可以合作发表论文），但导师不同意这么做。原因是导师有自己的科研课题，他需要研究生做导师的课题，而不是让学生去外校做课题。如果研究生去外校做课题，那么有可能导师不能及时地了解学生究竟在做什么；一旦外校导师对学生疏于指导或者把学生退回学校，学生的毕业会成问题；即使学生产生科研成果，外校的导师会在论文中署共同通讯作者，但校内导师希望由他本人做唯一的通讯作者。当然，也有的导师支持学生到外校做课题，原因是他希望学生到外单位跟学术大师做科研，这样发表高质量论文时，他能成为共同通讯作者。抑或，导师已经"江郎才尽"，申请不到科研经费，只能把学生"送出去"，交由别的课题组来培养，这样他不用太操心。无论如何，研究生选择科研课题都需要和导师多沟通。

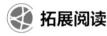 **拓展阅读**

问：我现在读研一，在调研新课题时对某个方向需要解决的问题把握不太好，看综述时会觉得已经有很多问题在被解决，不知道该从哪个方面入手。具体到某个问题，感到思维有些局限性，也没有具有创新性的想法，请问你对调研新课题有什么好的建议吗？

答：你的导师和师兄师姐往往对这个课题的大方向更加清楚，因此你可以寻求他们的帮助。特别是师兄师姐做了一些前期实验，知道哪条路可行，哪条路不可行。而且，研究生的科研一般是在实验室现有条件下开展的，最好能沿着一定的体系、思路，而不是跳开课题组的研究领域另起炉灶。

想不出科研点子时，可以翻阅文献；在翻阅文献的过程中想到什么科研点子，就马上写在本子上；积累了七八个科研点子后，与老师商量；找到最具有可行性的一两个科研点子，花少量时间进行初步尝试，先看看实验效果好不好。如果效果好，那么再批量合成样品，做更系统的测试。哪个效果最好，就先研究哪个科研点子，做到"管饱"（能发出一篇期刊论文或者写出学位论文的一章内容）。之后，再尝试别的科研点子。换言之，还得找一个岸先把船靠上去，而不能一直在文献的海洋里游弋。

问：你觉得什么是论文的原创性？

答：① 方法新。比如，研究者一般用电子显微镜来表征非常稳定的固体材料，但有的人首次用冷冻电子显微镜来研究病毒。再比如，紫外-拉曼光谱是外国人发明的，用于研究生物材料，而一位催化研究者把这种光谱首次用于研究固体催化剂。

② 材料新。比如有的研究者首次开发出铁基超导体。后来，其他研究者把铁基超导体中的一个元素换成其他元素，只要这种超导体没有被报道过，都是新的。

③ 工艺过程新。曾有一位教授课题组发现生物质在催化剂作用下可以产生一些有价值的化学品，虽然采用的是传统的白金-氧化铝催化剂，但开拓了新的化工过程。

④ 虽然反应不新，但是你针对生物质转化反应，把得到的产物一一分析清楚，或者采用各种分离方法，把得到的一堆产物分离出来，也是创新。

⑤ 针对一个超导体，有人提出A机理，有人提出B机理，两派专家各执一词。你做了实验，发现A机理和B机理都对，只是适用条件不同，或者你提出了C机理。

⑥ 别人的方法检测一种病毒需要半天，而你发现一种新方法只需要几分钟。

3.2 设计实验和开展实验 ▸▸

很多学生由于没有设计好实验或者做实验没有章法，导致得不到有效的数据，实现不了好的科研进展，甚至延期毕业。研究生做科研得有章法。

实验设计：不战而屈人之兵

很多新进校研究生一头雾水——怎么找研究课题和实验点子？其实，研究方向一般是老师指定的，而具体的实验点子，如果不是老师给的，则源于阅读本课题组和同行发表的论文。

研究生一边读文献，一边要把"思想的火花"记在笔记本上。等积累了几个点子，再找老师讨论。脑子里要有论文的概念——完成这一系列实验后，能发表论文吗？别人研究过类似的东西吗？自己的实验点子有创新性吗？能在一段时间（比如一年）内做出来吗？经验丰富的老师就知道哪些点子有价值且可行，而哪些点子应该被"排除"。

接下来，可以挑出最有希望的一个点子开展研究，也可以用少量时间，对几个点子进行初步尝试。比如，用一两个星期，制备几个催化剂，并测试它们的催化性能。

尝试后，就知道实验点子是否值得深入研究，或者几个点子当中哪一个最优。一旦发现能够发表论文的点子，就要"掘地三尺"，直到产出一篇论文。

做实验不能像"玩"一样。要想一想——在选定的实验条件下测得的一组数据，能成为论文的一张图吗？很多学生没有设计好实验条件，乱做一气。比如，一个学生平时用实验室一台马弗炉制样。有一天实验室的马弗炉被别人用了，她就用同学课题组的马弗炉焙烧样品。但那台炉子控温并不精准，炉温忽高忽低，这就导致实验结果不能用。类似的事情经常会发生。

初学者往往喜欢研究实验条件参数对实验结果的影响。比如，制备一种催化剂的变量有制备方法（5种）、焙烧温度（5个）、活性组分的含量（5个）。缺乏经验的学生就按照5×5×5种组合，制备了125个催化剂。接着，不但要测试这些催化剂的催化性能，还要用多种仪器进行物理化学表征，非常耗时。研究生做科研不是在工厂里搞技术研发。研究生做科研是设定一个模型体系，用有限的实验，说明现象和规律，探讨现象背后的原因，而不是无止境地进行条件实验。

总之，要借鉴孙子兵法里的"不战而屈人之兵"，在动手之前多动脑子！

做实验：活要见人，死要见尸

有很多学生做实验，做着做着就把课题做"死"了——他们对老师说，实验数据不能用。而当老师让他们把数据拿出来看看时，他们又说还没来得及处理数据。更有甚者，一旦他们认为数据不能用，不但没有做后续实验，还把样品丢了！

我对学生说，做实验"活要见人，死要见尸"——不要只是说数据不好，而要及时分析、处理数据，并向老师展示数据是什么样的，进而讨论数据是否真的"不能用"。只要实验没做错、数据是可重复的，我们应该理直气壮地面对实验数据。往往，经过讨论、分析，师生发现数据还是能说明问题的。

得到"负面实验结果"不一定是一件坏事。把原因搞清楚，或者寻求合理的解释，也能发表论文。哪怕得到的实验结果不能发表论文，"跌倒还要抓把泥"——从实验结果中，我们能提取到有价值的信息，这有助于我们设计新的实验。

还有的学生不及时处理数据，等做了很多实验，才发现先前的样品没有合成好，实验条件没有选好。我对学生强调，要及时处理数据，看看数据呈现什么规律，有哪些数据需要重做，然后及时补充实验。

那么，发现实验效果不甚理想怎么办？如果实验效果很差，并且还没有花费太多时间，那么可以"小船调头快"，转而研究别的实验点子。而如果已经花了很多时间，并且数据尚可整理成能够"管毕业"的论文，那么可以"一竹竿到底"。

无论如何，我希望实验"做一个准一个"。哪怕实验数据不能在高端学术刊物发表，至少也要能够写到学位论文里，不但构成"工作量"，也让读者有启发。

时间管理：要聪明地工作

有很多学生工作很努力，但不"讨巧"。比如有一位研究生刚开始读研时，经常坐在电脑屏幕前读文献。后来做实验，一个实验点子还没有完成，他就又尝试新的实验点子，仅仅满足于合成催化剂，做简单的催化反应测试，而没有及时推进后续表征实验。

不要只读文献，而不做实验。读文献要带有目的——想了解什么信息？要解决什么问题？读文献可以和做实验、写论文结合起来，在不同的阶段穿插进行，而不是非得读了1000篇文献才能开展实验。

不要同时做几个课题。有能力的学生的确可以同时做几件事情，但对于普通的学生来说，还是一步一个脚印为好，避免忙中出错。一个阶段要有一个阶段的工作重心。如果眼下的研究体系经过一番"狂轰滥炸"，能产出一篇论文，那为什么不"劲往一处使"呢？

不能只测数据而不整理论文。就像一个青年教师需要像"切香肠"那样每过一段时间发表一篇论文一样，研究生也需要通过阶段性地产出论文来证明自己的进展。论文是科研的阶段性小结。完成了一篇论文，自己一身轻松，可以接着开展下一个研究。

要合理安排时间。比如说，我们从事催化研究，需要合成样品，测试催化反应性能，并进行物理化学表征。把样品送到其他地方做表征测试，等待测试结果时，就可以看文献，思考如何解释实验数据，如何推进后续实验，甚至开始写论文或者开展其他实验，而不能干坐着。

如果哪一天自己真的不在状态，不想做实验，那么可以回寝室休息，打扫卫生。休息，是为了更好地工作。如果暑假里学校的公共测试平台放假，无法推进实验，那么学生可以整理论文，或者把自己已经发表的英文论文翻译为对应的学位论文章节。

学生在写论文时，要先确定论文整体框架，整体完成，再在老师的指导下进行修改。但往往有些学生没有领会老师的意图，他们习惯于在论文的局部"绣花"，这会影响整体进度。比如，一个学生花了很多时间，把几张图组合成一张大图。但这不符合我的观点，我希望一张图就是一张图。如果这个学生事先能征求老师的意见，那会少做很多无用功。

不要纠结于某一个点出不来。有一次，我问一个学生为什么没有及时整理出论文。他说论文不发了，因为他提出的反应机理是错的。我说，如果反应机理是错的，那么我们改正机理。如果这件事你会做，那么由你来做；如果你不会做，可以让师兄提出一个机理，写论文时把师兄的名字加上。可是，他还在"愤世嫉俗"地说："我研读了很多文献，有很多人提出的机理都是错的。"我回应称："别人错，是别人的事。你还得把自己的论文整出来。"

以上这些，就是我通过做科研和带研究生总结出来的经验和教训。老师们真的不希望自己的研究生犯上述低级错误，因为一旦犯错，就会浪费大把时间。但愿研究生读者们能从中获得启发，更高效地完成学业。

拓展阅读

别把文献当成"爹"

马臻

小谢是我和其他老师联合培养的硕士生。他进校后非常有科研激情，工作特别勤奋。从我的办公室窗口可以看到他晚上也在实验室挑灯夜战。想到有些研究生懒懒散散，每天来得晚，回得早，还常说拉肚子了不能来实验室，我不禁觉得小谢是个可塑之才。我的任务一方面是帮他测试一些他合成的催化剂，另一方面协助他的导师指导他科研和写论文。在这个过程中，我发现了研究生常会遇到的问题，通过对这些问题的指导，我提炼了自己的经验，他也从中获得启发。

我坚持认为，做实验之前要动脑子，规划、设计好实验。举个例子：小谢送来一些催化剂样品请我测试，一开始送来的都是0.2克，后来有一次说只合成出0.158克。我当即把样品退回去，说等你合成出0.2克再测试。他说，只是想看看有没有催化效果。我说，做实验，最后是要发表论文的。我默认测试样品得到的数据图以后会用在论文里面。而如果现在实验条件（催化剂用量）不一致，即使得到了好的效果，以后还是要重新测试，这不是浪费时间吗？同样，比较的时候，也要求在一样的条件下进行。比如三种不同的载体，上面的活性组分是同一种物质，于是需要做实验，作比较，要求活性组分的含量也是一样的。而如果活性组分的含量不一样，很难说活性的区别是因为含量不一样引起的，还是由于其他因素引起的。

做实验之前要动脑子，这个经验太重要了！往往有些人做实验不动脑子，利用现有的仪器，不管三七二十一地表征样品（即测试样品的物理化学性质），但这些数据不说明关键问题，而说明关键问题的数据却"蜻蜓点水"或者没有。比如说，要研究催化反应或者催化剂，可以采用各种表征手段，但针对所要回答的科学问题，应该有针对性地选用表征手段。有的人拍了一堆电子显微镜，甚至连固体原料的电子显微镜都拍了，但这些又能说明什么问题呢？你按照文献里的方法合成了沸石分子筛，得到的当然是和文献里一致的形貌，这些和催化反应结果又有什么关系呢？充其量只是照着文献合成出一样的东西而已，更何况，为什么要材料的配比不一样，每个都拍电子显微镜呢？

我从一件小事出发，滔滔不绝地给小谢传授了很多经验。小谢的眼睛里闪烁着求知的光芒，他获得很大的启发，继续投入后续研究。可做着做着，发现自己的实验结果和文献中的说法不一致，便觉得很沮丧，怀疑自己辛辛苦苦做的实验全都报废了。

听了他充满困惑的陈述，我见怪不怪地说，别把文献当成"爹"！文献里的说法只是对那个作者所研究的体系有用，是不是能移植到自己的体系中，还需要甄别。在我们的催化研究中，有两个基础问题：活性位是什么？反应机理是什么？催化剂制备方法不一样，组成不一样，预处理条件不一样，反应条件不一样，得到的关于价态的信息和反应机理都可能会不一样。所以，得到和文献不同的结果，这并不奇怪。

有的人搞科研有主观导向性，还没有收集齐全实验证据，就假定文献中报道的某种价态是活性中心。其实，应该让实验事实来说话。当发现自己的数据无法用文献来解释而震惊时，要想想：我的催化测试结果是不是事实？这个催化剂比那个催化剂好，是不是事实？我的表征结果是不是事实？然后，从实验事实出发，去寻求解释，甚至做些额外的实验。而不应该从别人的文献结论出发，去否定自己的实验事实。

小谢从我的评论中得到很多启发，决定搁置争议，继续投入实验，让事实来说话。他使用仪器进行了催化剂的一些表征，得到一些曲线，从曲线上，可以看到具有不同催化效果的催化剂，它们峰的位置和大小是不一样的。按照常理，把这些催化剂效果的不同归结于曲线上峰的位置和大小不同即可，可是我不喜欢生搬硬凑，牵强附会，而是向他传授些批判性思维。

有时候研究了两个催化剂，发现催化效果有些区别。然后进行了相关的表征，比如氢气程序升温还原，X射线光电子能谱等。根据得到的结果，人们很容易建立起所谓的"关联"，但这种"关联"能不能站得住脚？这正好比，两个催化剂的颜色是不一样的，能否把催化效果的不同归结为颜色的不同？的确，催化剂的孔径不一样，价态不一样。但酸碱性质也不一样，活性组分的分布和所处的环境也不一样，也有可能成为影响催化效果的原因。构建"关联"时，要分清楚哪些性质起直接作用，哪些因素是"二传手"，而哪些（比如催化剂的颜色）是无关的、催化剂自有的性质。

听了我的话，小谢领会到，催化剂性能和表征结果的关联是表面现象，得挖掘背后的机理，并充分寻找文献支持，使这种关联能够自圆其说。后来，他又来找我，让我看看他的图。只见他把一些数据删除了，只留下能够"自圆其说"的数据！我哭笑不得，又给他上了一课。

如果一个科学解释或者说理论是对的，应该能经得起"诊断实验"的检验。比如对每种催化剂，改变活性组分的含量，再做氢气程序升温脱附和X射线光电子能谱，看看在同一个体系中，是否有关联？有时候你测试了两种催化剂，发现效果很好。你又测试了第三种催化剂，发现活性坏透了，就把这个催化剂的数据删除了，就当自己没有研究过。其实，这里面蕴含着很多信息。你已经研究了两个催化剂，建立了所谓的"关联"，如果的确是这么回事，第三个催化剂的数据应该正好"嵌"入这个所谓的"关联直线"中。你看看能不能"嵌入"？如果不能"嵌入"，说明你提出的"理论"根本不是这么回事。

于是，小谢补充了很多实验，进行了深入而细致的数据分析，并写出了论文的初稿，让我帮他分析分析。我一看到初稿，虽然很高兴我的名字在上面，但是头大了一圈。我当即不留情面地说："如果这样的论文稿投出去，准保被'毙'了。"

写论文水平高不高，首先看引言部分。写引言，就是要把自己的论文给"兜售"出去。写引言有基本的套路。根据 *Write Like a Chemist: A Guide and Resource*，首先，要介绍你所要研究的领域，即背景知识介绍。其次，论述你所研究的领域多么重要，即推销。再次，介绍以往的工作，把功劳给为你种树、让你乘凉的前人。然后，解释为什么你要做这个研究，即文献里别人做了这个，做了那个，但有什么缺陷，有什么空缺需要你去填补。最后，介绍你现在的这个研究，做了什么，发现了什么，有什么意义和价值。而目前的初稿引言没有章法，眉毛胡子一把抓地罗列看过的很多文献，逻辑混乱。

写论文最好把实验结果部分和讨论部分分开，实验结果部分就是客观事实，讨论部分可以有些个人观点。不要在实验结果部分掺太多的个人主观臆测。讨论部分当然可以有自己的观点，但观点应该基于实验事实，并结合文献的证据。切忌"天马行空"地脱离了实验事实去发表观点。讨论时要拿捏好轻重。自己不确定的，不要花太多笔墨去讨论。说不清的（机理），可以轻描淡写说目前还不清楚，可能是什么机理，值得进一步研究。讨论时对文献中的说法要用自己的语言概括地说明，主要谈别人用什么方法得到什么结论，和我们的观测一致还是不一致，要概括，不要长篇大论，不要把别人的推导过程原样叙述。当你在组会上报告了你的发现，听众有各种看法，你也不确定哪种对时，你可以在讨论部分把几种可能的解释都提出来，给出实验证据说A机理可能不成立，和什么实验事实不一致；B机理也不成立，是因为什么原因；而C机理有可能，因为什么原因——在文献中，谁谁谁用什么催化剂研究了什么反应，发现了类似的机理。虽然研究的体系不完全一样，但解释是类似的，具体的值得以后去研究。

听了我的解说，小谢豁然开朗：原来做科研、写论文，还有这么多学问！

（来源：马臻. 别把文献当成"爹"[J]. 大学生，2013（3/4）：128-129.）

3.3　准备中期考核 ▶▶

为了检查研究生做科研的进度，确保研究生处于正轨，院系会对研究生开展中期考核。如果没有通过中期考核，研究生还需要在以后参加补考，会影响自己正常毕业。面对中期考核，很多研究生如临大敌。中期考核不应该只是一种形式，而更应该是一种"仪式"，要引起重视。但很多学生不清楚：中期考核的文书怎么写？答辩报告要讲什么？

文书写作：内容和文风

"马老师，我们写好了中期考核的个人总结材料，想请您帮忙看一下。"一天下午，我在办公室修改论文，两位研究生敲门进来。我接过材料，看了几眼，眉头皱了起来。

她们是参考网上"范文"写的。我指着她们的材料说，这样的写法有很多缺点。

拖沓冗长，没有单刀直入：

近三年的研究生生活转眼已过去了一半，回首过去，感觉生活既充实且具有意义，有很多收获，也有很多失落。这一年多的生活使自己成熟了很多。如果说大学是梦幻的象牙塔，研究生则是从塔里走出来的第一步。经过一年多的在校生活，无论在思想、生活和学习方面，都使我受益匪浅，使我明白了研究生生活的真正涵义。

说空洞、套话：

除了课题的思路更加清晰了，学习的效率较从前也提高了许多，工作的质量也提升了，同时在课题上也取得了阶段性的成果。这主要归功于工作时间的保证和与课题组同学、导师的定期讨论交流。任何时候，沟通交流的能力和团队协作的素质都是走出校园、融入社会必不可少的一部分。

缺少实打实的科研内容：

这一年多的学习让我渐渐明白了什么是科研，该如何做科研，这些都让我受益匪浅，也让我明白了科学研究是严肃的，是创造性和思维的过程，也是一项灵活的艺术研究。课余生活也随之丰富起来，如组团去打羽毛球，参加班级活动等。

我说，这些文字并没有告诉读者——你究竟做了什么科研、得到了什么阶段性的结果。假设你在一个企业里，领导让你写个人总结，你写入职以后的心路历程，这有用吗？企业是以盈利为导向的，强调的是员工做了什么，实现了什么价值。

研究生的本职任务是学习和科研。大家都需要上课，修满学分，这一点区别不大；是科研决定你能否顺利毕业。因此，总结材料要多写科研。关于科研，不要一笔带过地说"从事某方面的研究"，也不要空泛地说感想，而要呈现"干货"！

写文书材料的文风要"实"！我给她们看我在2013年申请教授职称的材料中关于教学和学生工作的总结：

① 讲授研究生专业课"环境催化"和本科生专业课"大气污染与控制""专业英语"，每门本科生课程的评教结果均为满分5.0分。

② 担任本科生班导师，4个学期的评教结果分别为3.58分、3.85分、3.9分、3.98分（满分4.0分）。

③ 担任环境系教学副系主任助理、复旦学院任重书院导师委员会委员、复旦大学首期青年教师教学发展研修班组长。

④ 担任复旦学院"经典读书计划"读书小组指导老师，指导学生获得优秀个人奖和优秀读书奖33人次，集体获得"读书小组风采奖"2次。

⑤ 应校团委、校学生会、校图书馆、校教务处、复旦学院等邀请，主讲关于"科研生存技能"、职业发展、人生哲理等方面的讲座9次。

这里并没有"在思想上高度重视，在行动上认真积极备课，在课堂上神采飞扬，课后把课件发给学生"之类的套话。

后来我才知道，这两位研究生写中期考核的个人总结材料，是参考网上的一些写法，但那些写法根本不对路。

我提供了一些问题供学生写材料参考：

在上课之余，针对什么课题，阅读了多少篇文献？是否完成了开题报告？学习使用哪些仪器设备？掌握哪些样品制备方法？学会哪些数据处理、文献搜索和文献管理软件？

在具体的科研方面，确定了什么课题？为什么要做这个课题？研究的创新性何在？用什么方法研究了哪些内容？得到什么结果？这些结果有什么价值？有无发表论文？下一步准备怎么做？学位论文的标题和框架是什么？每一章的进展程度如何？

我希望学生围绕着"主要矛盾"（科研进展），给出"干货"和进展、计划，而不要"主要矛盾"没写清楚，"花花草草"（参加文体活动）却写了一堆。

中期考核汇报：结构和注意事项

学生接受了我的指导意见，修改了文书材料。然而，当她们把中期考核汇报PPT拿给我看时，我又发现了很多问题。

学生原本把中期考核PPT整理成"学术报告"型，就是一板一眼地按照自己做实验的顺序，把所有的实验结果都堆放在报告中，显得"没有功劳也有苦劳"。但我认为，中期考核的评委不希望听到一场完整的学术报告，而是想了解学生是否有好的科研进展，能否正常毕业。

一个好的中期考核汇报应该讲清楚学位论文题目是什么，为什么要做这个研究（研究目的），有什么创新性；用了什么实验手段做了什么实验，得到什么结果；发表或者投了什么论文；下一步怎么做，时间节点是什么。

考虑到有的评委可能从事其他研究方向（既听不大懂汇报学生的课题细节，也不感兴趣），且学生汇报时间很短，学生不应该纠结于课题细节（比如"这个

X射线衍射峰在什么位置,那个衍射峰在什么位置"),而应该突出重点,简要地把基本思想、主要结果讲清楚。

比如,一个研究生开展了两个研究工作。在介绍研究背景之后,接着介绍第一个工作时,该生就像写论文那样,把所有图表依次列上PPT,详细讲解每一张图。但我认为应该这样讲:

首先,介绍样品的合成方法(给出一张示意图),然后用X射线衍射数据证明样品的晶体结构,用透射电子显微镜照片显示样品形貌和颗粒大小。接着用一张PPT显示几个样品催化活性不同。接下去的几张PPT,只需要罗列其他表征数据,解释一下"为了搞清楚为什么样品催化活性不同,我进行了详细表征,比如氧气程序升温脱附、氢气程序升温还原、二氧化碳程序升温脱附、X射线光电子能谱。结论是……"即可。即用几张PPT显示主要结果,让听众听懂研究思路、主要研究结果后,再简要罗列别的琐碎或者次要的数据,显示一下工作量。

接着,用一张PPT给出发表论文首页的上半部分,显示出学术期刊名称、论文标题、作者名字和摘要——告诉评委,上述这些科研内容,已经整理成一篇论文发表。如果论文已经投稿,学生也需要给出投稿系统的截屏,让评委看到进展。

接着,介绍第二个工作,也是这样的结构。当然,如果报告时间紧,或者第二个工作结果不成熟,那么学生可以简单地把研究思路讲一讲,列出一些初步数据,说后续研究正在进展中。既要让别人觉得你有足够的工作量,又要让别人感到你知道下一步该做什么。

研究生进行中期考核汇报有三个常见问题。

第一,虎头蛇尾。有的学生花了很多时间讲课题背景、文献综述,而没有充分时间讲解自己究竟做了什么,这让别人感到这位学生科研进度不佳。

第二,师出无名。有的学生介绍了课题背景后,直接说自己做了什么研究,却没有说清"既然这个领域已经有很多人在开展相关研究,为什么自己的研究还值得做"。

第三,只见树木,不见森林。有的学生只顾着讲解自己的几个研究工作,既没有给出一个框架图说明这几个研究工作的逻辑关系和学位论文的结构,也没有给出一张时间计划表或者甘特图说明自己已经做了什么,今后还需要做什么才能顺利毕业,时间节点是什么。

此外,很多学生制作PPT和答辩水平有待提高。我举几个例子。

有的学生的PPT通篇都没有页码。这就使老师在提问时,无法说"翻到第几页"。

有的学生的PPT上堆满文字，或者只有图而没有文字。好的PPT应该图文并茂，每一页出现一个小标题，让人一目了然。

有的学生在PPT加入动画，播放时，PPT上先是一片空白，然后才出现数据图。其实，"单刀直入"即可！要让人把注意力集中到PPT的重要内容。

有的学生提出一种解释，仿佛言之凿凿，可是别人一问，他（她）便"一抖"，把自己的说法否定了。所以，研究生在答辩之前一定要把自己的研究梳理清楚，不要到答辩现场"王顾左右而言他"！

3.4 从中期考核中得到反馈 ▶▶

很多研究生对参加中期考核战战兢兢。一是害怕通不过，二是害怕"献丑"，害怕被评委老师批评。其实，中期考核能鞭策研究生阶段性地整理数据，梳理进展，并接受评委老师的检验，这有助于推进研究生的科研进度。

在中期考核的过程中，评委老师听了研究生的讲解之后，不但会提出学术上的问题，而且还会对研究生的研究课题、研究进展和技术细节提出疑问。比如，我有一位博士生做光催化产氢研究，他在参加中期考核时被评委质疑。有的老师说他的研究和环境专业关系不大，他需要在学位论文的绪论章节从环境的角度去构建研究背景，否则学位论文可能通不过盲审。有的老师说他虽然发了几篇论文，但并非发表在环境专业的主流期刊，比如*Environmental Science & Technology*。另外，他汇报的几个工作是平行工作，即以光催化产氢为选定的催化反应，开发了几个不同的催化剂，每篇论文都是依样画葫芦地罗列催化剂的表征数据和活性测试数据，而不像是剥洋葱那样层层深入。他受到这样的质疑后，感到自己的研究被贬得一钱不值，回到办公室后对我说了一些丧气的话。

细细想来，学位论文的进度、发表论文的水平、真实的科研进度、研究生的努力程度、做中期考核报告的表现以及评委老师的评价并不一定能够精准对应。也许一个学生平时很努力了，但是他没有发表论文，因此被评委老师质疑他的科研水平和努力程度。也有的学生发表了几篇论文，但他在汇报时只是沉醉于机械地介绍论文的细节，而没有把所从事研究的"大的图景"或者前因后果说清楚，因而得不到评委老师的青睐。还有的学生做了很多研究工作，也发表了几篇论文，但评委老师只看发表论文的学术期刊的名字就断定这位学生做科研的水平不高。换言之，没有学生是十全十美的；参加中期考核时，研究生提供的科研进展报告只是一个"半成品"，很容易被找到漏洞。

关键是，研究生要把收到的评论当成是促使自己改进的"良药"，然后有的放矢地加以改进；最终要看自己能否"笑到最后"，即顺利毕业。上述这位博士生准备的中期考核汇报的确存在问题。他虽然发表了几篇论文，但在中期考核汇报中，他只是停留在对实验细节的表达中，而没有把课题的背景、意义讲清楚。静下心来后，他在写博士论文时，花了大量时间从事文献调研工作，使劲地把博士论文，尤其是博士论文的绪论章节写好。并且，他还凭借发表的几篇论文，获得了国家奖学金。最终，他的论文顺利地通过了盲审，得到评阅人较好的评价。

这个例子说明：自己努力付出了，总能得到一些东西。但有时候也会被评委指出破绽。遇到这种情况，唯有虚心接受、努力改进，才能得到有利于自己的结果，千万不要刚愎自用。

3.5　课题方向的延续和转换 ▸▸

研究生刚开始读研时，甚至在进校前，就要通过文献调研以及和导师商量，确定自己的研究课题。一旦确立研究课题，就要真抓实干，形成研究内容的体系。对于理工科研究生来说，一本硕士论文至少要有两章主干的研究内容，而一本博士论文至少要有三章主干的研究内容（除了这些主干的研究内容章节，学位论文还需要绪论章节以及结论与展望章节）。不同的章节彼此要有联系，整本学位论文要构成体系。

以催化专业方向的硕士论文为例，当中有一章内容包括一种催化剂的制备、表征、催化性能和机理研究。后一章根据前面章节的研究结果，对这种催化剂进行了改进，提高了催化性能，并对改进后的催化剂进行了表征，还研究了反应机理。这两章有一定的联系，在于催化的化学反应是一样的，开展催化剂表征和反应机理研究的方法是一样的，只是催化剂有区别。这两章呈现的是递进关系，即在开发"第一代"催化剂的基础上，开发了"第二代"改进型催化剂。

当然，设计学位论文还有别的思路，比如使用同样的催化剂（比如一种固体强酸催化剂），在不同的章节研究不同的催化反应，这些反应并非简单的测试，而是有深入研究，比如原位红外光谱结合量子计算研究反应机理。

比较忌讳的是学位论文的几个章节没有内在联系，或者学位论文涉及两个完全不同的课题。这样，哪怕每一章节内容在学术期刊上发表过，学位论文还是不容易通过。比如，一名博士生的研究课题是超导体的奇异物理性质。他研究了A超导体、B超导体、C超导体，用仪器测试了它们的物理性质，发表了三篇论文，但如果不好好写，不好好组织的话，那么学位论文有可能通不过，因为研究的三个体系太"散"，彼此关联性不大。而假设这三种超导体都属于同一种类型的超导体（比如铁基超导体），那么把这本学位论文串起来的"线索"就找到了。抑或者，这三种超导体虽然不属于同一种类型的超导体，但是研究生采用了同一种别人不常用的仪器或者研究方法（比如缪子自旋弛豫/旋转）来研究这三种超导体，那么这也可以构成这本学位论文的"线索"。当然，这名博士生还可以把"关键科学问题"（例如超导体的时间反演对称破缺）作为线索，把一本博士论文各个章节串起来。

哪怕研究生一开始做科研时是"什么容易上手就先做什么"，但是在写出一篇科研论文后，还得想清楚如何"布局"学位论文。举个例子，有一位博士生开发了两种催化剂，用于催化氧化一氧化碳，据此她发表了两篇论文。后来，她又开发了两种别的催化剂，用于催化还原氮氧化物，据此她发表了另外两篇论文。为了能够使博士论文的体系自圆其说，她设计了一种串联反应，即假设她需要脱除废气中含有的一氧化碳和氮氧化物，她先用之前开发的一种催化剂脱除废气中的一氧化碳，再用之前她开发的另一种催化剂脱除废气中剩余的氮氧化物。这样，这个放在博士论文后面的章节就把前面两个"板块"（催化氧化一氧化碳、催化还原氮氧化物）连在了一起。

如果做到一半发现做不下去怎么办？可以跟导师商量换课题或者在同一个课题的范围内换具体的实验点子或者调整研究策略。当然，最好静下心来分析一下自己手头已经有什么数据，还需要怎么做才能整理出科研论文或者学位论文相关章节。举个例子，曾有研究生制备了一种含有氧化铁和氧化硅的复合氧化物催化剂，用于催化苯酚和双氧水反应产生邻苯二酚和对苯二酚，她原先的思路是研究催化剂组成和制备参数对催化性能的影响。实际研究中，她发现在液固相反应的初期，用气相色谱检测反应物和产物的混合溶液时，已经有部分反应物转化成产物了。考虑到这个反应（苯酚羟基化）最终能达到的转化率并不高，反应刚开始就有部分反应物转化是不大合理的。她购买纯度更高的苯酚，并反复合成催化剂来做这个反应，都观察到了类似的现象。我怀疑用取样针取样并把反应物和产物的混合液滴注入气相色谱分析液体成分时，苯酚和双氧水在气相色谱里面发生了反应。后来，我们把苯酚和双氧水配成不同浓度的溶液，不加催化剂，分别用进样针注入气相色谱，观测到苯酚"表观"的转化率。我们还把双氧水和邻苯二酚或对苯二酚分别配成溶液，注入气相色谱，同样观测到邻苯二酚和对苯二酚在双氧水存在下的"表观"转化率。而使用液相色谱分析溶液，不存在这个问题。从这个角度，我们把研究结果写成论文发表，这篇论文也构成了学位论文的一章内容。从这个例子可见，实验结果未必是自己原先想象的那样。这时，静下心来分析一下，然后对研究内容、研究思路、研究步骤进行适当调整，还是有可能"起死回生"的。

如果中途想换导师怎么办？一般而言，读研的时间并不算太长；进校时研究生选定了哪位导师，那么最好还是一直跟着这位导师，直至毕业。研究生中途换导师，之前修读课程的学分还是有用的，但是因为研究课题有调整，先前为了做课题而从事的文献调研、做的实验都白费了，也很难把在先前课题组采集的数据、撰写的论文带到新的课题组，除非先前的导师因为离职、去世等原因不能带研究生了。这就意味着换了导师之后，研究生得"另起炉灶"，重新开始做课题，这往往会造成研究生延期毕业或者毕不了业。而且，如果没有合理的理由而提出中途换导师的话，那么其他导师可能不敢或者不愿意贸然接收这样的学生。其他导师会顾虑这样的学生可能不努力、挑三拣四或者跟导师处不好关系；还有的导师怕自己贸然接收了这样的学生之后，得罪这位学生的前导师。如果的确想要换导师，就要得到目前的导师、拟转入课题组的导师和院系、研究生院的同意，办好手续，并承担由此带来的后果。

3.6　本章小结 ▶▶

很多时候，研究生的科研方向和研究题目是导师定的。原因主要在于课题组有一定的研究领域和课题边界，从事的研究依托课题组申请到的科研项目。而且，导师经验丰富，知道研究生的课题需要怎样的创新性、可行性、工作量。

研究生在做研究之前，首先要想清楚：研究目标是否合理，课题能否在合理的时间内完成，并产生能够用于毕业的研究成果，课题组是否有条件做这个课题。当然，选题的科学性、原创性和这个课题是否顺应社会需求也是值得考虑的。研究生需要找出学位论文评审表，根据评审要求来判断课题是否合适，并跟导师讨论。只有在导师同意做这个课题的情况下，才能够开展。

在做研究的过程中，要确保实验设计是合理的，实验操作是对的，数据是准确的，这样才能严肃地分析数据，进而推进课题进展。相反，如果实验没有设计好或者实验操作有问题，那么得到的数据往往"不能用"，时间也会大把地浪费。

研究生在读研过程中会参加中期考核。研究生需要借助中期考核，梳理自己为什么要做这个研究，用什么方法研究了什么，得到了什么结果，下一步准备怎么做。

写中期考核的文书要注意，不要泛泛而谈，人云亦云，而要文风实在，讲清楚自己在读研阶段取得了怎样的学业进展，学会了什么实验手段和软件，用什么方法做了什么，得到了什么结果，下一步准备怎么做。

如果在中期考核答辩过程中受到了评委老师的质疑，说明自己科研存在着一定的问题，应该努力改进。要往前看，把收到的问题、质疑当作改进自己科研的"良药"。

研究生做科研、写学位论文需要有系统性，而不能只是发表孤零零的期刊论文。如能形成"群岛"或者"项链"更好。

学位论文成体系有两种思路：一种就像剥洋葱，层层深入；另一种是呈现几个平行的工作。做科研应尽可能层层深入。如果学位论文事实上呈现了几个平行的研究工作，那也得在绪论章节把几个研究工作的联系说清楚，还要在每一章的引言部分指出这一章和前面一章的联系，并在结论与展望章节凸显出学位论文的系统性。

研究生做科研比较忌讳中途换导师、换课题。中途换导师会导致时间的浪费，其他导师也不大愿意轻易接纳换导师的学生。中途换课题不是绝对不可以，而是意味着时间的耗费。如果的确需要换导师，那么得根据学校和院系的相关规定，做好手续，并承担可能的后果。

第 **4** 章

撰写学术论文

4.1 论文写作导论 ▸▸

写论文是研究生的基本功。研究生通过撰写论文，可以使自己对研究的课题有更深入的认识。在撰写论文过程中思考问题，参阅文献，能有很多收获。而且，把撰写的论文在学术期刊发表，有助于准确、清楚、简洁地传递科学信息，方便同行阅读和了解研究生的科研内容。

关于论文写作的几个认识误区

（1）过了大学英语六级考试就能写好科研论文。

用英文写科研论文的能力在一定程度上和学生的英语水平是挂钩的。如果学生的英语成绩很差，语法不通，那么用英语写好学术论文会有困难。但是，英语考试成绩好，不代表不需要学习、不需要练习就能用英语写好学术论文。这是因为，中国传统的英语教育是应试教育，强调背单词、做习题，但用英语写学术论文不是做习题，大学英语六级词汇书上的单词在写理工科学术论文时大多用不上。我曾见过一些学生通过了大学英语六级考试，但写出的论文初稿还是不行，有的甚至连语法都不对。虽然大学英语六级考试作文也是有套路的，但是它与科技论文写作差别很大。更何况，研究生"过了大学英语六级考试"只能说明他们通过了，而不能代表他们完全掌握英语。要能够用英文写好科研论文，除了要有扎实的英语基础，还需要学好科技论文写作，并多加练习。

（2）英语润色公司能解决所有问题。

有一些公司提供英语润色服务，研究生使用这些润色服务对提高论文的英语水平有一定帮助，也能提高论文投稿的命中率。

但是，科研论文遵循一定的行文格式和习惯。修改论文不仅是英语润色的问题，还需要注意以下几个方面：

① 逻辑（整体文章的结构、每段话的逻辑、起承转合）。举个例子，我有个学生英语很好，写了篇论文，但我看了之后，发现虽然语法没有什么大错，但引言写得人云亦云，缺乏吸引审稿人的"角度"。虽然英语还行，但是这篇论文还需要经过重大修改才能投稿。

② 学术的正确性（修订某种表述、提出补做新的实验）。比如，有个学生用不同制备方法制得两种具有同样化学成分的磷酸镧（$LaPO_4$）载体，并在载体上负载了纳米金（Au）颗粒，发现这样的$Au/LaPO_4$催化剂具有不同的催化效果。他煞有介事地强调"磷酸盐载体的晶面效应"，即不同的磷酸镧载体（纳米颗粒、纳米棒）暴露出不同的晶面，他试图把载体的晶面和$Au/LaPO_4$催化剂的催化效果进行关联。但经验丰富的导师却说，如果没有说清楚为何载体晶面不同会导致催化剂催化性能不同，那么不宜提出"磷酸盐载体的晶面效应"。这是在科学上不严谨的做法，容易"树活靶子给审稿人打"。

③ 学术圈一些"约定俗成"的规则。比如，当自己的研究结果和文献结果不一致时，不能武断地说文献中他人的研究结果是错的。可以认真分析自己的研究和别人研究的区别（比如实验条件不一样），客观陈述自己和他人各自得到的结果，然后给出合理的解释（如"由实验条件不一样引起"）；如果不能提出合理的解释，那么可以说"有待后续研究"。

（3）英语写作是"文学霓虹灯"。

有些人认为用英文写科研论文，只要读者能够看懂即可，不需要花太多时间；如果强调英文写作，那就是在制造"文学霓虹灯"。但我认为，如果说做实验是"硬实力"，那么写论文就是"软实力"，两者都重要，都不可或缺。

刘兴奇《异类——用软实力思维解决人生发展问题》中写道："软实力和硬实力谁更重要？总有人弄不明白两者的重要性。如果你要比较，请你告诉我：电脑硬件重要，还是软件重要；人体骨骼重要，还是经络重要。你会说两者都重要。事实也是如此，你不能说一个文凭学历很高的人就可以不讲情商或为人处世的能力了。"换言之，讨论问题不能采用"非黑即白、非此即彼"的二元对立思维。

回到论文写作领域，写得不好的论文：导师不愿意修改（课题组哪篇论文看起来"成熟"，就先改哪篇）；审稿人读不下去（本来评"大修改"的现在评"退稿"）；编辑要求修改好以后才能送审；即使发表了也丢作者的脸。

把科研论文写好，是对自己科研工作负责，是精益求精的职业精神的体现。

理想的论文，需要有足够的创新性、丰满的工作量（足够的数据）、振奋人心的研究结果和好的写作。审稿人在评审论文时，会综合评价这些因素，进而决定是否让眼前的这篇论文通过。

如果一篇论文其他方面都很好，但写得不好，那会埋没这篇论文，使得这篇论文不能发表在好的学术期刊。相反，如果一篇论文创新性不太强，但写得好，也能弥补不足，使论文能够平稳地发表在能够"保毕业"的学术期刊。

正如一篇好的新闻报道离不开有新意和有"料"的选题，扎实的采访以及精心的写作、编辑，一篇好的科研论文也需要具有创新性，认真细致地观察分析，有价值的数据以及精心的写作、修改。科研论文并非文学作品，不需要使用文学写作的手法，但也需要精益求精地写作。

（4）为了写好科研论文，就必须花大量时间复习大学英语六级考试。

读研的时间紧、任务重，做事情要有针对性，即要有方法。花大量时间复习大学英语六级考试，的确能在一定程度上提高研究生的英语水平，但研究生存在时间期限的"边界条件"，不可能无限制地学习英语。而且，写科研论文和参加大学英语六级考试是两回事。研究生需要有针对性地学习科研论文写作，学习其中的套路、规范和注意事项。论文稿按照约定俗成的规范写出之后，哪怕有些英文的瑕疵或者语言不精练的问题，导师会帮忙修改，研究生也会在反复的修改过程中得到提高。有经验表明，研究生写第一篇论文最吃力；而如果自己有悟性的话，那么在导师帮忙修改一篇论文之后，研究生写第二篇论文就会写得更好，也不会像写第一篇论文那样吃力。换言之，通过复习大学英语六级考试来帮助自己写科研论文的性价比低，而通过学习科研论文写作方法并在导师的帮助下写好科研论文的性价比高，学习科研论文写作需要有"针对性"。

科研论文是怎么来的？

产生科研论文的流程是这样的：第一步，刚进课题组时先确定研究选题，即研究范围。第二步，开展文献调研，通过阅读文献来了解前人已经研究了什么，还有什么可以研究。第三步，构思实验点子，就是在阅读文献的过程中想出几个实验点子，记录在本子上，并与导师讨论，确定具体要研究什么。第四步，在导师和课题组师兄师姐的指导下开展实验、采集数据。第五步，分析数据，并归纳出这些数据呈现什么规律，说明什么道理。第六步，撰写并修改论文。在撰写论文的过程中，你可能会发现实验数据不完整，也可能是导师或者师兄师姐提醒你实验数据不完整，于是你就要补做实验，得到新的数据，将数据和相关的分析结果加进论文。第七步，投稿发表。

这个流程说明，产生科研论文涉及"输入""转化""输出"，查资料、做实验、写论文都是科研的一部分，论文发表是最终的结果；做科研是一个"综合"的过程，而不仅仅是做实验。

如何提高科研论文写作水平？

第一点是多读。精读和自己课题直接相关的文献；泛读和自己课题关系不大的文献；读通用的本专业英文教材、专著（这样写出来的论文能更加高屋建瓴、深入浅出）；读介绍如何撰写科研论文的书。

这里要特别强调一下读关于撰写科研论文的书。北京大学出版社影印出版的《如何撰写和发表科技论文》比较经典，浅显易懂；牛津大学出版社出版的 *Write Like a Chemist：A Guide and Resource* 提供更详细的指导。本章部分内容参考了 *Write Like a Chemist：A Guide and Resource*。

第二点是多写多改。以前我读博士期间的导师 Francisco Zaera 改论文很认真。我的每篇论文要在他那儿修改 5 ～ 7 遍，常常被改得"一片红"。如果要提高论文的写作水平，就需要"高手"（一般是导师）帮研究生修改指导。

这里还想强调：研究生在收到导师的修改意见后，不要仅仅在 WORD 文档中一键"全部接受"，而要看看导师改在哪里，想一想为什么要这么改，自己下次不要犯同样的错误。

第三点是从审稿意见中得到启发。有时候作者以为自己的论文已经完美了，或者无力再继续修改了，得到审稿人的意见后，为了发表，需要按照审稿人的意见进行修改，这种情况也会使作者的论文写作水平有一定的提高。

论文的形式和骨架

论文有很多形式。第一种是快报，一般发表时占学术期刊 2 ～ 5 页篇幅，是

比较重要而且需要快速发表的研究论文。第二种是长文章，一般发表时占学术期刊6～10页篇幅。第三种是综述，是很厚实的文章，需要先陈述学术界针对某一课题开展了哪些研究，然后开展评论，发表时一般占学术期刊10页以上的篇幅。有的综述发表时，甚至占学术期刊近百页的篇幅。第四种是学术评论、书评和论文介绍。这些并非严格意义上的科研论文，因此这儿不作介绍。第五种是学术专著、书章，其中书章可以是综述，也可以是实验论文。其中，大多数的论文都是长文章，所以这里主要介绍长文章的格式。

长文章的框架应该遵循传统的IMRD格式。第一，"I"是Introduction（引言），引言的作用是引出论文涉及的话题，类似于一本书的绪论章节。第二，"M"是Methods或者Experimental，注意这里是Experimental，而不是Experiment或Experiments。第三，"R"是Results，即实验结果，注意这里是Results，而不要写成Result。第四，"D"是Discussion（讨论），注意这里是Discussion，而不要写成Discussions。一般的论文都遵循IMRD格式。发表在*Nature*或者*Science*中的论文，虽然它们可能没有IMRD这种格式的小标题，但是也遵循这样的顺序或者有相应的部分。当然，论文在引言之前还有标题、作者名字和单位、摘要、关键词，在讨论后面还有结论、致谢和参考文献。

论文总体写作思路

一篇好论文的总体结构要遵循"痰盂"结构，也有人说是"沙漏"结构。用中国人的传统讲法就是要有"龙头、猪肚、凤尾"。

"龙头"就是引言部分，是从一个吸引广大读者的宽泛概念或者领域聚焦到本文要介绍的研究，由大到小（从宽泛到具体），呈现一个倒金字塔结构。论文的中间部分称为"猪肚"，内容很丰满，有各种各样的实验内容，实验结果。论文的最后部分被称为"凤尾"，包含讨论和结论，即对研究者得到的结果进行拓展，挖掘意义，由小到大（从具体到宽广），呈现一个金字塔结构。

🌐 拓展阅读

问：写英文论文时，那些把低级词汇替换成高级表达的替换方法是不是需要平常积累？比如important，小学就已经学过了，若放在学术论文中是不是太口语化，毕竟学术论文写作中会更倾向于使用又长又复杂的词汇。

答：我以前考过GRE，但是GRE单词大多不会出现在我自己专业的学术论文中。学术论文，特别是理工科的学术论文，主要是让别人看明白，不需要很复杂的单词，当然也不用口语。最主要的，还是要用自己的话，把实验结果说清楚，并且简单、有逻辑性。力气不应当花在尝试学习和使用高级英文单词上。即使找important之类的同义词，也是自然而然的事，不需要刻意为之。

问：在写英文论文的时候，有时候直接写英文会发现一段中语句的前后逻辑有点混乱，还会有一些语义上的冗余，逻辑不像写中文的时候那么清晰，写完之后自己再去读也不能很好地意识到，想请问一下您的建议。

答：初学者用英语写科研论文，发现自己写得不好不要紧。写出一个初稿，就相当于跨出去很大的一步。如果什么都没有写，那就没有进展。那么，遇到你说的这些问题，该怎么办？首先，自己反复修改论文稿。第二，采用冷处理法，就是写完初稿后，把文稿储存在电脑硬盘里，过几天再看。第三，寻求导师和师兄师姐的帮助。有悟性的学生，能够从导师的意见建议中收获很多，并投入论文的修改中。需要指出：写论文反复修改是很正常的，这称为"打磨"。你可以用WORD软件的修订模式，这样能看到自己的进步。一般要写10篇以上的论文，才能达到比较好的水平，这称为"熟能生巧"。

4.2 引言的写作 ▶▶

传统科研论文的写作遵循IMRD格式，即一篇论文的主干由Introduction（引言）、Methods（实验方法或研究方法）、Results（实验结果或研究结果）和Discussion（讨论）部分构成。据我观察，很多研究生能写出实验方法和实验结果，但不擅长写引言和讨论部分。引言很重要——审稿人读到引言，就知道作者的学术功底是否扎实，甚至能决定是否建议编辑退稿。以下，我讲讲写引言的奥妙。

要让人感到你的研究"师出有名"

引言通过提供背景信息、归纳总结、论述、介绍，使读者、审稿人理解你的研究工作。作者不能想到哪里就写到哪里，而要通过有逻辑、有章法的表述，使审稿人相信：这个研究工作很重要，值得发表。

写作之前，作者要把思路理一理：论文的研究背景是什么？前人做了哪些相关研究工作？作者为什么要做这个研究？论文有什么新意或重要发现？最重要的，是想清楚论文的"卖点"——既然"市场"上已经有很多类似的论文，那么为什么这篇论文值得发表？

作者需要找到自己的研究工作和文献的不同之处，说出研究工作的新意。比如，他人的仪器在机场能检测出旅客携带的违禁品，但该仪器笨重、昂贵、检测时间长，而你发明了一种便携式仪器，不但轻便，而且便宜，检测时间短。再比如，前人虽然发现了一种新型超导体，证明了它具有特异的超导性能，但没有研究超导机理，而你搞清了超导机理。

有可能你做实验时思路还不清晰，也有可能你"误打误撞"得到一些实验结果，但是写引言时，还得想清楚从哪个角度去写才能更好地把论文"卖"出去。比如，一个学生合成出一系列新材料，然后把这些材料用作催化剂，测了一氧化碳氧化反应。他写引言时，说一氧化碳有毒有害，我们需要"消灭"它，因此本文报道一系列能用于脱除一氧化碳的催化剂。然而，审稿人可能会"呛声"：世界上有成千上万的催化剂能用于脱除一氧化碳，有的甚至在零下几十摄氏度就有很高的催化活性，而你的催化剂在两三百摄氏度才有活性，那么为什么你的论文值得发表？

这个例子告诉我们，写引言一定要选取能拔高立意的最佳角度。如果催化剂性能很好，那么你就可以从催化剂性能的角度来说事儿。而如果催化剂性能不好，那么你可以从催化新材料设计的角度写引言，把一氧化碳氧化当成一种"探针反应"来表征催化剂的性能差异，而不要过于强调实际应用。

上述例子还告诉我们，作者要以审稿人的视角斟酌论文可能被抓住的"小辫子"，不要"树活靶子给审稿人打"。比如，如果你的论文以催化效果为导向，那么不要在介绍研究背景时强调"文献报道中，催化反应机理还没有搞清楚"。否则，审稿人就会质疑：那你的论文把反应机理搞清楚了吗？

引言写作的注意事项和要点

写引言并非"单刀直入"，而是遵循学术界约定俗成的倒金字塔结构——从宽泛的研究背景讲起，最终聚焦到具体的研究点子和研究结果（即由大到小）。

为此，作者首先要介绍这个研究领域的背景、重要性，让审稿人认同论文的选题。接着，作者要介绍别人在这个领域做了什么，发现了什么，承认前人的贡献。接着，笔锋一转，指出不完善之处。最后，介绍你的研究工作——做了什么，发现了什么，研究结果有什么意义和价值。以下，我把引言拆成四个部分，分别介绍。

介绍研究领域的背景、重要性时，要注意以下几点。

第一，不要从很远处（宇宙、人类）开始谈起。例如，一篇论文的主要内容是用一种固体强酸催化分解氟利昂-12，那么不能从催化剂的定义和应用范围说起。

第二，缺乏写作思路时，可尝试"关键词法"，即把论文标题分解为几个关键词，构思出最佳串接顺序后，逐一展开关键词。比如，一篇论文的主要内容是用一种固体强酸催化分解氟利昂-12，那么这儿有三个关键词：固体强酸、催化分解、氟利昂-12。介绍研究背景时，可以先说氟利昂-12的危害，再说催化分解和其他方法相比的优越性，再接着介绍固体强酸及其应用。当然，也可以先介绍固体强酸及其应用，再提到氟利昂-12的催化分解，把本文报道的氟利昂-12催化分解作为固体强酸在催化中应用的一个例子。

第三，介绍研究背景并非写长篇大论，而要有概括，且不能人云亦云。

介绍前人的研究工作时，要注意以下几点。

首先，这不是写综述，作者没有必要不厌其烦地介绍自己看过的所有论文（即不要像报流水账那样把一系列文献的摘要抄一遍）。要概括出以往研究工作的脉络，并引用典型的论文。例如，"在金催化领域，有些人研究金催化剂的制备方法和制备细节，有些人开拓金催化剂在环境催化和化学品转化中的应用，有些人研究反应机理和活性位的本质。"以上这句话就是概述。

其次，要注意点面结合，就是概述以往研究工作脉络后，还要简短地举出两三个典型的、相关的文献报道。例如，你使用一种固体强酸催化分解氟利昂-12，而前人曾用另外一种固体强酸催化分解氟利昂-12，那么你就得简短提及前人的研究工作。这不但关乎学术规范，也关乎你论文的"命运"——编辑收到你的稿件，看到你专门提到了别人的研究工作，就有可能把你的论文送给那个人评审。

介绍前人的研究工作之后，要笔锋一转，指出文献中的缺漏。

正因为文献中存在着不足，有样品性能提升的空间，有悬而未决的科学问题，你的后续研究才有价值。否则，如果以往的研究都完美了，那么你还有什么研究空间呢？

文献中常见的缺漏包括（以催化论文为例）：

① 虽然文献中开发了一系列催化剂，能脱除某种污染物，但催化效果并不理想（或者有提高的空间）。

② 虽然文献中报道了一系列高性能催化剂，但催化机理尚未明确。

③ 虽然文献中针对某一个反应提出了几个反应机理，但这些机理并不一致，而且缺乏关键证据。

④ 虽然文献中报道某个催化剂能催化某个反应，但尚无该催化剂能用于其他反应的报道。

⑤ 虽然文献中报道某个催化剂能催化某个反应，但该催化剂制备复杂、价格昂贵，制备过程还涉及使用危化品。

虽然指出文献中的缺漏是必要的，但不要把前人的研究工作说得一钱不值。科学是不断发展进步的，人们对研究课题的认识也是不断深入的。前人刚开始做这个课题时，样品的性能用今天的眼光来看不理想，但正是基于前人的摸索，你才开展了后续研究。并且，别忘了你的论文有可能被编辑送到前人的手里进行评审。

而且，还要特别注意：指出文献中的缺漏，是给自己的文章能够"站得住脚"做铺垫的。就是说，指出文献中的缺漏要有针对性和导向性。比如，你在本文当中开发了一种性能优异的催化剂，那么就需要在引言部分说目前文献报道的催化剂性能有提高的余地；如果你在本文当中阐明了反应机理，那么就需要在引言部分说目前关于这一反应的机理研究还不充分。

引言的最后需要介绍你的研究工作。

你针对这个研究工作，做了什么，发现了什么，这个研究有什么意义和价值。作者写到这儿，无须长篇大论，言简意赅即可。

关于引言写作，我再给你捋一遍

写引言要注意问题导向、目标导向、效果导向。

问题导向，就是要说清楚这个研究领域存在什么问题。但这不是随便说说，而要有针对性。这个研究领域当然存在着很多问题，而你在引言部分所强调的，应该是你的论文试图解决的问题。这样，在引言部分提出问题，在实验结果部分证明你解决了问题，前后呼应。

目标导向，就是你在引言部分提出问题后，要用一句话说明你这个研究工作的目标是什么，比如，是提高催化性能，还是设计具有规整结构的新型催化材料，抑或是阐明催化反应机理？在引言部分陈述你的研究目标，这有可能是"马后炮"——你完成了整套实验，甚至写完了论文初稿，才想明白这篇论文的"卖点"和写引言的角度。但这并不违反学术道德。

效果导向，就是审稿人会在意研究的效果，无论是提高了催化性能，还是得到具有规整结构的新型催化材料，还是阐明了催化反应的机理。你说了文献中的缺漏，也提出你的研究目标，那么审稿人会核查你的目标是否达成。你需要在引言的最后一段简短说明研究效果。

总之，写引言就如同设一个"口袋阵"，让审稿人来"钻"——问题是你有针对性地指出的，目标是你"马后炮"定的，效果是你开展研究后总结概括的，你得让审稿人看到你针对问题，设定了一个合理的目标，最终达成了目标。

在行文方面，有些论文的引言部分可以巧妙地采用P-A-R格式来讲故事。P（problem）就是遇到什么问题，A（action）就是作者采取了什么巧妙的行动，R（result）就是得到什么结果。举个例子，我以前在美国橡树岭国家实验室做博士后，在我之前有一名博士后做金催化课题，在 *Journal of the American Chemical Society* 发表了一篇两页快报。金催化剂在化学品合成、环保催化等领域有广泛用途，但传统的金催化剂热稳定性不好。Au/TiO_2 催化剂在低温就能催化一氧化碳氧化；但在高温焙烧了之后，Au/TiO_2 的催化性能显著下降。本文作者用原子层沉积法，在 TiO_2 载体上沉积 Al_2O_3，再负载金，发现纳米金颗粒在高温焙烧后并不发生显著团聚，$Au/Al_2O_3/TiO_2$ 仍有很高的催化活性。这个简短的故事，就遵循了P-A-R格式。

就文字写作而言，写引言要注意逻辑性。每段话要实现的功能是什么？几段话有何逻辑关系？每段话中，几句话的关系是什么？每段话的开头要有一个主题句，接下来的句子实现推演、分述、列举、对比、概括、转折、铺垫等功能。写得好的引言，如行云流水。

不会写怎么办？唯有多读，多写，多修改。多读文献，你就会发现很多论文的引言是按照上述套路写的，就会增加对论文写作的鉴赏能力。谈到"多写"，我的体会是：写论文时不要把别人的论文放在电脑屏幕前模仿，而要用自己的语言去写。写多了，自然就熟练了。最后，"多修改"不仅指你自己要反复修改，还指要让你的导师、师兄、师姐提意见。按照"模拟审稿意见"修改论文，能使你规避潜在的退稿风险。还可以根据"审稿人"的意见修改论文，这将使你增长不少经验。

拓展阅读一

问：之前曾听到一种把引言放在最后写的说法，不知这种写作顺序有什么经验和技巧？

答：在开展科研之前，最好把课题的来龙去脉和实验目的搞清楚，这有助于顺利开展实验，也有助于写论文，尤其是论文的引言部分。但是，开展科研的过程往往不是理想化的——开展科研之前，研究生有可能没有把课题的来龙去脉和实验目的搞清楚，实验思路也会随着课题的进展而有调整。因此，引言的写作思路更加具有可变性——你可以这样写，也可以那样写，也有可能刚开始写论文时拿不准到底怎么写，无从下笔。

写作经验还不丰富的研究生可以在写作的后期再写引言部分。写作时，往往是先写自己怎么做实验的（Experimental 部分），再用文字描述一张一张的图（Results 部分）。提炼出论文的亮点后，再写引言。描述自己怎么做实验、得到什么实验结果相对容易，而写引言有点困难。不过也有经验丰富的作者写作先写引言部分，因为写作时他已经知道大部分实验结果了，心中有谱。

问：在做实验的过程中，也会同时阅读最新的文献，这个时候对于引言的影响有哪些？

答：研究者不是一下子就清楚如何写一篇论文的引言部分的，往往要反复修改、寻找能够把论文发出去的最佳角度。具体按照什么思路写引言，和写作者对于实验结果的认知、对文献的认知有很大的关联。就像你经历一件正在发展的事情，刚开始你形成了某种认知，但随着事情的发展，你才慢慢看清这件事的全貌，有更深的理解。理解更深，能把文章或者论文写得更好。当然，写作者看了文献后，也有可能发现有些文献是无关的，用不上去，而有些文献是相关的，在写引言时可以借鉴。我强调的还是认真琢磨，反复修改。

问：写论文绪论部分如何避免人云亦云，写出自己的东西，抓住读者的眼球？

答：有的人喜欢参考借鉴别人，以前写中学作文有这个习惯，现在读研究生写科研论文也有这个习惯，这容易造成学术不端。掌握一门技能，和你的悟性有关，也和阅读、训练有关。你思想上放下包袱，戒掉参考别人论文的习惯，你多练，再加上导师的指导，有可能写出和别人不一样的东西。一般一位研究生大约要写4～5篇论文才能够顺手。写之前，要静下心来，思考一下写引言可能有哪些角度，试图找到最佳的写作角度。写完引言之后，还可以试着调整各个段落或者意群的先后顺序，看看调整之后的效果会不会更好。

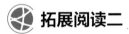 **拓展阅读二**

指导博士生走出科研"迷宫"

马臻

2014年，小刘从其他学校考进复旦大学，加入我的课题组。我给他指明了一个研究领域——新型负载型金催化剂的一氧化碳（CO）氧化，让他着手进行文献调研。可是，他的思维跳到了别的研究领域：他看到有一篇文献用"一锅法"合成了介孔（具有纳米孔的）$CuO\text{-}Al_2O_3$，就提议将此材料用于催化分解氧化亚氮（N_2O）。但我认为，如果只是机械地复制别人的介孔材料，然后简单地测试该材料在一个反应（N_2O分解）中的催化性能，那没有意思。我还预测，用介孔$CuO\text{-}Al_2O_3$催化分解N_2O是无效的——我曾通过研究，发现介孔CuO对该反应没有活性，Al_2O_3对该反应也没有活性。因此，我认为把两种没有活性的氧化物组合在一起，催化分解N_2O的效果也不会好。

可是小刘瞒着我制备了介孔$CuO\text{-}Al_2O_3$，并用它催化分解N_2O，发现一点活性都没有。我察觉后，问他为什么偷偷做实验。他说我们课题组先前和别的课题组合作，发现Cu-ZSM-11沸石中的Cu^+是催化分解N_2O的活性位，而文献报道介孔$CuO-Al_2O_3$含有Cu^+，因此他认为介孔$CuO-Al_2O_3$可能对该反应有活性。如果不加以验证，他心里"像猫抓一样难受"。

我对此事很有情绪，因为我早就让他别做这种实验，并且实际上他得到的实验结果也不好。但我的一位同事听了我的叙述后，对我说，至少这位学生有自己的科研想法（哪怕不成熟），也肯做（哪怕结果不理想），要利用他的科研积极性，引导他走上正轨。

于是，我和小刘细细讨论。我问他很多问题：别人合成介孔$CuO-Al_2O_3$的方法有什么创新性？他们研究了什么催化反应？$CuO-Al_2O_3$针对该反应的活性位是什么？文献说介孔$CuO-Al_2O_3$含有Cu^+，那么Cu^+占所有Cu物种的比例有多大？催化剂焙烧温度有多高？催化剂有没有用H_2或者He预处理？你的制备方法和别人的制备方法有什么区别？为什么你的催化剂用到N_2O分解中就无效了？有没有可能催化剂的Cu物种主要是CuO？Cu含量多少？如果你的催化剂对N_2O分解无效，有没有可能对其他反应（比如CO氧化）有效？如果你的催化剂对其他反应有效，那么这个工作的创新性在哪里？而如果你的催化剂对其他反应无效，那么这个工作的创新性在哪里？

小刘被我连珠炮似的问题问倒了。我告诉他，读文献不能"一笔糊涂账"，也不能"见着风就是雨"。介孔$CuO-Al_2O_3$在某种处理条件下含有Cu^+，不代表全部Cu物种就是Cu^+。并且，Cu-ZSM-11沸石骨架中的Cu^+对于催化分解N_2O有用，不代表$CuO-Al_2O_3$中含有的Cu^+对该反应有用。

我对小刘说，我不希望学生只是机械重复文献的合成实验，然后千篇一律地在论文里说"XRD数据表明介孔是存在的，TEM结果表明催化剂是有介孔的"，轻飘飘地给出催化活性数据，并提出陈词滥调的结论（例如"纳米催化剂比普通催化剂好"）。做催化研究，最好所用的催化材料都是新的（而不是别人已经报道过的），而且论文要体现"探究"的过程。

带着问题，小刘考察了介孔$CuO-Al_2O_3$催化CO氧化，发现有一定催化效果，但正如我所说的，即便有一定的催化效果，这个研究还是没有创新性，回答不了"即便得到了活性，那又怎么样？"的问题。我让小刘把介孔$CuO-Al_2O_3$中的CuO换成其他氧化物看看有没有更好的催化效果。于是他制备了一系列含有Al_2O_3的介孔复合氧化物$MO_x-Al_2O_3$（MO_x表示金属氧化物），发现它们对催化分解 N_2O 一点活性都没有，对于 CO 氧化活性有些区别，但总体活性不高。

好几个月过去了，还没有取得关键进展，我们有点"骑虎难下"。这时，我想到负载型 Rh_2O_3 催化剂在 N_2O 分解和 CO 氧化中有用，如果把 Rh_2O_3 负载在一系列介孔 MO_x-Al_2O_3 上，催化剂活性会更高，不同的载体对催化性能可能会呈现出"载体效应"。并且，把 Rh_2O_3 负载在一系列介孔 MO_x-Al_2O_3 上也没有被报道过。

小刘和我讨论以后，豁然开朗。他很快制备出 Rh_2O_3/MO_x-Al_2O_3 系列催化剂，并进行了催化测试，发现它们的催化活性的确比 MO_x-Al_2O_3 的催化活性高多了，且不同催化剂的效果有明显区别。他又对系列催化剂进行了详细的表征，并撰写了论文。

小刘最初写的论文引言部分强调了 N_2O 是一种空气污染物，因此我们需要开发新的催化剂去脱除 N_2O。看到小刘的初稿，我指导他：写引言不能人云亦云，"别人也这么写"不能成为自己也这么写的理由，要有自己的归纳提炼。还要注意角度，整篇论文是以新材料的开发为导向，还是以催化性能为导向的，抑或是以反应机理为导向？如果你的催化剂效果没有那么好，或者催化剂效果好坏的道理说不清，但一系列催化材料是新的，那么为什么不从新催化剂开发的角度写引言？

通过阅读和梳理相关的文献，我提出这篇论文引言部分的写作思路：介孔 SiO_2 是一类重要材料，有广泛用途，但介孔 Al_2O_3 较难合成。文献中有人采用某种方法成功制备出介孔 Al_2O_3，进而引出了一些关于介孔 MO_x-Al_2O_3 的报道。介孔 MO_x-Al_2O_3 可以直接作为催化剂，催化一些化学反应（举例说明）。它们还可以作为前驱体，通过氢气还原制备负载型金属催化剂（举例说明）。但是，以介孔 MO_x-Al_2O_3 作为载体负载活性组分制备催化剂的报道很少（举例说明）。本文以一系列介孔 MO_x-Al_2O_3 作为载体负载 Rh_2O_3，采用多种表征手段进行详细表征，并研究了 N_2O 分解和 CO 氧化。

应该像"马后炮"那样，根据"卖点"或者"标题"写引言。我给小刘梳理了论文的标题和写引言的提纲。

标题：Rh_2O_3/介孔 MO_x-Al_2O_3 的合成、表征和催化应用

① 介孔氧化硅引起人们广泛关注，很有用。

② 大多数文献报道集中在介孔氧化硅，而其他介孔氧化物的报道相对少，它们的合成较难。

③ 某人用某种方法成功合成出介孔氧化铝，后来有些文献报道介孔 MO_x-Al_2O_3 的制备和催化应用。

④ 介孔 MO_x-Al_2O_3 自身可以作为催化剂（举例）。

⑤ 介孔 MO_x-Al_2O_3 可以作为催化剂的前驱体制备新的催化剂（举例）。

⑥ 介孔 MO_x-Al_2O_3 可以作为载体制备负载型催化剂，但这方面报道相对少（举例）。

⑦ 本文采用介孔 MO_x-Al_2O_3 作为载体负载 Rh_2O_3，探索了这类新型催化剂在催化分解 N_2O 和 CO 氧化中的应用。

费了好大的劲，这个研究终于完成了，论文也发表在 *Chinese Journal of Catalysis*。小刘从中学到了选题、做实验、写论文、克服困难的方法，他对我的指导更加信服了。

（来源：马臻. 指导博士生走出科研"迷宫" [EB/OL]. 2022-06-02. https://blog.sciencenet.cn/blog-71964-1341271.html.）

4.3 实验结果部分的写作 ▸▸

实验结果部分是一篇科研论文的主干。有些学生以为写这个部分很简单，只需要"看图说话"就行了；也有些学生坐在电脑屏幕前，迟迟不能推进写作。写结果部分有哪些注意事项呢？

结果部分的基本概念

实验结果部分的基本概念就是逻辑性地阐述实验结果。

大致来说，就是将结果分为几个部分。可以是实验不同变量引起的结果，或者对研究的不同方面进行介绍。在结果部分，要注意"分段"，也就是小标题的运用，并注意每段话表示一个意思，有一个主题句。比如一段话讲了用红外光谱来检测，那么就专门讲红外光谱，不要牵扯其他仪器的内容，也就是不要一段话讲两个不同的东西。当然，这不是绝对的，有时候一段话是证明某一个要点，可以以提供证据的形式涉及不同仪器得到的表征结果。这种情况在写快报时尤为常见。

此外，整个结果部分要有逻辑性，每段话要注意起承转合。一般来说写实验结果部分基本上是看图说话，文中出现5张图，就按"12345"的顺序去写，这是一个基本思路。

根据 *Write Like a Chemist: A Guide and Resource*，在报道数据的过程中注意实现三个功能：

第一，要向读者强调你的关键发现。论文需要突出作者的中心思想，强调关键发现，而不能平铺直叙。比如介绍10张图，不能不分青红皂白地每张图都详细描述，花费500个字的篇幅，而是要对那些不重要的图一笔带过，例如说"见附件图3"即可。

第二，从表观的实验数据中提炼出趋势和规律，并表达出来。比如在一张图中，看到随着时间的变化，数据点先上升后下降，于是需要表达出这样的趋势，甚至需要对可能的原因进行简短的解释。

第三，如果有反常的数据，也需要指出来，并进行简要的解释。比如说有的研究者观测大气中铵离子的浓度，在一段时期内每天观察，但是在论文的图中，缺少了其中一天的数据点。那么就需要在论文中告诉审稿人，缺少的原因是什么（比如当天停电了）。如果没有解释，那么可能就会引起审稿人的疑惑，这种疑惑积累到一定程度就会导致论文不通过。

安排好图表的"出场"顺序

当不知道该如何开始时，可以先把获得的数据转化为写论文需要的几张图。可以把图放在WORD文档中打印出来，也可以把图放在PPT中，在电脑屏幕上看。

一边看，一边思考，调整这几张图"出场"的先后顺序，并看看要不要补做实验。通过这样的梳理，自己就知道写论文已经有了什么素材，还需要做什么实验才能完成这篇论文。

调整图表"出场"的先后顺序很重要。比如说，一篇催化研究论文涉及催化剂的制备、表征和催化性能测试。催化剂的表征涉及使用几套不同的仪器，或者说涉及几种不同的表征方法。一名研究生把样品分为几份，同时把样品送给不同的测试员做表征，或者自己先后用几套不同的仪器做了几种表征。写论文时，他没有必要按照送样或者做表征的先后顺序来呈现表征结果，而是可以按照一定的逻辑顺序来编排数据的"出场"顺序。比如我写这类论文，就会按照"先展示样品相对宏观的性质，再展示样品的微观性质""先展示使用传统的仪器测得的结果，再展示使用高精尖仪器测得的结果"的顺序写作。这样写作，符合人们对事物的认识从宏观到微观、从简单到深入的过程。

再比如，有的论文以"开发新的具有纳米孔结构的催化剂"为导向，那么作者可以在介绍样品的制备之后，罗列系列表征结果，证明得到了纳米孔结构催化剂，然后再呈现催化剂在几个催化反应中的性能。而有的论文以"展示优异的催化性能并且解释催化性能为什么这么好"为导向，那么作者可以在介绍样品的制备之后，展示催化剂的优越性能，并说"为了揭示催化性能优越的原因，开展了详细的表征"。

下笔要拿捏好轻重

有很多学生写论文，总是机械地罗列表征结果，每一段话罗列一个表征手段得到的结果，平均施力。但问题是，有的表征结果能说明问题，而有的表征结果由于探测灵敏度的原因并不能说明问题，但如果不放这个表征结果，那么读者和审稿人有可能会产生疑惑。遇到这种情况，应该把能够说明问题的表征结果放在正文中，正儿八经地阐述，然后把不能说明问题的表征结果放在论文的附件，作者只需要在正文中简单提及，并告诉读者为什么不能说明问题即可，不需要花很大的篇幅详细地描述具体的实验数据。当然，如果由于自身实验操作能力出问题或者仪器年久失修得不到正常的表征数据，那么应该找到可靠的仪器和测试员来表征样品，而不能把随便测试的初步结果写到文章中去。

换言之，并不是所有得到的数据都要用上去。比如，一开始研究生做了一些初步尝试，没有优化实验条件，或者是随便抓了一把化学药品放进烧杯。后来，他做了正式的实验，或者优化了实验条件，那么，一开始在欠考虑的实验条件下做的初步实验产生的结果就不用写到论文里。作者只需要描述最终"正儿八经"的实验，并确保实验是可重复的即可。

写作时一般不要描述发现科学事实的曲折故事。不要说："为了确定这个物质，我们查阅了大量书籍，从来没有报道过。于是我们到图书馆找了其他文献，发现了归属。"不要暗示"没有功劳也有苦劳"，而要直奔主题，即直接告诉读者实验事实和解释。

英语写作注意事项

第一，要避免使用俚语和行话。

第二，尽量简要。多余的内容会掩盖你的信息，使你的读者感到厌烦。

第三，省略空洞的短语。例如"As already stated..." "It has been found that..."等。

第四，避免多余的词语。例如"It is a procedure that is often used."应该直接表述为"This procedure is often used." "This is a problem that is..."应该表述为"This problem is..."。

关于英语写作和画图的规范，可参阅 *Write Like a Chemist: A Guide and Resource* 以及其他参考书，还可以上网搜索 Felicia Brittman 写的文章 *The most common habits from more than 200 English papers written by graduate Chinese engineering students*。

4.4　讨论部分的写作 ▶▶

有些中文学报强调用实验数据说话，不需要作者开展讨论，但很多发表在英文SCI刊物上的论文都需要有讨论部分。很多用英文写的短论文（称为快报、通讯）也包含了一段甚至几段讨论内容。

很多研究生写论文习惯于描述"这条曲线先上升，后下降"，却给不出"神采飞扬"的讨论。审稿人读到这样的论文，就会想：即便得到这些数据，又怎样呢？这篇论文有什么重要性？一篇好的论文，不能仅仅停留在罗列数据上，更要提炼出有深度、有启发性的东西。

写讨论部分遵循"金字塔"结构——从对具体的研究结果的讨论，拓展到更加宽广的东西（即由小到大）。根据 *Write Like a Chemist: A Guide and Resource*，作者要做四件事：第一，根据实验结果，总结出需要强调的要点；第二，把作者的实验结果和文献中的实验结果进行比较；第三，提及这个研究工作的"言外之意"和潜在应用；第四，指出本文的局限性，表明后续研究的可能性。

根据实验结果提炼要点，展开讨论

作者要静下心来思考：从这篇论文能提炼出哪几个值得总结、分析的要点。

比如，有人发现在制备氧化铈催化剂时掺入某种添加剂，可以提高催化剂催化一氧化碳氧化的性能。然而，这个发现是表观的。作者还要研究：为什么加入这种添加剂能提高催化剂催化一氧化碳氧化的性能？加入这种添加剂，对催化剂的物理化学性质会带来什么改变？催化剂的物理化学性质和催化性能有何关联？催化剂的活性位是什么？使用这种催化剂时，一氧化碳氧化反应的机理是什么？为了回答这些问题，作者需要做大量实验，并按照一定的逻辑顺序，把整理好的数据放在实验结果部分，进行客观描述。

而在论文的讨论部分，作者要根据实验结果，提炼、讨论相对"大"的东西——涉及机理的、提供基础科学认识的、对业内人士有启发的东西（而不是"光谱图上某个峰的归属"等细枝末节）。就拿上述例子来说，要点有三个：添加剂的促进作用之现象和原因、活性位的本质、反应机理。可以用三个小标题把针对这三个要点的讨论分隔开，让读者看到清晰的结构。

提炼出要点（即有了写作提纲）后，可以开展讨论。要有逻辑、有证据，而不能先把实验结果摘抄一遍，再直接跳到结论（即不能"以叙代论"）。比如讨论添加剂对催化剂产生促进作用的原因，你可以说"理论上讲，添加剂产生促进作用有几种原因"。然后，你举出你在"实验结果"部分报道过的实验数据，逐一排除几种原因，并针对剩下的那种原因，举出你的实验数据作为支持证据，还可以引用别人的实验报道作为支持证据。开展讨论时，作者应分清：哪些证据是确凿的，而哪些东西是不确定的。不要过多地、过于自信地讲述通过猜测、想象得到的东西，以免出现漏洞。

比较自己和别人研究结果的异同

作者还要比较自己的实验结果和文献报道的结果，分析出现差异的原因，这能增加论文的学术性和"通透感"。这一步骤可以放在"根据实验结果，总结要点"之后（例如列出一张表，比较你的催化剂和文献中催化剂的催化性能），也可以放在针对要点的讨论中，穿插进行。

比如，你用一种实验方法（缪子自旋弛豫/旋转）研究一种超导体，发现了一个奇异的现象。审稿人可能不大相信你的发现，因为这是一个缺乏旁证的、反常的发现。但如果你说文献中别人用别的实验方法（中子散射）也观察到同样的现象，那么审稿人就会更倾向于相信你的研究结果。如果那位使用中子散射的研究者碰巧审到你的稿子，他看到你说你的实验结果和他的实验结果吻合，那么他就会有种愉悦感。

如果你的实验结果和别人的实验结果不一致，那么也应如实陈述，并讨论为什么会这样。如果你不陈述、不讨论，那么审稿人读了你的稿子，也会把问题摆出来，让你"吃罚酒"。看到自己的实验结果和别人的实验结果不一致，你感到天都快塌下来了。但经过仔细对比、思考，你会看到一线"曙光"——比如说，别人开展缪子自旋弛豫/旋转实验用的样品是单晶，而你用的是多晶，样品不一样，结果也会有区别；你做催化实验用的是一氧化碳和空气的混合气，而别人用的气体里面还含有杂质，反应条件不一样，结果也会有区别。

仅仅用"样品不一样""实验条件不一样"来打圆场还不够，作者还可以讨论：为什么样品、实验条件不一样会引起实验结果的区别？在哪种情况下测得的数据更符合实际？作者这样分析、讨论，论文就会更有深度。

提及研究结果的"言外之意"和潜在应用

审稿人读稿时往往会有一些疑问：这个研究工作有什么"言外之意"和潜在应用？

所谓"言外之意"，就是根据作者的论文结论得出的可能的推论，这个推论虽然没有确凿证据，但能引起读者的兴趣。比如，科学家们研究发现老鼠的肌肉有"生物钟"，能影响肌肉与一种能让肌肉细胞持续产能的蛋白质的交互作用，习惯于夜间生活的老鼠在晚上锻炼最有效率。人体内也有这样的蛋白质，因此这个研究工作的"言外之意"就是——习惯于白天活动、晚上睡觉的人类在白天锻炼最有效。

所谓潜在应用，就是作者的研究结果对别人、对科研、对行业、对社会有什么用。比如，有人发明了一种全新的方法，用来制备一种纳米催化剂，发现它的催化效果优于以传统沉淀法制备的催化剂的催化效果。那么，这种新方法有望被推广应用于制备其他高性能催化剂。

作者可以简短、谨慎地点出"言外之意"并简短提及潜在应用，这将激发读者的兴趣，并使审稿人能更好地判断这篇论文的重要性。

指出研究的局限性，展望后续研究

很少有论文是无懈可击的。作者往往会出于种种原因而没能把研究工作做深、做透；还有的时候，实验结果和自己原本的预期有差距。比如，原本以为手头的样品是高质量的，但等到花了很多时间做了实验、分析了数据、撰写了论文，才发现样品含有少量杂质。

因此，作者得简短指出自己研究工作的局限性。这能够提醒读者谨慎地看待本论文的结论，能向审稿人展示作者有自知之明，也起到"打补丁"的作用。如果作者在讨论部分没有提到论文的弱点，那么审稿人就会找出弱点，给论文"差评"，或者让作者补做大量实验；而如果作者事先在论文的讨论部分"打补丁"，那么审稿人就不会太苛刻了。需要提醒的是："指出论文的局限性"并非把自己的论文贬得一钱不值。作者需要学会化消极为积极——将论文的局限性视为将来改进的契机。

比如，有人开发了一种金催化剂，并用它催化一氧化碳氧化反应，但没有研究活性位的本质和催化反应机理，也没有证明这种催化剂能用于催化别的反应。那么，作者可以在讨论部分的最后说："本研究采用一种新的合成方法，成功开发出一种新型金催化剂，并证明它对于催化一氧化碳氧化的优异性能。本研究为后续深入研究活性位的本质和反应机理提供了契机。在后续的研究中，值得使用这种新的合成方法开发别的金催化剂，并探索这些新型金催化剂在环境催化、有机催化、能源化学中的应用。"

科学是不断发展的，编辑希望你的论文发表后，别人能在你论文的基础上开展后续研究。这样，你的论文就会被引用，这有助于提高期刊的影响因子；而如果你的论文写到最后"戛然而止"，没有表明开展后续研究的可能性，那么编辑接收你这篇论文的积极性就会打折扣。

拓展阅读

问：是否可以理解为讨论部分是实验结果部分的扩充和丰富，呈现更多实验的细节和探索的过程？

答：实验结果部分只是客观描述现象，就像你看到的一个购物广场附近随着时间的变化人增多、人变少的变化情况。而讨论部分就要超越你直观看到的现象，说清楚这个购物广场人流量变化为什么是这样的，如果想增加客流应该怎么做。讨论部分一般不需要加入新的实验数据，而是针对你有的实验数据、实验现象以及你看过的文献开展讨论，展示出更加深入的、更能够显示你的学术水平的内容。如果确有必要加入新的实验数据，那也是把这样的实验数据放在附件作为"证据"，在正文讨论部分简短提及即可。

问：结果与讨论这两部分有时候容易写重，而有的期刊是分开的，在写这两部分时需要注意些什么，有没有什么窍门之类的？

答：如果把结果和讨论部分分开撰写，那么要注意，结果部分就是客观地描述实验结果，在介绍实验现象时，可以插一句"某某某也发现类似现象"，并给出参考文献，但不要脱离了实验事实去想象。讨论部分不是散文，也不是摘要或者小结，而是具有议论文的性质。就是围绕着几个要点，以小标题分割讨论部分，开展讨论。写作时要掩卷细思、思考要点（值得讨论的地方），比如，活性位的本质、合成这种材料的机理、本研究对研究领域的启发（有什么应用价值和言外之意）、本研究的局限性和后续研究方向。总之，在讨论部分，你提到的此前罗列的客观事实只是你讨论的"证据"，讨论部分还是以议论为主的，需要论点、论据、论证。

另外，在结果部分，你可以针对"小问题"进行非常简短的解释。比如你测一月份上海的雾霾数据，图上有一天的数据没有显示，那么你要在描述这张图时用一句话说明真实的原因："这天的数据不存在，是因为停电了。"换而言之，你需要向审稿人解释，使他不要在脑中把疑问的数量堆积到建议退稿的程度。而讨论部分是针对"大的东西"进行讨论的。所谓大的东西，一是重要、值得厘清的，二是你有话要说、能够针对一个小标题写出两三段的。

问：关于讨论部分的数据利用，如果是在写作过程发现数据遗漏或者发现了新的关键数据，该怎么办？是放到新的论文中加以补充还是直接修改？

答：写论文要有逻辑性。比如说证明一个观点，你举出证据A、证据B、证据C即可，没人在意证据A是在第一学期做实验得来的，证据C是在第二学期补做实验得到的。你只管把证据在写论文时放在论文里就可以了，不需要交代先后顺序或者几月份得到这些数据的，除非不同的季节或者时间对实验结果会有影响。如果你先得到证据A，再得到证据B，写作时颠倒一下也不算造假——你提供的是几个证据，和你得到证据的先后顺序没有关系，这不是写以时间发展为顺序的记叙文。

问：如何分配好讨论部分和结论部分的比例？

答：可长可短。发表在 *Nature* 和 *Science* 期刊的快报或者发表在化学期刊 *Chemical Communications* 的快报没有专门的讨论部分，讨论的文字就直接以段落形式放在论文的后面、参考文献的前面，一般有两三段话，取决于总体论文的长度和作者是否有内容可以说。但是长文章的讨论部分比较长，两三页都不稀奇。一般严肃的、发表长文章的期刊最好有专门的讨论部分，而且比较长，讨论部分大约是实验结果部分的1/5到1/2篇幅。

4.5　其他部分的写作 ▸▸

给论文起标题没有固定模式，这需要感觉。如果对研究课题和论文具体的立意、特点、研究到达的层次有很清楚的了解，那么设计标题就能设计得很好。可以说，标题是为论文量体裁衣、量身定做的。好的标题非常特定，能突出论文做了什么、优点是什么、需要强调什么、和别的论文以及其他方法的区别是什么。以下，我举一些例子。

H. G. Zhu，Z. Ma，J. C. Clark，Z. W. Pan，S. H. Overbury，S. Dai. Low-temperature CO oxidation on Au/fumed SiO_2-based catalysts prepared from $Au(en)_2Cl_3$ precursor[J]. Applied Catalysis A: General，2007，326: 89-99.

这篇论文讲了 Zhu 等人用一种不常见的合成方法合成了一种 Au/SiO_2 催化剂，发现其一氧化碳氧化反应的效果比别人用传统制备方法制备出来的催化剂效果好很多：用传统方法制备出的 Au/SiO_2 催化剂，反应温度在几百摄氏度才有活性，而用新方法制备出的 Au/SiO_2 催化剂在零摄氏度以下就有很高的活性。在设计标题时，要从这个标题反映出如下几个特定的信息：

① 用了什么催化剂？　Au/SiO_2；

② SiO_2 是什么种类的？　fumed SiO_2；

③ 用了什么方法？ from Au(en)₂Cl₃ precursor；

③ 做了什么反应？ CO oxidation；

⑤ 得到什么效果？ low-temperature。

这样就能突出论文的主题和"卖点"。特别是这里用了 low-temperature CO oxidation 字眼，能吸引审稿人的眼球。当谈论 Au/SiO₂ 的时候，别人很少说 low-temperature CO oxidation，因为很难在低温实现一氧化碳氧化。所以，既然本文做到了这一点，就要在标题里强调这个"卖点"。

Z. Ma，S. H. Overbury，S. Dai. Au/M$_x$O$_y$/TiO₂ catalysts for CO oxidation: Promotional effect of main-group，transition，and rare-earth metal oxide additives[J]. Journal of Molecular Catalysis A: Chemical，2007，273: 186-197.

这篇论文讲述传统金催化剂，是把金放在 TiO₂ 上，即以 TiO₂ 作为载体，现在作者先把各种金属氧化物负载在 TiO₂ 载体上，再负载金，结果发现有的催化剂的效果更好，而有的催化剂效果更坏。该文的不足之处是表征不够充分，所以设计标题时不能说"Synthesis，characterization，and catalytic performance of xxx catalysts"。相反，标题要强调一种促进作用（promotional effect），并且强调工作量很大，探索了大量添加剂。因此，标题设计就体现了这种思想。

① 用了什么催化剂？ Au/M$_x$O$_y$/TiO₂ catalysts；

② 什么是 M$_x$O$_y$？ main-group，transition，and rare-earth metal oxide additives；

③ 做了什么反应？ CO oxidation；

④ 得到什么效果？ promotional effect。

Z. Ma，S. Brown，S. H. Overbury，S. Dai. Au/PO$_4^{3-}$/TiO₂ and PO$_4^{3-}$/Au/TiO₂ catalysts for CO oxidation: Effect of synthesis details on catalytic performance[J]. Applied Catalysis A: General，2007，327: 226-237.

这篇论文讲的是设计出两种 PO$_4^{3-}$ 改性的金催化剂：一种先用 PO$_4^{3-}$ 改性 TiO₂，再负载金；另外一种是在 TiO₂ 上先负载金，再用 PO$_4^{3-}$ 改性 Au/TiO₂。然后做了大量试验比较这两种方法的区别，研究了合成条件对 CO 氧化效果的影响。该文的不足之处是表征不够充分，所以标题不能写为"Synthesis，characterization，and catalytic performance of xxx catalysts"。相反，标题要强调两种方法和制备细节对催化效果的影响。因此，设计标题就体现了这种思想。

① 用了什么催化剂？ Au/PO$_4^{3-}$/TiO$_2$ and PO$_4^{3-}$/Au/TiO$_2$ catalysts；

② 制备顺序有何区别？ Au/PO$_4^{3-}$/TiO$_2$ and PO$_4^{3-}$/Au/TiO$_2$ catalysts；

③ 做了什么反应？ CO oxidation；

④ 强调的重点？ effect of synthesis details on catalytic performance。

在这里，因为催化效果并不总是很好，而是受复杂的多重因素支配，不是用一句话能说清的，所以才说 "Effect of synthesis details on catalytic performance"，暗示这种复杂性。这是诚实的，也是正确的做法。

H. G. Zhu，Z. Ma，S. H. Overbury，S. Dai. Rational design of gold catalysts with enhanced thermal stability: Post modification of Au/TiO$_2$ by amorphous SiO$_2$ decoration[J]. Catalysis Letters，2007，116: 128-135.

这篇论文介绍了 Zhu 等人用 SiO$_2$ 修饰 Au/TiO$_2$，结果发现金颗粒在高温烧结以后，颗粒还是比较小，但催化活性还是有的。在引言部分第一段，写到根据催化剂的特点进行理性设计，提高催化剂的热稳定性。在设计标题的时候，突出"理性设计"的字眼。

① 用了什么催化剂？ post modification of Au/TiO$_2$ by amorphous SiO$_2$ decoration；

② 用了什么制备方法？ post modification of Au/TiO$_2$ by amorphous SiO$_2$ decoration；

③ 加了什么添加剂？ SiO$_2$ decoration；

④ 添加剂的物理性质？ amorphous；

⑤ 实验目的？ rational design of gold catalysts with enhanced thermal stability；

⑥ 强调的要点？ rational design。

上述方法就是主标题加上副标题，这样就更加突出、清楚了。相反，如果用 "Catalytic CO oxidation over xxx catalysts" 这样的标题就不好，因为审稿人会问：已经有很多一氧化碳氧化催化剂了，那么为什么要新的催化剂？另外，那样的标题重点不突出，不痛不痒。

下面列举他人一些好的论文标题。读者可以分析：每个标题表达了哪几个要点？好在什么地方？

① Flame-made WO$_3$/TiO$_2$ nanoparticles: Relation between surface acidity, structure and photocatalytic activity.

K. K. Akurati，A. Vital，J. P. Dellemann，K. Michalow，T. Graule，D. Ferri，A. Baiker. Applied Catalysis B: Environmental，2008，79: 53-62.

② Gold supported on Cu-Mg-Al and Cu-Ce mixed oxides: An in situ XANES study on the state of Au during aerobic alcohol oxidation.

P. Haider，J. D. Grunwaldt，R. Seidel，A. Baiker. Journal of Catalysis，2007，250: 313-323.

③ Gold supported on Cu-Mg-Al-mixed oxides: Strong enhancement of activity in aerobic alcohol oxidation by concerted effect of copper and magnesium.

P. Haider，A. Baiker. Journal of Catalysis，2007，248: 175-187.

④ Combination of flame synthesis and high-throughput experimentation: The preparation of alumina-supported noble metal particles and their application in the partial oxidation of methane.

S. Hannemann，J. D. Grunwaldt，P. Lienemann，D. Günther，F. Krumeich，S. E. Pratsinis，A. Baiker. Applied Catalysis A: General，2007，316: 226-239.

⑤ Flame-derived $Pt/Ba/Ce_xZr_{1-x}O_2$: Influence of support on thermal deterioration and behavior as NO_x storage-reduction catalysts.

R. Strobel，F. Krumeich，S. E. Pratsinis，A. Baiker. Journal of Catalysis，2006，243: 229-238.

有的标题采取了一种奇妙的表现手法：出现了问号，一下子把读者的心抓住了。不过这种带问号的标题一般是大师才能用的，目的是解决一个非常有趣的、悬而未决的、大家都关心的问题，并且是非常确凿地解决了这个问题。

① Why are α-hydroxycarboxylic acids poor chiral modifiers for Pt in the hydrogenation of ketones?

M. Maris，D. Ferri，L. Königsmann，T. Mallat，A. Baiker. Journal of Catalysis，2006，237: 230-236.

② Zwitterion formation: A feasible mechanism for the Pt-catalyzed enantioselective hydrogenation of ketones?

E. Orglmeister，T. Mallat，A. Baiker. Journal of Catalysis，2005，234: 242-246.

③ Conformational rigidity: A necessary prerequisite of chiral modifiers used in heterogeneous enantioselective catalysis?

E. H. Orglmeister，T. Bürgi，T. Mallat，A. Baiker. Journal of Catalysis，2005，232: 137-142.

④ Enantioselective hydrogenation of aromatic ketones over cinchona-modified rhodium: A new opportunity?

O. J. Sonderegger，G. M. W. Ho，T. Bürgi，A. Baiker. Journal of Catalysis，2005，230: 499-506.

⑤ Formylation with supercritical carbon dioxide over Ru/Al_2O_3 modified by phosphines: heterogeneous or homogeneous catalysis?

M. Rohr，J. D. Grunwaldt，A. Baiker. Journal of Catalysis，2005，229: 144-153.

⑥ Oxidic or metallic palladium: Which is the active phase in Pd-catalyzed aerobic alcohol oxidation?

J. D. Grunwaldt，M. Caravati，A. Baiker. Journal of Physical Chemistry B，2006，110: 25586-25589.

⑦ Supercritical carbon dioxide: An inert solvent for catalytic hydrogenation?

M. Burgener，D. Ferri，J. D. Grunwaldt，T. Mallat，A. Baiker. Journal of Physical Chemistry B，2005，109: 16794-16800.

摘要部分写作

摘要的作用是吸引读者阅读。具体而言，摘要提供关于这篇论文的简短信息，让读者了解这篇论文的大致意思，进而决定是否继续读下去。虽说由读者来决定是否继续读下去，但是作者应尽可能把摘要写好，促使读者读下去。这是因为，如果摘要写得不堪卒读的话，那么这篇论文就被"埋没"了，它的发表起不到学术交流的作用，审稿人读了摘要也会有不好的印象，进而向编辑建议退稿。

而且，编辑收到稿件后，会先看摘要，再决定是否送审。

根据 *Write Like a Chemist*：*A Guide and Resource*，摘要分为以下几层意思：

第一，用一两句话讲清楚本文的背景和目的。比如，某某课题引起科研界的广泛兴趣，但是什么问题还没有搞清楚。

第二，说清楚本文用什么方法，研究了什么。

第三，说明本研究得到什么结果。

第四，用一句话说明这个研究有何意义。

其中，第一层意思和第四层意思并不是一定要有的。但是，如果这四层意思都表达出来的话，那么摘要表达的意思就完整了。

举例：H. G. Zhu，Z. Ma，J. C. Clark，Z. W. Pan，S. H. Overbury，S. Dai. Low-temperature CO oxidation on Au/fumed SiO_2-based catalysts prepared from $Au(en)_2Cl_3$ precursor[J]. Applied Catalysis A: General，2007，326: 89-99.

摘要：Many gold catalysts have been actively surveyed，but Au/SiO_2 catalysts that are highly active for CO oxidation still remain evasive. In this work，gold nanoparticles well dispersed on Cab-O-Sil fumed SiO_2 were prepared using $Au(en)_2Cl_3$（en = ethylenediamine）as the precursor，and found to be very active for CO oxidation below 0℃. The catalyst pretreatment via reduction and calcination，effect of gold loading，post-treatment in acidic and basic media，catalyst deactivation，storage，regeneration，and effect of surface modification by other metal oxides were explored. The results provide new perspective on the activation and promotion of active Au/SiO_2-based catalysts.

结论部分写作

结论部分和摘要部分有一定的相似性，但也有区别。结论部分首先要简述用什么方法开展了什么研究，然后告诉读者研究的结果是什么。结论部分和摘要部分的区别是：摘要部分主要是"预览"，吸引读者阅读全文，摘要部分并不需要详细地介绍研究得到的结论。而结论部分是在实验结果和讨论部分之后的，写结论部分时，实验结果已经"揭晓"了，于是作者需要稍微详细地总结自己得到的结果。比如，在摘要部分，作者可以说用红外光谱等实验手段研究了反应机理；而在结论部分，作者得告诉读者，根据红外光谱等实验手段，得出的反应机理是什么。在摘要部分，作者可以说自己研究了催化剂的什么性能；而在结论部分，作者得告诉读者，催化剂的性能究竟有多好。在摘要部分，作者可以说自己采用一系列表征手段，研究了催化剂性能优越的原因；而在结论部分，作者得告诉读者，根据一系列表征手段，发现催化剂性能优越的原因是什么。也就是说，摘要部分和结论部分要首尾呼应，但不能用完全一样的句子来写。

举例：H. G. Zhu，Z. Ma，J. C. Clark，Z. W. Pan，S. H. Overbury，S. Dai. Low-temperature CO oxidation on Au/fumed SiO$_2$-based catalysts prepared from Au(en)$_2$Cl$_3$ precursor[J]. Applied Catalysis A: General，2007，326: 89-99.

结论：This paper described the synthesis, characterization, and catalytic behavior of Au/Cab-O-Sil fumed SiO$_2$ and Au/MO$_x$/SiO$_2$ catalysts synthesized using Au(en)$_2$Cl$_3$ as the precursor. The novel preparation method resulted in small and well-dispersed gold nanoparticles on SiO$_2$ supports. These Au/SiO$_2$ catalysts were highly active for CO oxidation below room temperature. The pretreatment of as-synthesized Au/SiO$_2$ in H$_2$-Ar at 150 ℃ and in O$_2$-He at 500 ℃ is beneficial for high activity. The optimum gold loading was in the range of 1.1 and 2.5 wt.%. The post-treatment of calcined（and activated）Au/SiO$_2$ in different media influenced the activity in CO oxidation. The calcined Au/SiO$_2$ might be deactivated during the storage in ambient environments，but could be regenerated via re-calcination. The addition of metal oxide dopants can be used to tune the catalytic performance as well. Considering the fact that highly active Au/SiO$_2$ catalysts are scarce，this report furnishes new perspective for this subject，and provides new possibilities for following X-ray absorption，spectroscopic，in situ HRTEM experiments and first-principle calculations.

参考文献

为何引用参考文献？

引用参考文献有五点主要功能（或者说目的）：

第一，诚实地承认前人和同行在这个领域或者课题的贡献。例如，指出谁谁谁曾经做过什么，他们发现了什么。

第二，印证作者提出的论点和结果。比如，你的结果和别人观测得到的结果一致，这样使审稿人更加相信你的实验数据和结论。

第三，列出和文献中不一致的地方。科研论文不能只是叙述研究者自己的发现，也需要和文献中的结果进行比较，指出自己的实验结果和别人的实验结果不一致之处。

第四，显示你的研究领域的重要性。这就需要引用重要文献，如果是引用水平很差的文献，就不能证明你的领域的重要性。

第五，显示你目前这个工作的时效性。最好是引用最近三五年发表的论文，如果引用50年前的论文，那并不能证明你的研究工作新颖。

如何引用参考文献？

引用参考文献有以下五条注意事项：

第一，不要漏引重要文献（该课题"祖师爷"的经典论文、报道类似实验点子的论文、同行课题组的论文）以及对你的实验有直接启发的论文。

第二，不能泛泛而引，说某某课题被广泛研究，然后列举文献1～20；要有针对性地引述、印证，让人觉得你很专业，的确是看过文献的。比如可以说，这个研究领域可以分为5个分支，有的人研究了有机反应（文献1～3），有的人研究了无机反应（文献4～6），有的人研究了电池（文献7～X）……，这样分类之后，就显得更加专业。

第三，不能为了引用而引用，不能引用"滥竽充数"的无关文献。

第四，不能错引文献。比如你说"某某研究者认为……"，但其实他并没有提出相关观点，这就属于张冠李戴了！

第五，参考文献格式必须按照目标刊物的特定要求，并且得一致。比如，有的刊物正文中引用的文献号是在句号后面的，有的是带方括号的，这些都需要一致。需要特别注意，方括号和前面的单词之间是不是需要空一格，得按照目标期刊的要求修改。

写完正文之后，最后还有参考文献，将论文中引用的文献罗列出来。千万不要罗列"缺胳膊少腿"的参考文献，比如漏了标点、漏了空格，甚至漏了被引作者的名字。一般研究生写科技论文时，可以学会使用EndNote软件，它能够节约你很多时间。

补充阅读

史蒂夫·华乐丝.如何成为学术论文写作高手：针对华人作者的18周技能强化训练[M].北京：北京大学出版社，2015.

该书用英文写成，类似于关于英文写作的培训教材，分为16章，每一章有一个话题，比如"如何描述数据"。每一章在讲述基本话题之余，还穿插讲解英文表达方法和常见的英文写作错误。适合有意提高英语写作水平的研究生打基本功，也适合有志于成为英文期刊编辑的研究生阅读。其他相关书籍有Björn Gustavii著的《如何写作科研论文》、吴子祥主编的《如何征服同行审稿人——SCI论文写作到发表》，任胜利编著的《英语科技论文撰写与投稿（第二版）》，玛格丽特·卡吉尔和帕特里克·奥康纳著的《如何学出高水平英文科技论文——策略与步骤（原著第三版）》，刘进平编著的《SCI论文阅读与写作技巧详解》以及朱永官、赵方杰著的《英语科技论文写作技巧与实例》。

赵大良.科研论文写作新解——以主编和审稿人的视角[M].西安：西安交通大学出版社，2011.

这本书并不是"手把手"地教读者如何技术性地撰写科研论文，而是从学术期刊编辑和审稿人的视角，介绍论文投稿和审稿的奥秘。主要的章节有：论文与期刊、编辑与审稿、博弈与发表、写作与准备、格式与规范、版权与不端、评价与传播。写作风格是介绍和分析以及提供指导，而非讲故事和评论。

4.6 写文献综述 ▶▶

写综述的意义：可以使自己更深刻地领会自己和学术同行的科研思路、线索和意义，同时促使自己看更多的文献，了解同行的工作和课题的来龙去脉；可以培养、锻炼自己的文献阅读能力、归纳能力、思考能力和写作能力；一篇好的综述，会被广泛引用，增加写作者的知名度。

写综述的方法：首先思考写这篇综述的范围和体裁，是只介绍自己课题组一系列工作的短综述（称为account、feature article），还是在一本学术专著上介绍一个研究方向的基本知识和历史发展？是全面综述某一个课题的进展（包括大量别人的工作），还是有选择地强调最近几年的一些关键进展（称为highlight、perspective、mini-review）？

然后思考这篇综述的读者对象是谁？是大学生、研究生、一般研究工作者，还是具体做这一个课题的同行？不同的读者群决定了写综述的深度，而发表在什么期刊（或者学术专著）决定了不同的读者群。经常写综述的人应该知道不同发表媒体的细微差别。

在写综述之前，还要看看学术刊物有没有发表过类似的综述，研究一下能否把自己的综述和别人的综述区分开来。如果不能区分开来，就构成了重复。同时也要想清楚自己这篇综述和自己以前的综述有何区别，是否构成重复？甚至要在综述文章里指出这些区别，使自己的综述更有立足之处。

写综述的手法千变万化，但是基本结构有一个：引言→主体→结论和展望。这里面重点是主体部分。要搭好主体部分的骨架，即要有一个清楚的、可以执行的提纲。在这里面要用到一个重要的能力，就是分类能力。以下选取最基本的写作手法进行讲解。

按照方法、类型、体系、组成、路线、反应分别进行叙述

在化学和材料学里面，要达到一个目的，如构建分子建筑或者实现高灵敏度的检测，会有几种方法。这些方法是有意义的，是概念性的，值得进行综述。往往，某个科学家最先发明了某种方法，然后几个研究小组把这种方法推广到新的体系里去；就在同时，或者随着时间的推移，其他科学家发明了另外一种方法，以后又有几个研究小组对此进行了推广。写综述的人应该敏锐地认识到这些方法的原理、方法的提出和发展以及不同方法之间的对比，即写这篇综述的"卖点"。推荐阅读：R. Hoogenboom，D. Fournier，U. S. Schubert. Asymmetrical supramolecular interactions as basis for complex responsive macromolecular architectures[J]. Chemical Communications，2008: 44155-44162。该文章介绍了构建可逆的大分子建筑的四种方法：离子相互作用法、氢键法、金属配位法和混合打法。每一个部分用通俗的语言讲了基本原理，然后举一个早期例子，再举几个发展的例子。综述里用到一些非常形象和直观的示意图，可见作者集中于概念性的、方法论的东西，避免描述很多技术细节。

这种写作方法也可以引申到写催化综述：针对某一个反应（如丙烷脱氢），已经有大量的论文报道，但是经过仔细研究发现这些催化剂可以分为几种类型，几种催化剂体系，于是就可以把某一个反应根据不同催化剂体系进行综述。

催化剂可以分为几种类型，有些化学品（混合物，如生物质）也可以分为几种类型，写某些化学品的转换时可以按照几种类型分别写。如 P. Gallezot.

Catalytic routes from renewables to fine chemicals[J]. Catalysis Today，2007，121: 76-91。这篇综述分别介绍了生物质几种成分的转化，根据这个标准把综述主体分为几个部分，然后在处理具体的某一部分时用了一种"路线"的手法进行分述。在化学里面，"路线"是很重要的一个名词。好比说老师在黑板上画一个分子，然后朝不同的方向画几个箭头，指出这个分子氧化变成什么，还原变成什么，异构化变成什么，和其他物质反应变成什么。老师描述这些反应的时候是分别描述的。同样，先进行分类，然后再按路线进行叙述，这也是写综述的方法之一。

同样的催化剂（如Al-MCM-41）可以催化不同的反应。所以，在综述某些催化剂的应用时，可以根据不同的反应来安排综述的结构。如S. Kannan. Catalytic applications of hydrotalcite-like materials and their derived forms[J]. Catalysis Surveys from Asia，2006，10: 117-137。这篇文章综述了层状水滑石催化的不同反应体系。

按照时间推演或者逻辑顺序进行叙述

以上这种按照方法、类型、体系、组成、路线、反应的分类方法近似于平行结构，是一种四平八稳的方法。还有一种写综述的方法是根据时间推演或者逻辑顺序进行叙述。一个课题组做某一个课题十年，经历了几代学生，课题组组长（导师）知道这十年有哪几个标志性的工作，知道学术观点、科研思路的演化过程。往往，一开始做一个课题没有找到感觉，得到一些不够理想的结果或者不够成熟的理论。随着时间的推移，更好的结果产生了，旧的理论被新的实验证据修正，甚至推翻，新的点子也产生了，新的论文批量产生。这就是课题的一般发展过程。而读论文的一般读者看到的只是孤立的论文，没有看到其中的线索和起伏、演化。写综述（特别是写描述自己课题组工作的短综述）时，一种方法就是把这种微妙的东西写出来。可以按照时间顺序，说作者所在的研究小组首先做了什么，然后做了什么，最后做了什么。

少见的方法："马桥词典"法

作家韩少功写了一部小说叫《马桥词典》，这是一种少见的写作手法：在这本小说中，作者以词典的形式给出了很多词条，并进行描述。介绍完所有词条，小说也结束了。有些综述也如此：给出几个关键词，以关键词作为每一部分的小标题，然后分别论述自己对于这些关键词的认识。如 F. Zaera. The surface chemistry of catalysis: New challenges ahead[J]. Surface Science，2002，500: 947-965。作者把表面催化分为 surface chemical bond、surface energetics、transition state、catalytic site、selectivity、pressure gap、materials gap 等几个关键词，分别进行论述。这是一种从庞大的文献库中抽象提炼出几个"知识点"的方法。

介绍完写综述主题的方法后，再来说说怎么收尾。一般在收尾的地方要显示三层意思。以标准的三个段落为例：第一段回顾本综述的主体部分主要讲了什么，这些内容有什么意义。第二段评价文献中这个领域的不完善之处，如什么机理还不清楚，系统还不完善；有些东西在这篇综述的正文部分没有说，这时要指出这篇综述的局限性。第三段展望未来，分析未来的前景怎么样，将来应该怎么做，科研应该向什么方向发展。

最后，仅仅从写作的角度来说，写综述忌讳拷贝粘贴，即同样的东西再发一遍；好的综述结构明确、条理清楚、文字优美、有评有述。

 **拓展阅读**

问：对于没有论文写作基础的学生，若想写关于某个领域的综述，是不是建议从中文开始写？研究生是否要写综述？

答：研究生要明确写综述的目的，是为了完成学位论文的绪论章节，是导师对你说"实验还没有进行，不妨先写一个综述梳理一下思路"，还是导师从国外学术期刊编辑那儿得到写综述的邀请，转而让你写英文的综述？

如果是第一种情况，那么应该用中文来写。写的综述，可以成为学位论文的绪论章节，你也可以借此机会梳理一下思路。但需要指出的是，写这样的文献综述花费的时间长（有可能耗时几个月）；并且由于没有开展系统的实验，学位论文的框架不明确，所写的文献综述可能不具有针对性，最终还需要进行大幅度地调整才能用于学位论文的绪论章节。更有甚者，有的学生写出了综述，但后来自己从事的课题方向没能出成果，只能更换研究方向，而自己写出的综述也无法成为学位论文的绪论章节。

如果是第二种情况，那么有可能导师觉得你空闲时间多，他也无暇每天指导你，因此给你布置这个任务，让你熟悉一下文献，打发一些时间。如果是这样的话，那么重心应该围绕着你需要开展的课题，有针对性地开展文献调研，重要的是理解这个课题的来龙去脉；重点文献要吃透，甚至看三遍，不重要的文献一般了解，不能为了写综述而写综述。当你有了足够的文献积累，可以用中文写综述，这时候目的也是明确的，就是为了学位论文的绪论部分，同时梳理思路。

如果是第三种情况，一般硕士生在读一年级时不是很适合用英文写有可能发表的综述。一般是在积累了相当的经验、做了大量实验、发表了多篇论文以后，才有资格为英文学术刊物写综述，才能够有深刻的体会，并且把体会融入综述。写综述不能只是把看过的一些摘要串联一下。并且，如果导师让你写英文综述，那么要注意这可能会耗费相当长的时间。一般一篇英文综述，假设你平时不做实验，也至少要花一个月的时间，甚至三个月或者更长。

总之，我认为研究生如果要写一些文献综述的话，那么最好围绕着培养方案中要求的"开题报告"来开展，以写出开题报告为准。如果要写综述发表，那么最好在某一个领域从事系统研究、发表几篇论文之后再进行。可以在完成学位论文的基础上，把学位论文的绪论章节改写为综述；也可以在高年级，写出能够在学术期刊发表的综述，并把该综述用于学位论文的绪论章节。但切不可在低年级贸然写综述以至于耽误科研（实验）进展。

问：如何开始着手写一篇英文综述？不知道有没有比较好的写作流程，比如可以先进行一些仿写，还是先把领域内的论文通读一遍，再按照怎样的一个方法着手综述的写作？

答：找出领域内的论文，阅读时先通读，再选取最典型的、最重要的30～50篇文献精读，并梳理出逻辑脉络。比如，你的题目是某种新材料，那么你可以先构思出综述的框架和小标题。你可以讲，这种材料有哪几种合成方法；这种材料是用什么进行表征的；这种材料有哪些应用。在应用这一部分，你再用更小的标题，比如在石油化工中的应用，在环境保护中的应用，在生物工程中的应用。搞清楚框架有几种方法：①自己看文献，自己梳理；②看其他人写的综述（如他人的综述发表于5年前，而你要综述最近5年的成果）；③和导师讨论提纲或者由导师列出提纲。

问：请问英文综述文章引用参考文献时，相关参考文献过少怎么办？

答：写综述不一定要引用50～100篇文献，哪怕10～20篇也是可以的。综述有各种形式，有的是review，有的是主要介绍自己课题组的account或者feature article，还有更短的mini-review。如果文献过少，那么写短一点的综述，而在写出来以后，还可以继续增加文献。或者写出来后，搜索那些刚刚公开的in press（等待正式出版）的文献，加进去。

4.7 论文撰写和修改 ▶▶

研究生在得到实验结果后，往往不知道怎么开始写论文，于是有了拖延症。但其实，写论文往往会有一个"预热"的过程——你要找到一个"切入点"或者一个在一开始能够着手写的部分，先把这一部分内容写起来。

比如，如果你觉得论文的实验部分最容易写（只需要客观地叙述实验是怎么做的），就可以先写这一部分。等把论文的实验部分写完，你可以看到写作进展，于是就有积极性接着往前推进（即开始进入了写作状态）。当然，也有的作者习惯于先写论文的引言部分，这样也可以。

除了先写自己认为容易写的部分，还有一个方法就是不管三七二十一，先把论文初稿写出来再说。先在电脑WORD文档中写出论文的初稿，比什么都不写强。不能指望自己"一气呵成"，写的文稿马上能用。至少写出初稿能够整理思路，并为后续修改打下基础。

除了"找到一个切入点"和"不管三七二十一，先把初稿写出来再说"这两种方法，还有一种方法是跟导师讨论、并在组会上把研究进展充分报告之后，列出写论文的提纲，然后按照提纲写初稿。在组会上充分展示研究进展，也可以梳理思路；而和导师讨论论文写作的提纲，则更加有针对性，防止自己按照自己的思路写出论文稿后却得不到导师的肯定。

研究生写论文有个大忌，那就是因为自己"文思枯竭"而"模仿"他人的论文，东抄一句，西抄一句，再请导师修改。导师不明真相地读了抄袭的论文稿，可能觉得写得还不错，就没怎么修改，结果铸成大错。通过写论文得到锻炼是读研的应有之义，研究生必须学会写论文。

研究生写出初稿后，可以坐在电脑屏幕前改稿。有的人会保存每一个修改的版本，而有的人会直接在同一个电脑文档上进行修改。有的人会用修订模式修改，而有的人不使用修订模式。当我在需要推进自己的论文写作时，会采用WORD软件的修订模式修订论文，并保留各个修订的版本，这样能看到进展，进而有动力将文稿完成。偶尔，我还会把文稿打印出来，然后用红笔在文稿上涂涂改改，再在电脑屏幕前修改文稿。

研究生写出论文稿并反复修改几遍之后，可以让导师帮忙改稿。也可以把论文稿先储存在电脑硬盘中，等过了一小段时间（比如一两个星期）后重新修改。这样经过"冷处理"之后，研究生会有新的改稿想法。当然，自己也可以成为"模拟审稿人"，从审稿人的角度挑剔自己的论文，还可以让课题组其他研究生帮忙看一下并提意见。当论文投稿后收到审稿人的意见之后，应按照审稿人的意见仔细修改论文，这能使自己的写作水平和论文质量有所提高。

论文的修改分为几种。一种是单纯的文字修改，主要是对错别字、时态、语态、排版格式、参考文献格式的修改以及对句子的润色和精简。第二种是调整论文的逻辑顺序、写引言的角度或者呈现实验结果的先后顺序。第三种是从学术的角度进行修改，即去掉在学术上站不住脚的提法，增加学术讨论，增加相关的参考文献。第四种是在修改的过程中发现实验做错了或者缺乏能够说明问题的数据，从而补做实验，把新的数据加到论文中去。论文的修改往往不是单纯的，而是同时涉及这几种。而且，无论是研究生还是导师改论文，都涉及以上四个方面。

导师给研究生改论文有两种方式。一种是在论文的WORD文档里面进行批注，比较笼统地说这一部分写得不好，需要进行调整，比如结构调整、补充文献；另一种是以修订模式在WORD文档中逐字逐句地修改。还有的导师会彻底重写研究生的论文。

无论如何，导师改论文很难一次完成。往往是导师修改论文稿后，发给研究生继续进行修改；研究生修改之后，再把论文稿返还给导师；导师再次修改之后，把论文稿返还给研究生。如此这般，经过多轮修改，论文才能投稿。有时候论文的修改需要反复几个月。

当导师提出修改意见后，研究生该如何修改？

首先，要虚心。导师就像"模拟审稿人"，能帮助研究生提高论文的质量，研究生得按照导师的要求和思路改论文。如果在修改的过程中感到自己不同意导师对某几处的修改意见，那么得先把能改的改了，再把自己对某几处的保留意见告诉导师，听听导师怎么说。研究生和导师沟通修改细节的方式包括：用微信即时沟通、当面讨论、在WORD文档中加批注表达想法、专门用一个新的WORD文档写下对导师意见的逐条回复。导师在收到研究生的反馈后，有可能说此处不需要修改了，或者说此处一定要按照导师的意见修改才能投稿。往往有些研究生拿到导师对文稿的修改意见，觉得没有必要修改，就没有进行修改，也没有对自己为什么不修改给出说明。这就会使导师很不高兴，觉得导师的意见没有被研究生采纳，觉得研究生刚愎自用，进而耽误了论文的投稿和发表。或者，导师虽然勉强答应学生可以不对这几处进行修改，但论文投稿后，审稿人提出疑问和批评，这就有可能耽误论文的发表。

其次，要细心。有的学生在收到导师修改意见后，随便改了几下。结果学生把修改稿发给导师后，导师非常生气：应该删除的文献没有删除，应该重画的图没有重画。更有甚者，导师让学生在最新版本的基础上修改，而学生还是在老版本的基础上修改。不细心就会导致浪费时间。

要特别注意参考文献部分的修订。研究生写的论文稿，参考文献部分往往错误百出，比如期刊名称一会儿采用缩写，一会儿采用全称；卷号、页码没有写；有的文献给出起始页码，有的文献给出起止页码；文献标题当中有的分子式里面该用下标的没有用；文献标题当中的单词拼写错误或者有多余空格；文献作者的名字一会儿是全名，一会儿采用缩写。错误百出的参考文献会给审稿人留下不好的印象。

再次，要耐心。研究生需要有充分的思想准备：论文需要经历反复的"打磨"才能投稿。要不厌其烦地根据导师的要求修改论文，补做实验。现在把论文改得越好，把实验验证得更扎实，那么以后论文审稿就越顺利。如果论文没有经过反复地"打磨"而仓促投稿，那么很可能在经历了几个月的审稿之后，被编辑退稿，这反而浪费时间，也会给编辑留下不好的印象。

在撰写论文期间，还可以通过师生讨论、组会报告、中期考核、参加学术会议作报告等方式讲自己的论文研究，接受他人的质疑，同时吸取他人的意见和建议。这样有助于研究生把论文改得更好。

哪怕论文被退稿，研究生都要耐心地根据审稿人的意见修改论文，补做实验。这样，研究生能提高写论文和学术研究的水平，也能产生质量更高的论文。

4.8 论文投稿 ▶▶

投稿的流程

（1）用通讯联系人的账号和密码登录期刊投稿系统的主页，上传文件。

① cover letter（可能包括新颖性介绍、推荐的审稿人名单等）；

② graphic abstract；

③ main text；

④ supporting information；

⑤ 有的期刊还要求上传图表。

（2）编辑初审后，决定是否继续送审。

（3）如果编辑决定送审，将论文发送给几个审稿人审稿。

（4）几种结果。

① accept as it is（直接接收）；

② minor revision（小修改后发表）；

③ major revision（大修改后发表）；

④ reject（退稿，包括建议另投他刊）。

（5）作者修改论文，再上传稿件。

（6）几种结果。

① 编辑看了修改稿之后，直接接收；

② 编辑把修改稿继续送审（送审后的结果可能是接收，也有可能是退稿，还有可能需要再次修改）。

（7）接收后处理版权转移和校对清样事宜。

几个典型的问题

（1）如何选择合适的学术期刊进行投稿？

每个研究领域都有本领域的学术期刊。比如，在催化领域，有 *Nature Catalysis*、*ACS Catalysis*、*Journal of Catalysis*、*Chinese Journal of Catalysis*、*Applied Catalysis A: General*、*Applied Catalysis B: Environmental*、*Molecular Catalysis*、*Catalysis Communications*、*Catalysis Today*、*Catalysis Letters*、*Topics in Catalysis*、*Catalysis Science & Technology*、*ChemCatChem*、*Catalysts*、*Chem Catalysis*、*EES Catalysis* 等催化类专业期刊。催化类的学术论文也可以发表在化学类、化工类、材料类、环境类学术期刊上，如 *Chem*、*Journal of the American Chemical Society*、*Angewandte Chemie International Edition*、*Green Chemistry*、*Energy & Environmental Science*、*Chemical Engineering Journal*、*Industrial & Engineering Chemistry Research*、*Applied Surface Science*、*Environmental Science & Technology*。

你的导师应该很清楚什么样的论文适合发表在什么期刊。比如，强调在分子层面上了解反应动力学和反应机理的催化论文比较适合发表在 *Molecular Catalysis*。偏重应用催化（如精细化学品合成、化石能源转化、产氢）的论文比较适合发表在 *Applied Catalysis A: General*。环境催化的论文比较适合发表在 *Applied Catalysis B: Environmental*。偏短的催化论文适合发表在 *Catalysis Letters*。发表会议论文特刊和催化研究专题的期刊是 *Catalysis Today*、*Topics in Catalysis*。或者，你们课题组可能有好几篇，甚至有十几篇、几十篇论文发表在某个期刊，因而投稿会"熟门熟路"。

投稿时，除了考虑合适性，还要考虑目标期刊是不是本专业的主流期刊？如果自己把论文发表在其他专业的期刊，那么以后参加院系组织的学位论文预答辩以及学位论文盲审时会不会遇到麻烦？比如，环境系的研究生研究环境催化，其论文可以发表在材料类的学术期刊，如 *Materials Research Bulletin*、*Materials Letters*；可以发表在化工类的学术期刊，如 *Journal of Industrial & Engineering Chemistry*；可以发表在化学类综合期刊，如 *ACS Omega*、*RSC Advances*、*New Journal of Chemistry*；也可以发表在胶体和界面类的学术期刊，如 *Journal of Colloid and Interface Science*、*Applied Surface Science*。有的师生认为论文只要能找到地方发表就行了，不计较学术期刊属于什么学科领域的，但有些预答辩评审专家和学位论文盲审专家会说这些论文都是发表在其他领域的学术期刊，而不是环境类主流期刊，如*Environmental Science & Technology*、*Energy & Environmental Science*。投稿前，要根据评价体系评估自己选刊发表后可能会带来的后果。

此外，投稿的另一个考虑因素是期刊的影响因子。在同一个研究领域，期刊的影响因子往往和期刊发文的质量相关（论文质量高，往往会带来更多的引用），也决定了一篇稿件能够投中这个期刊的难易程度。比如，也许一篇环境催化论文从内容上看，适合发表在*Applied Catalysis B: Environmental*，但是这个期刊的影响因子较高，而目前这篇论文的水平不够，导师就会考虑把这篇论文投到与这篇论文水平匹配的档次低的学术刊物，如*Catalysis Communications*、*Catalysis Letters*。

有可能你把高质量的论文投到了影响因子低的期刊，命中的可能性更大，但这对你的导师将来申请科研项目没用，对你将来申请高校教职、申请科研基金用处也不大。也有可能，你的论文虽然发表了，但是以后评阅你学位论文的专家一看到你论文列表中的论文发表在低档期刊，就产生了不良印象。而如果论文投到很好的期刊，说不定好长时间没有收到审稿意见，或者论文一直被退稿，会影响毕业。需要把握好这个平衡。很多国内的学者都喜欢从高到低投稿，他们当中，有的人成功了，也有的人虽然失败了，但补做了实验后，重新投这个或者那个期刊，最终也取得了成功。也有的师生没有耐心，不愿意花时间折腾，就选择了"什么样的论文投什么样的期刊"。编辑则希望你把稿子投给大量发表你所研究方向、课题与论文"对路"的期刊。这样，你的论文就拥有最大的相关读者群。

导师有时候还会收到学术期刊编辑或者客座编辑的邀请，为他们筹备的专刊、特刊供稿。这时候，要搞清楚几个问题：该学术期刊的档次如何？手头稿件的质量是否和该学术期刊的档次匹配？手头稿件的内容是否落在征稿的范围？编辑是像"发广告"那样广发征稿通知，缺乏诚意，还是专门邀请研究这一个专题的专家？如果论文被接收，是否需要支付发表费？课题组能否承担发表费？等等。

这里还要提一下开放获取（open access）期刊。国内有期刊要求作者支付版面费，但那些期刊并非开放获取期刊。开放获取期刊的运行模式是这样的：作者的论文被期刊接收后，支付高额的论文处理费（这些论文处理费远高于国内一些期刊要求作者支付的版面费）；论文发表后，由期刊向全社会开放，供读者免费下载。导师是否把研究生的论文投给开放获取期刊，往往取决于几个因素：课题组能否承受论文处理费？该期刊的影响因子是多少？期刊所在出版社的名声如何？有时，论文被高档次的开放获取期刊接收，哪怕需要高额的论文处理费，导师也愿意支付。而期刊的影响因子并非导师的唯一考量——有的开放获取期刊虽然有"还可以"的影响因子，但期刊所在的出版社在学术界给人一种"敛财"的印象；一旦这类期刊被"踢出"SCI，研究生可能就不能用这篇论文申请学位了。所以，选择期刊不可不慎。

（2）怎样推荐审稿人？

有些学术期刊会要求作者推荐几位审稿人供编辑选用。作者一般要推荐熟悉这篇论文所涉及课题的"小同行"。可以从几种途径想到拟推荐审稿人：论文是前期他人论文的延伸，或者论文证实了他人的实验结果，也引用了他人的相关论文，那么你可以找到相关论文通讯作者的联系方式，在投稿系统中推荐他们作为审稿人；你或你的导师参加学术会议报告了这个研究工作，有同行走上前来说这个工作很有趣，并留下了联系方式；推荐其他做类似研究、能够读懂这篇论文的"小同行"；通过搜索，找出在目标期刊发表过类似论文的作者，特别是那些最近几年在目标期刊发表过类似论文的活跃作者。

要看清楚投稿须知。有的期刊要求：不能推荐投稿论文作者上学时的导师、曾经在同一个课题组学习过的人员、合作者；不能推荐作者所在大学、科研机构的研究者；甚至不能推荐作者所在国家的研究者。

如果你投稿的学术期刊只是一般的学术期刊，那么不要推荐世界著名的专家（俗称"大牛"）做审稿人，因为这样的专家可能很忙，没时间给一般的学术期刊审稿。如果你推荐了他们审稿，编辑也找了他们，很可能你的论文会被"束之高阁"，从而影响论文的及时发表。

如果系统要求推荐三名审稿人，那么你可以适当多推荐几名审稿人，这样编辑有挑选的余地。如果编辑把论文送审后，有的审稿人没有回复，编辑可以从你推荐的审稿人当中再补充挑选审稿人，来完成任务。

向编辑推荐审稿人时，不要仅仅给出审稿人的名字，而要给出更多信息，比如审稿人所在的单位和院系名称、审稿人的电子邮箱地址、作者推荐审稿人的原因（比如，审稿人是论文涉及课题的专家）。

（3）如何排除审稿人？

有些学术期刊可以让作者提出"排除审稿人"的名单，并给出理由。作者排

除审稿人的原因包括：这名专家和作者有利益冲突，比如正在从事类似的研究课题、曾经"偷"过作者的点子或者在学术圈有"偷"点子的名声。有的专家平时审稿过于苛刻，那么作者也可以提出排除这位审稿人。作者如何知道某位专家审稿过于苛刻？一是从以前自己论文被拒的审稿意见中得到教训——当时被拒时，某位审稿人以没有引用某一个课题组系列论文为由提出退稿。二是听其他学术同行说这位专家审稿过于苛刻。专家还有可能与作者有个人恩怨和学术争端，例如以前在同一个课题组共事时由于种种原因发生矛盾、在学术会议上公然抨击报告者（无论是专家抨击作者，还是作者抨击专家）、以前曾经竞争过同一个科研项目闹得不愉快、以前在合作撰写论文期间发生不愉快。作者提出"排除审稿人"的名单并给出理由后，编辑有可能尊重作者的意愿。但作者最好不要排除一大堆审稿人，那样的话，编辑会觉得奇怪。

（4）编辑有没有可能用作者推荐的审稿人？

编辑有可能选用作者推荐的审稿人，尤其是当编辑预审了这篇论文，觉得论文质量还不错。如果你推荐了三个审稿人，那么编辑有可能选用其中的一个、两个、三个审稿人，也有可能一个都不采用。编辑可能在期刊的审稿系统里选取从事相关研究的研究者作为审稿人，可能通过学术搜索引擎（如 Web of Science、Scoups）寻找审稿人，可能选取在这个学术期刊投过稿的相关研究者作为审稿人，有的期刊的审稿系统会使用人工智能，自动给编辑推荐审稿人。

（5）作者可不可以选编辑？

有的期刊不让作者挑选编辑，是期刊根据编辑的专长或者负责的地理区域把稿件分给编辑。但也有的期刊在投稿系统里列出一排编辑的姓名和对应的研究方向，由作者来挑编辑。作者最好挑选属于自己研究领域的编辑，即该编辑是作者的小同行，能够读懂作者的论文。作者还可以挑选了解作者研究工作的编辑，比如该编辑曾经到作者的工作单位做过报告，或者作者曾经到编辑的课题组做过报告。

作者挑编辑之后，最终经手这篇稿子的编辑未必是作者挑选的编辑，原因是有的被选中的编辑觉得这篇稿子不在他专长的领域范围，因此把稿子转给了其他相关编辑。也有的编辑觉得自己认识这篇稿子的通讯作者，有可能会有利益冲突，于是把稿子转给其他编辑处理。

（6）审稿周期一般多长？

审稿周期快的几天，慢的半年甚至更长时间。一般需要一两个月。

（7）退稿后有没有可能申辩？

论文退稿之后，作者可以申辩。但不能什么都不修改就进行申辩。而是应该首先按照审稿人的意见进行充分修改，再写答辩信，最后把稿子重新投回去，附上答辩信。如果中不了的话，那么只能改投其他学术期刊。如果这篇论文的质量不错，自然能在合适的期刊发表。

（8）退稿后，是否需要接受编辑给出的"一键转投"的建议？

有时候，论文被退稿。编辑在给出审稿人的审稿意见后，提出作者可以把稿件"一键转投"给他们出版社其他期刊。这听起来是个诱人的选项，但作者需要考虑以下几方面。首先，编辑提出的"一键转投"的目标期刊档次如何？作者把论文转投给这样的期刊，是恰如其分，还是亏了？有些编辑推荐的转投期刊往往是新办的开放获取期刊，不但没有被SCI收录，还需要付费。其次，审稿人的意见指出了论文的本质问题，还是问题不大？如果问题不大，那么作者修改论文后转投，应该能顺利接收。但如果审稿人指出了论文的本质问题，例如实验方法都错了，那么作者势必要花大力气重新做实验，写论文，而不能把论文不加修改地转投。最后，即使作者在修改论文后把论文"一键转投"给其他期刊，对方编辑都未必会喜欢这篇论文。因此，作者得放平心态，还是要充分考虑审稿人的意见，仔细修改论文，以提高论文的水平。

（9）投稿前要做哪些心理建设？

把自己的事情做到最好就可以了。投稿后总会面临发表或者退稿的结果，这个交由审稿人和编辑来决定。看到退稿信时，你可能感觉自己被一桶冷水从头淋到脚。但也不必过于气馁。论文退稿的确有可能会影响到研究生的毕业和学位的申请，但是论文遭遇退稿，说明了自己的论文存在实验和写作方面的漏洞，或者重要性、创新性达不到这个学术期刊的水准，也有可能论文的内容不怎么符合这个学术期刊的征稿范围。面对这个情况，要么你把论文改投差一点的期刊，要么你挨个尝试不同的期刊，要么你在论文中加入新的实验数据，修改论文。

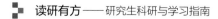

拓展阅读

从审稿人角度谈：你的论文为何被退稿？

马臻

现在研究生毕业要求越来越高，延期毕业的研究生也越来越多。很多学校研究生毕业和发表论文挂钩。而老师评职称、申请科研项目成功与否，也和发表科研论文的情况有关。很多师生都苦恼于自己的论文无法轻易通过评审关，而我作为200多个学术期刊的审稿人和几个学术期刊的编委，也有烦恼（经常看到糟糕的论文稿）。我相信，很多审稿人有类似的烦恼或者有类似的审稿心理。了解审稿人的心理，有助于师生的论文顺利过关。

是什么让审稿人向编辑提出"通过"或者"不通过"的建议呢？我想说，这不是单一因素决定的，而是有很多考量。

有很多人说，论文要有创新性。没错，但"太阳底下没有什么东西是绝对新的"。新的东西的确更容易命中好的学术期刊，但不那么新的东西，也能投中一般的、"能够管毕业"的期刊。

这就是说，审稿人心中的标准其实受"作者把论文投到什么期刊"影响。如果审稿人感到这篇论文"卖不了这个价"，就会提高自己审稿的标准，提出一大堆意见（包括但不仅限于对论文创新性的评价）。而如果审稿人感到这篇论文"符合市场行情"，就更倾向于给出"修改后可以发表"的审稿结论。

接下来，我们假设作者把论文投给合适的期刊，那么审稿人看什么呢？

创新性固然是一个因素，但刚才我说过，"太阳底下没有什么东西是绝对新的"。审稿人还会注重以下方面。

① 这个研究工作是否正确？如果从数据到结论没有严格被论证或者缺乏关键的实验证据，或者压根把数据分析错了，那么这就是硬伤。

② 研究结果的好坏如何？比如，本论文中催化剂的性能和文献中催化剂的性能相比是否有提高。催化性能和文献报道相比高一点或者"差不多"都可以理解。如果相差太远，或者好一个数量级，那么审稿人也会觉得不

合理。

③ 这篇论文的写作和图表处理是否考究？很多研究生写的初稿很糟糕，英语语法不通，还出现一些莫名其妙的句子，比如"本研究结果令人振奋"，还经常采用"，which is"之类的句型。像这种比较"粗糙"的文稿，审稿人一看就烦。

④ 这篇论文的参考文献部分是否正确？无论我审 SCI 论文还是研究生的学位论文，都会看一下论文的参考文献部分。常见的问题是：期刊名一会儿用全名，一会儿用缩写；分子式该用下标的而没有用下标；该用希腊字母的用英文字母表示。遇到这种情况，审稿人一看就烦。

总之，创新性固然是一个方面，但审稿人同样会考虑论文的正确性、研究结果的重要性、工作量（数据量）和写作的规范性。如果一篇论文创新不足、研究结果重要性缺乏的话，那么作者就要用论文的正确性、工作量和写作的规范性来弥补。作者要通过这几方面的提高，让审稿人觉得这篇论文"像"准备发表在这个期刊的样子，属于这个期刊。

我审稿很快，一般在三天内给编辑回复。但是，近年来我审稿越来越"下手狠"。有些论文一看就是很糟糕的，我快速提几条意见，说这也不行，那也不行。有时候，论文可上可下的时候，我还是"痛下杀手"，哪怕我知道其他审稿人有可能会同意发表这篇论文。

果然，过了几周，编辑还是找到我，让我再看一下作者的修改稿能否采用。这时候，作者已经很谦虚地根据我和其他审稿人的意见，把该做的实验做了，还说审稿人"所言极是"。我马上就建议编辑接收稿件。虽然我原先给出的"枪毙"意见似乎和其他审稿人"修改后可以接收"的意见不一致，但我并不在乎编辑会觉得我过于严格。原因在于，把问题说得严重一点，会促使作者（研究生）补做新的实验、大修论文，从而提高论文的质量。

作者回复审稿人的意见最忌讳的是"犟"——指责审稿人是错的，并拒绝修改论文。遇到这种情况，审稿人有可能再找出更多的错误，把论文狠狠地批一通；甚至有可能把论文束之高阁，等编辑催促审稿后，再指出很多的错误，把论文"枪毙"。

我审过1000多篇论文稿。只要作者按照审稿人的意见精心修改，我浏览答辩信之后，会当场建议编辑接收论文。但有时候编辑把我原先建议退稿的论文重新送了回来，而作者说我错了，或者压根就没有补做新的实验，我会当场建议编辑退稿。

那么，如果审稿人对我们的论文提出修改意见怎么办？我对我的学生说：审稿人提出修改意见，这时候他显得高高在上；只要你论文最终发表了，那时候你就"笑到了最后"。所以，修改论文时，放下自己对论文的孤芳自赏，放下自己对审稿人的成见，还是要按照审稿人的要求，把实验做了，把论文改了！甚至审稿人让你用一种方法进行验证，你用了三种方法！要让审稿人看到：你态度端正，你没有功劳也有苦劳！

审稿人大多有"从众心理"——哪怕审稿人在初审时给出差评，但只要编辑说可以给作者一次修改机会，这位审稿人看到了其他审稿人"修改后可能接收"的初审结论，并且作者费心费力地进行了修改，那么这位挑剔的审稿人最终还是会同意发表这篇论文的。但就怕作者什么都没有改，或者只是回答了审稿人的问题却没有说清楚改在第几页第几段，甚至质疑审稿人。

学术界有"名人效应"——审到"大牛"的论文，审稿人会放松标准。但大多数作者都不是"大牛"，因此得把自己能够做好的事情（包括做实验、写论文、回答审稿意见）做好。如果做好了，还是无法在自己中意的期刊发表，那么还是得往前走，相信总能找到一个地方发表。

（来源：马臻. 从审稿人角度谈：你的论文为何被退稿？[EB/OL]. 2022-06-04. https://blog.sciencenet.cn/blog-71964-1341523.html.）

4.9　回复审稿意见 ▶▶

学术论文需要经过同行评议（审稿），才能在正规的学术刊物发表。经过审稿，如果论文没有被直接"枪毙"，那作者就得按照审稿人的意见修改论文，再把修改后的论文发回给期刊编辑。

老师平时工作很忙，修改论文和写答辩信（回复审稿意见）的任务就落在研究生身上。但问题是，很多研究生不擅长写答辩信。

以下介绍写答辩信的奥妙。

逐条回复审稿意见

假设一篇论文有三个审稿人，那么作者应该按照审稿人1、审稿人2、审稿人3的顺序，依次回答审稿人的意见。针对每一个审稿人的意见，要按照"一段意见、一段回答"的形式，逐条回答。

不要把几个审稿人的几条意见用自己的话归纳总结，再回答。这是因为，作者把不同审稿人的意见"综合"在一起，难免有自己的主观取舍，有"避重就轻"之嫌。编辑读到答辩信时，不清楚作者是否把审稿人的所有意见都考虑到并回答了。

逐条回复时，要简短地向审稿人解释，并说明已经在第几页第几段进行了修改，在文中已经用红色标出修改的部分。作者还需要在答辩信中重现修改的段落和句子（新增或者修改的内容用红色标出），甚至给出有变动的图表。这样，"一本账很清"，审稿人看完答辩信，马上就能向编辑建议接收该论文，而不必重新审读文稿。

但问题是，很多缺乏经验的作者费了好大的劲儿向审稿人解释，既没有说清楚自己根据审稿意见补充了什么实验，也没有说清楚这些修改体现在第几页、第几段。这就使审稿人怀疑作者没有吸取审稿意见，只是在搪塞。如果作者进行了有效的修改，那为什么不大大方方地说出在哪里进行了修改呢？如果有些补充的数据不方便放在论文的正文，那么可以作为"支撑信息"发给编辑。论文正式发表时，这些"支撑信息"会作为论文的附件，放在期刊的网站上。

还有的作者长篇大论地向审稿人解释，并把修改过的段落附上，但长篇解释和新增段落的内容几乎一样，这就没有必要了。逐条回复要务实，干脆利落，要不惊不乍，而不要让编辑觉得"问题很大"以至于作者需要用很大的篇幅来解释问题。

审稿意见的第一段往往是审稿人对论文的定性评价，比如"这篇论文有新意，有重要价值，建议小修改后刊用"。无论审稿人的评价是正面还是负面，作者写答辩信时都需要完整地呈现审稿意见，而不可隐藏第一段定性评价。这是因为，审稿人复审时，也会看到其他审稿人的意见和作者的回复。如果审稿人在初审时都说这篇论文好，那作者为何要把这些好评删掉？审稿人就会想：莫不是作者得到差评，硬着头皮把稿子重新"塞"给这个期刊吧？并且，人往往有从众心

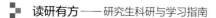

理。本来给出差评的一个审稿人在复审时看到另外两个审稿人在初审时给了好评，他就会倾向于让修改稿"过关"。

如果初审时审稿人的定性评价很负面怎么办？那也得如实呈现。既然编辑决定让你修改论文，只要你认真修改，论文最终发表的可能性很大。修改后，最好的情况当然是几个审稿人都同意接收论文。也有可能原本建议"小修改后发表"的审稿人这次同意接收论文，而原本建议"退稿"的审稿人这次提出了新的修改意见。那么再经过一轮修改，论文便可被接收。

应对审稿人不要犟，而要有策略

很多作者都希望审稿人说好话；一旦收到负面的审稿意见，便怒火中烧，写答辩信如同吵架。他们以为用强硬的抗辩能给自己带来好的结果，但往往给人留下不礼貌的印象。

审稿人总是认为自己有道理。他提出了修改意见，你就要采取行动澄清问题、补做实验、修改论文，而不能犟头倔脑。你有了行动，审稿人就有台阶下。相反，你在答辩信中质疑审稿人的学术水平，说他是错的，那么他也不会给你台阶下。

我认为，对学术问题可以有不同看法，但作者要有礼貌，讲策略。

如果审稿人认为你的论文创新性不强，那么你可以回复说："谢谢您的意见。这篇论文的确没有'震惊宇宙'，并且原稿的引言部分没有把新意、重要性写清楚；有鉴于此，我们已经加强了引言部分，把创新性强调出来。本文的创新性就在于……"

如果审稿人误解了你一句话的意思，那么你不应该在心中骂审稿人愚蠢，也不应在答辩信中费唇舌解释，而应该这样想——审稿人是读者的代表，既然审稿人读论文，产生了误解，那么其他读者读了这篇论文也可能会产生误解。于是，可以把涉及的句子重新变换一下，写得清楚一些，并在答辩信中写："谢谢提醒。原本的写作的确会引起歧义，现在根据审稿人的意见修改如下……"

如果审稿人要你补充一个实验，那么你就得做这个实验。如果实验结果能说明问题，就要把实验结果写到论文里去。如果实验结果不能说明问题，也要在答辩信中展示、分析数据，告诉审稿人已经做了要求的实验，但没有得到有价值的结果，原因是什么。甚至可以把这些数据放到"支撑信息"部分，让审稿人觉得作者并没有心虚。

如果审稿人要你补充一个实验，但你没有实验条件，或者不能在短时期内做出这个实验怎么办？有的作者回复说："审稿人建议的这个实验不重要，和本文无关。"但其实，作者应该静下心来分析——审稿人要求补充这个实验，是要了解什么信息或者达到什么实验目的（比如知道样品的元素含量）？如果作者没有审稿人提及的那个实验仪器，那么用其他仪器能否得到这个信息？作者应该想方设法补充实验，满足审稿人的要求，让审稿人"无话可说"。

万一还是无法满足审稿人的要求，那么作者也应在答辩信中诚恳说出原因，并且在修改论文时有所行动。比如，审稿人问"反应机理是什么"？你由于种种原因无法弄清反应机理，那么应该在论文的讨论或者结论部分加上："本文的主要目的是开发新的催化剂，但反应机理还不清楚。这些催化剂的后续催化应用和反应机理值得进一步研究。"

你对实验现象提出了一种解释，但审稿人提出另一种解释，怎么办？我们要懂一点科学哲学。对于一个现象，当然可能有几种解释，我们不能执拗地说其他解释一定是错的，而要用实验数据来说话。如果实验数据说明审稿人的解释是合理的（作者原先的解释也没错），那么可以在修改论文时把新的解释加上，并且说实验数据和这个解释吻合，但两个解释究竟哪个更合理，有待于进一步验证。而如果实验数据说明审稿人的解释不合理，那么在修改论文时，可以写："对于以上数据还有另外一种解释……但我们的实验结果并不支撑这种解释。"这么做的"原理"就在于：审稿人代表读者来读你的稿子，如果你只是在答辩信中告诉审稿人他的解释不成立，而没有把相关内容写到论文里，那么读者读到你的论文，同样会产生困惑。

如果审稿人要你针对文中某一个论断引用几篇文献，但你发现审稿人指定的这几篇文献和这个论断无关，怎么办？人非完人，审稿人的心中也有"自我"，甚至会"自私"。他要你引用的几篇文献，有可能包含他自己发表的论文。作者处理这样的事情就要讲究"艺术"——这些论文引用在这一段不贴切，那么能否贴切地引用在其他段落？如果找不到现成的段落，那么能否阅读了这几篇文献后，想出一两句贴切的句子，增补在论文的某处，并引用这几篇文献？如果实在找不到引用这几篇文献的地方，能否甄别出这些文献的作者，并搜索这些作者的其他文献，把这些"替代文献"贴切地引用到你的论文中，并告诉审稿人在哪里进行了修改？

4.10 校对清样 ▸▸

论文被学术期刊接收后，期刊社工作人员会联系作者，让作者在线填写版权转移文件。之后，作者会收到论文清样。校对清样的过程是怎样的？

拿到电子版的清样后，首先可以将清样打印出来，并整体通读一遍，看看能否找出明显的错误。一旦找出错误，可以用红笔在清样上做标记或者修改。如果不确定某处文字或者图表是否有错误，那么也要在清样上做好标记，表示存疑，稍后再进行核对。

在通读一遍清样的基础上，放慢速度，仔仔细细再读一遍。比如，看看正文中提到"图×"时写的内容和论文中对应的图是否真的对应；看看图有没有错误；看看参考文献有没有错误。有时候，学术期刊的技术编辑在制作论文清样时，会对文字进行编辑，这就有可能会产生错误。

然后，再从头到尾仔细地校对一遍，在清样上标记查到的错误。

最后，根据学术期刊的要求，把勘误工整地标记在重新打印好的论文清样上；或者在清样的 PDF 文档上标出需要修改的内容；或者在校对清样的网上系统中，就像操作 WORD 软件那样修改文字或者给出批注。根据期刊社的要求，采用合适的方式（电子邮件、在线提交等）把校对清样的结果发给期刊社。

校对清样是作者在论文正式发表前的最后一道工序，必须认真。一旦论文在发表后被发现出了问题，可能会造成不好的影响。那么，校对清样有哪些注意事项？

第一，大多数学术期刊只给作者一次校对清样的机会。这就意味着，如果你发现论文清样中存在错误，就应该充分利用这一次校对清样的机会，对清样进行修订，而不能在提交清样校对结果之后要求二次校对清样。

第二，校对清样的要求是"小规模"，且只能修改必须修改的错误，而不能"兜底翻"把论文整体都修改了。校对清样时，不适合在论文中加入新的实验数据（图表），也不适合加入大段讨论（除非由于技术编辑在排版时漏了原稿包含的图和段落）。这是因为，技术编辑制作清样时，采用的是作者已经通过同行评议的稿件版本；如果作者在校对时进行很大的修改，不仅会增加技术编辑的工作量，而且会让技术编辑不清楚，如果加入这些修改的内容，论文还能不能通过同行的评议。

如果作者在校对清样时要求加入新的实验数据或者试图加入大段讨论，那么制作清样的技术编辑会把这个情况告诉原先负责送审这篇论文的期刊编辑或期刊社其他负责人，看看加入这些内容是否合适，这会延迟论文的发表，也会给作者、编辑、期刊社三方都造成不便。

当然，如果作者在校对清样时发现一张图有错误，那么可以把正确的图发给技术编辑，指出原先的错误（比如标错了数字、搞错了曲线的颜色），要求替换这张图。

还有一个忌讳是在校对清样时调换作者的次序、增减作者名字或调换通讯作者。这会让技术编辑、期刊编辑和期刊社其他负责人感到作者太随意，甚至怀疑作者没有学术诚信。如果的确要这么做，那么就得在一封解释信里说明理由，并让所有的作者签名表示同意。

第三，如果论文的第一作者是研究生，那么导师在收到清样时，很可能把已经下载的清样，甚至下载、修改清样的网页链接发给研究生，让研究生帮忙校清样。这时候要注意：研究生在校对清样的同时或者之后，导师也需要校对清样，以降低错误发生率。因此，研究生在校对清样之后，应及时把校对的结果反馈给导师，让导师决定最后是否按照研究生的修订意见来修订清样。研究生不可以还没有等到导师的最终决策，就直接把清样的修订发给期刊社，除非导师和研究生事先约定可以这样做。

有时候，导师提出了修改意见。研究生看到修改意见后，置若罔闻，觉得没有什么原则性的错误，就有选择地忽略了部分意见。举个例子，导师看到清样的参考文献部分有文献的网页链接，但链接中有多余的空格，导致网页点不开；导师让研究生修改，但研究生觉得无关紧要而没有修改。这是不对的。研究生应按照导师的修改意见在清样上做标记，还需要让导师再次确认。

第四，论文发表有一定的时间要求，有的学术期刊要求作者在收到清样后48小时之内返回修订意见。如果作者在规定的时间内没有把修订意见反馈给期刊社，那么期刊社大概率还是会联系作者，提醒作者校订清样。

作者在校对清样之后已经把修订要求提交给了期刊社，之后还是发现有明显的错误怎么办？原则上，这时候已经不能更改了。但只要论文还没有正式发表在期刊网站上，论文的通讯作者还是可以紧急联系期刊社，恳请允许修改。如果期刊社说不能修改了，那么通讯作者还是可以以"勘误"的形式，对论文进行勘误。但需要说明的是，勘误仅限于重要的错误，比如图贴错了、数据写错了、实验结果不对，语法错误都不需要进行勘误。

4.11　本章小结 ▸▸

撰写学术论文是研究生必备的技能。学术论文分为快报、长文章、综述等。标准的学术论文是长文章，它的写作一般遵循 IMRD 格式，即一篇论文的主干包括引言、实验方法、研究结果以及讨论。

在引言部分，作者需要界定一个研究领域，并说出该研究领域的重要性。然后，概述前人在这个领域或者这个课题的进展和贡献，指出现存的问题。最后，简介本文针对这个问题，用什么方法研究了什么，得到了什么结果，还可以简要指出这个研究的意义。

实验方法部分是说明文，即简短、准确地说清楚实验是怎么开展的。一般采用过去时、被动语态。

作者在研究结果部分按照一定的逻辑顺序呈现研究结果。一般围绕着图表进行。

讨论部分有四项内容：①根据实验结果提炼要点，展开讨论。②比较自己和他人研究结果的异同。③提及研究结果的言外之意和潜在应用。④指出研究的局限性，展望后续研究。

关于论文写作更多的介绍，可参考英国牛津大学出版社出版的 *Write Like a Chemist: A Guide and Resource*。

投稿一般是导师的事，但有的导师会让研究生写投稿信，甚至会把自己的投稿账号和密码给研究生，让研究生代替导师操作。把文稿准备充分是命中的前提，准备充分包括论文的文字打磨和学术打磨。

把论文稿投往何种学术期刊可以考虑以下几个因素：课题研究内容和目标期刊征稿范围的吻合度、目标期刊是不是本专业的主流期刊、期刊的影响因子、论文的水平（创新性、重要性、写作）与目标期刊的档次是否匹配。此外，还要考虑时间的制约条件（例如需要在某个时间节点之前发表论文，用来申请学位）、是否编辑邀请投稿、是否要支付发表费。最重要的，是把论文投给本专业领域合适的学术期刊。

写答辩信时，要根据审稿人的意见逐一回复，注意如实呈现审稿意见中第一段的定性评论。尽可能满足审稿人让作者补充实验的要求，这样审稿人在复审时不会过多挑剔。如果审稿人对文稿中的一句话有误解，那么要利用改稿的机会把这句话修改一下，而不要指责审稿人自己没看懂。另外，不但要在答辩信中向审稿人解释他提出的问题，而且要告诉审稿人：已经根据审稿人的意见改在第几页第几段，甚至把修改过的文字和图贴在答辩信中。

校对清样要注意及时和认真。切忌"兜底翻"或者调包实验数据，也切忌出现增减作者名字、调换通讯作者之类的情况。一篇论文一般只有一次校订清样的机会。研究生在校对清样之后，需要得到导师的同意才能把修订的内容发给技术编辑，或者由导师发给技术编辑。

第 **5** 章

学术规范

5.1 做科研的学术规范 ▸▸

科学的推进建立在学术诚信的基础上。假的数据、不规范的科研会导致错误的报道（论文），这不但会误导后来的研究者，浪费后来者的时间和经费，还会给作者所在的学校（研究所）抹黑。并且，一旦东窗事发，会给自己和导师带来实质性的伤害（比如以后的稿件不再被编辑、审稿人和学术同行相信，影响课题组申请科研基金，影响研究生申请教职，影响导师晋升职称或者申请学术头衔）。因此，研究生在做科研的过程中一定要注意学术规范。

第一，要诚实。做科研涉及实验点子。有的人在听报告时听到别人尚未发表的实验结果，就马上把别人的点子"借"过来研究一下，然后抢先发表，这是不对的。有的人在审稿时看到别人的实验结果很好或者实验点子很巧妙，就想着自己也开展一样的研究。他把别人的论文"压"着（拖时间），迟迟不给编辑审稿意见。等到拖无可拖时，才给出退稿意见。实际上，他正在偷偷地做一样的实验，想抢先发表论文，这也是不对的。

那么，是不是听到别人尚未发表的实验结果，就不能做后续的实验了呢？并非如此。别人在学术会议上作报告，虽然还没有在学术期刊上发表学术论文，但在会议论文集里留下了会议论文或者摘要。那么，听到报告的研究者在开展后续研究之后，可以在自己论文的引言部分诚实地讲清楚报告者对于这个研究的铺垫性作用，承认报告者的学术贡献，并引用报告者的会议论文或者摘要。在投稿之前，还要检索一下，看看报告者关于这个研究工作的正式论文是否已经在学术期刊上发表。如果已经发表，那么作者可以在引用报告者会议论文或者摘要的同时，引用相关的正式发表论文。此外，有的作者还会把尚未公开发表的论文放在arXiv上，这类电子文档也可以被引用。

造假是不诚实的极端体现。造假体现在各个方面，做科研中的造假有以下情形。你设计了一条有机合成路线，按照这条路线，能够得到一种产物。明明你没有得到这种产物或者这种产物的产率很低，你却拿着买来的纯的这种物质做元素分析、红外光谱、NMR等表征，号称制得了这种产物。这就是造假。还有的人把A样品的表征结果当成B样品的表征结果，放在论文中，这也是造假。还有一种造假是：研究者做一个化学反应，明明产率只有50%，作者却号称产率是99%，后来其他人重复不出这么高的产率。

篡改数据也是不诚实的表现。比如，有的人用EDX测样品的元素分布。一个负载型催化剂样品包含几种元素，假设这几种元素在样品上均匀分布，那么针对这几种元素扫描的几张EDX图像应该能够看到不同颜色的亮点分散在几张EDX图像中。如果这个样品在微观上是棒状的，那么这些具有颜色的亮点也应该大多数在棒状的区域内；有少部分亮点散落在棒状区域之外也是可以理解的。但有的研究生的EDX图像有很多亮点远远偏离了微观上棒状样品的轮廓，这说明这名研究生做实验之前用超声波处理样品的时间太长，以至于有部分负载的纳米颗粒脱离了棒状的催化剂载体，掉到制样的铜网上了。被导师指出实验问题后，这名研究生用Photoshop软件把偏离了棒状轮廓的亮点全部去掉了。这就是篡改数据。

篡改数据还有很多常见的例子。比如有的学生拍了一个样品的电子显微镜照片，照片本身是真实的。但这名学生把照片的标尺大小修改了。比如说在图上，1厘米对应的是10纳米，但他把标尺从1厘米缩到0.8厘米，然后说这个对应的是10纳米。更有甚者，把A样品的电子显微镜照片说成是B样品的电子显微镜照片，这属于造假。

此外，还有一种和数据处理相关的不诚实表现是选择符合自己心意的数据，而隐藏不符合自己心意的数据。这并不意味着我们应该把收集到的任何数据都写到论文中，也并不意味着不能删除数据。当有些实验数据并非在正常的实验条件下测得的时候，或者由于实验者不仔细导致误差很大、信噪比很低时，实验者应重复实验，而不是盲目地采用在非正常的实验条件下测得的数据。

第二，要严谨。科研中的严谨就是认真设计实验、认真做实验、认真记录数据和分析数据。比如，为了得到一个结论，就需要通过多种实验手段去证明，而不能只是依赖于某一种实验手段去"孤证"。再比如，当得到一组数据时，你用一个数理模型去拟合得到好的结果，那么也得用其他人常用的其他数理模型去拟合，证明你原先采用的这个数理模型能得到更好的结果。

不严谨的原因之一是自己的"主观"判断在作祟。比如，一名研究生对一个研究有自己的主观判断，一直以为自己的分析或者判断是对的。当他得到符合自己想象的实验结果时，就轻信了自己的主观判断，从而不再使用多种实验手段多方验证了，这就会出问题。再比如，一名研究生发现两个样品的氧气程序升温脱附曲线有细微的差别，就煞有介事地强调这种差别。但其实，如果重复这两个样品的氧气程序升温脱附实验，就会发现这种细微差别不具有重复性。

不严谨的原因之二是怕花时间，想早点把论文发出去。比如，一名研究生在研究"单原子"金属催化剂的催化性能。她试图用"高分辨电子显微镜看不到载体表面纳米金属颗粒的存在"来证明在载体的表面存在金属"单原子"，急着把论文发出去。殊不知，这样的科研是不严谨的，得到的实验证据也不能支撑她宣称的结论。需要用分辨率更高的球差电镜看到载体表面的单原子，才能证明研究者得到了"单原子"金属催化剂。

不严谨的原因之三是没有掌握实验操作和数据处理的方法，却又"想当然"。比如，一名研究生做几个催化剂的氧气程序升温脱附实验。按道理，每次实验都需要固定催化剂的重量，但这位研究生有时候在样品管中装0.1克催化剂，有时候装0.14克催化剂。得到几个催化剂的氧气程序升温脱附曲线后，他又根据催化剂的用量，想当然地对曲线进行了"校正"，这是不对的。

无论是不诚实还是不严谨，都可能会造成错误，带来麻烦。为此，研究生需要加强学术规范意识，加强实验设计和数据分析。此外，实验记录要完整和规范。以往，有些论文撤稿是因为不具有可重复性。遇到这种情况后，对实验记录进行回溯，往往发现实验记录不完整，不详细，甚至发现没有实验记录。

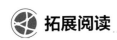

做科研的难点和乐趣

马臻

常有些研究生羡慕其他课题组的同学在高端期刊发表论文，而慨叹自己进错了师门；也有些学生借助自己课题组的科研平台发出"高水平"论文，就以为自己将来独立做科研也能顺风顺水。但其实，很多青年才俊建立课题组之后，过了好久才发出"属于自己"的论文。

做科研、发论文究竟难在哪里？做科研的乐趣是什么？让我们来听听一位经历了事业起步阶段的教师的说法。

"做实验不是想象中的那样简单。"在上海一所重点大学任教的S老师向笔者介绍说，他们首先需要合成固体样品，用系内实验装置测量样品的物理性质，再把样品带到国外的大型实验室做谱学实验。他们合成样品"不知道走过多少弯路"。比如，按照文献的方法，花了1～2个星期合成了样品，好不容易排队等到使用公共的测试装置，却怎么也重复不出文献报道的物理性质。

而在国外做谱学实验时，他们连续几天24小时"三班倒"，一边让仪器运行，一边监控实验进展，处理数据，然后根据数据处理的结果，调整实验参数。有时仪器出现了故障，实验停止了，他们"急得快哭出来了"。由于每次申请到的机时数有限，他们只能断断续续地做实验。

即便采集完数据，还得花大量时间分析数据——使用物理模型和数据分析软件，对原始数据进行拟合；反复调整拟合参数，得到最佳拟合效果；检验用其他物理模型拟合的效果。他们甚至还要编写程序，以便更好地分析数据。即便费了好大的劲儿得到了"看上去不错"的数据图，但在仔细检查后，还是会发现错误。比如，他们用某一篇文献的一个公式对原始数据进行拟合后，才发现这个公式有误或者有一定的适用范围，他们不得不"推倒重来"。有时，他们做实验时兴高采烈地认为自己发现一个"大新闻"，但分析完数据，才发现结果缺乏新意，最多只能发在 *Physical Review B*。

要想把物理论文发在高端期刊，实验数据必须要有理论分析和支持，而不能只罗列数据。S说，她的课题组以实验为主，而不擅长理论构建。他们曾完成了一组实验，想和国外做理论的教授合作，把实验结果和理论分析合在一起发一篇"大文章"，但等了好久都没有下文。更多时候，他们的实验结果和别人的理论不完全一致，他们不明白为什么不一致，也提不出自己的理论，"因此有的文章只能发在 *Physical Review B* 了"。

科技论文写作也会制约论文的进度。S 的研究生虽然早就通过了大学英语四级、六级考试，但是他们用英语写的论文初稿往往"惨不忍睹"，改起来很费力。也有的学生写了好久才写到"样品制备"部分。时间紧的时候，S 只能"撸起袖子"自己写论文，但这如同"挤牙膏"（因为其他事务多，时间碎片化）。有时为了给论文加一段话，他们花了几个星期研读文献，反复修改。

在高端期刊发论文的难点还在于取得"学术社区"的承认。在 S 近年来涉足的研究领域，"有很多人，甚至从二三十年前读博士起研究到现在，有些专家不希望别人推翻他们认为对的观点"。2017 年 3 月，S 在一个国际学术会议上报告了她的一个研究工作，有一位外国教授当场质疑。会后，那位教授在 arXiv 网站公布了他对这个研究工作的质疑。屋漏偏逢连夜雨，S 把她的这篇论文先后投给 *Nature*、*Nature Physics*、*Nature Communications*、*Physical Review Letters*，都遭遇了退稿。

总之，做实验、处理数据、理论分析、写论文、通过同行评议，构成了做科研、发论文的五个"关卡"。

S 进一步告诉笔者，独立带课题组和读博士、做博士后很不一样。读博士、做博士后期间，她可以"心无旁骛"地做实验、写论文，但成为高校教师后，时间碎片化了。入职之后，她在购买仪器、搭建装置、申请科研项目、审稿、备课、上课、处理各种杂事上花费了大量时间，每天回到家还围着家务、小孩团团转。"教学、科研、家庭这三者的关系很难最优化。"S 说。

尽管面对各种压力，S 还是认为，"做科研就像生活，虽然有各种杂事和困难，但我享受其中，而不是像完成任务那样"。她举例说，她的一个学生重复不出文献中的样品合成，一般人也就放弃了，但他反复调整加入元素的比例，最终合成出目标样品。"虽然最终只是发了一篇 *Physical Review B*，但是我们还是很有成就感的。这种乐趣，有的人是体会不到的。"

"做科研要坚持，要有信念，不要轻易被困难击倒。"面对同行对她的科研工作的质疑以及论文被接连退稿的"噩运"，S继续在多个学术会议上报告她的研究结果，并坚持把她认为重要的论文投给高端期刊，"因为不想放弃，也坚信自己的实验结果是重要的"。结果，她的论文得到审稿人的高度评价。

"科研的乐趣在于发现新的东西。"S告诉笔者，在她的研究领域，有很多有趣的现象等待着他们去发现，也有很多悬而未决的理论等待着他们去验证，他们"每天都有新的收获"。S还提到，她以前读博士时的导师十多年前就退休了，没有科研经费，但他如今仍坚持自费出国做谱学实验。她以前做博士后时的导师现在快80岁了，还坚持在科研第一线。他们正是S心中的榜样。

科研就像马拉松，奋斗永远在路上。在强调科技创新、科教兴国的时代背景下，我们国家正需要大批踏踏实实做好自己本职工作的科研人员。

通过采访这样一位普普通通的一线教师，笔者更加真切地理解了高校教师独立开展科研的不易，并感受到了一种精益求精、勇于坚持的科学精神。这就是有别于发表论文、影响因子等"表面现象"的"更深层次的东西"。

（来源：马臻. 做科研的难点和乐趣[J]. 科技导报，2017（23）：111.）

5.2 写论文的学术规范 ▶▶

写论文要遵循一定的方法和学术规范。以下，介绍几种违反论文学术规范的现象。

抄袭。抄袭就是在写论文时抄写别人论文、网页、书本的内容而没有注明出处。有些研究生在写文献综述时会抄袭。另外，有些研究生英语写作水平不高，他们写论文时会把别人的句子搬到自己的论文中，然后用自己的数据去把别人句子中的数据替换掉。

和抄袭类似的是"洗稿"，在写文科论文中更为常见。洗稿就是把别人的论文段落贴到自己的WORD文档中，然后调整文字，但基本意思不变。即使在查重时检测不出来，但本质上还是剽窃别人的论文或者别人论文里的思想、创意。

也许有同学会问："把别人的大段文字用于自己的论文，并注明出处行不行？"首先，写科研论文没有必要引用别人大段的文字。其次，引用别人大段的文字涉及版权问题，需得到版权所有者的书面授权。

写理工科的科研论文时，如果需要介绍前人研究了什么、发现了什么，那么应该在理解吃透原文献的基础上，用自己的话转述、概括前人的表述，而不能逐字逐句地抄袭原文献的摘要。

还有一种剽窃称为"自我剽窃"。比如，有的同学写理工科的论文，涉及实验部分。他把他发表的上一篇论文的实验部分原封不动地拷贝、粘贴到自己目前的文稿中，这就是"自我剽窃"。或者把他写的上一篇论文的实验结果部分拷贝、粘贴到自己目前的论文中，然后把具体的实验数据换成新的数据，这同样也是"自我剽窃"。

为了避免抄袭，论文写作者应养成好的写作习惯。写作时，要用自己的话，写出具有原创性的内容，而不要拷贝、粘贴。在使用参考文献印证自己论文的观点时，可以把参考文献放在电脑屏幕前仔细核对，但不要抄袭其中的文字。写出论文稿后，还可以用查重软件对论文稿进行查重，再根据查重的结果进行修改。

还有一种不诚实的行为是故意不引用别人的相关文献。有的人在设计实验时，没有注意文献调研，或者说没有注意到其他人已经研究并报道了类似的实验点子。等他在研究的后期或者在写论文时，检索到了其他人报道了类似实验点子的论文。为了突出自己论文的创新性，他选择了不在论文中引用其他人类似的论文。

写论文同样需要严谨，表现在下面几点。第一，要在实验的基础上提出观点，而不是给出过多的缺乏证据的猜测和主观判断。第二，引用别人的观点和已经发表的论文要注意反复核对，不能张冠李戴，也不能错引、漏引。第三，有时候自己手头有些数据能支持自己的观点，而有些数据不能支持自己的观点；遇到这种情况，要么调整自己的观点，使自己的提法更加保险，要么做更多的实验以得到更加全面的认识，而不能有选择地挑选数据以证明靠不住的观点。第四，在文章的讨论或结论部分，不要夸大本文的研究结果对人类的意义。

在此我要特别提醒：有时候，报道一个"震惊宇宙"的现象或者提出一个"震惊宇宙"的观点能够使作者把论文发表在更加"高档"的学术期刊。但因为作者急急忙忙地做实验、写论文，以后会被同行发现论文的实验证据缺乏，或者结论不对，这反而会影响论文作者的学术声誉。

补充阅读

复旦大学研究生院. 研究生学术道德案例教育百例 [M]. 上海：复旦大学出版社，2018.

2015年5月，复旦大学等11所高校入选实施科学道德和学风建设宣讲教育案例教学的试点高校。以此为契机，复旦大学研究生院组织部分专家编写了该书。该书分为人文社科案例篇、理科案例篇、工科案例篇、学风建设案例篇。选取的案例包括正面案例和反面案例，有中国案例，也有外国案例。每一系列案例之前有导读，每一个具体案例的后面有参考文献和思考题。该书对从事学术道德研究和教育的人来说有价值，对研究生也有警示意义。此前，复旦大学研究生院还组织部分专家编写了《研究生学术道德案例教育读本》。此外，中国科学院编写了《科学与诚信：发人深省的科研不端行为案例》。

复旦大学研究生院. 研究生学术行为规范读本 [M]. 2版. 上海：复旦大学出版社，2019.

该书是在"上海在读研究生学术行为规范研究"课题组编写的《研究生学术行为规范读本》的基础上，修订出版的。全书分为五章：研究生学术道德基本准则，研究生学术研究规范，研究生学术论文的写作与发表规范，研究生学位论文的评审与答辩规范，强化学术行为规范教育、惩治学术不端行为，附有参考文献和几个附录。书中介绍了国内外对学术不端行为的定义和判据，配以简短的案例，介绍了对于学术不端行为的处理方法，是开展学风教育的优良读本。此外，复旦大学研究生院还组织部分专家编写了《研究生学术道德与学术规范百问》。该书以问答的形式，解答诸如"如何正确看待实验中出现的反常现象？"等问题。中国科学院编写了《科研活动道德规范读本（试用本）》。

5.3　论文署名的学术规范 ▶▶

首先说论文署名的原则。作者名字出现在论文中的假设前提是作者对这篇论文的产出有实质性的贡献，比如提出科研点子、帮助设计实验、做实验、分析

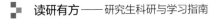

数据、写论文、修改论文、指导研究生等。违反学术规范是指出现所谓的"挂名作者"。挂名作者对论文的产出没有实质性贡献，比如导师的配偶、导师的领导、导师的孩子、研究生的对象等。出现挂名作者的原因主要是有利益诉求，比如导师的配偶需要这篇论文评职称，导师的孩子需要这篇论文得到荣誉和升学便利，研究生的对象或者同学需要这篇论文评奖学金等。

一个常见的灰色地带是导师在修改论文时，授意研究生把和导师有合作关系的其他老师加到作者名单中。之所以说这是"灰色地带"，是因为对这种情况，比较难界定是否违背学术规范。这要具体问题具体分析。比如，其他老师和这位导师当初曾一起申请这个课题的基金项目并成功获批。他虽然没有在研究生做课题时提供过具体的指导，但他申请到这个课题的基金项目，最后认真修改研究生的这篇论文多次，那么他的署名具有一定的合理性（虽然一个更合理的情形是他在研究生做课题时提供了详细的指导）。而假设他前期没有任何付出，只是在论文写成之后"过目"了论文稿，那么这是不合理的。

论文的产出涉及和他人的合作，那么是否对论文有付出的他人都需要成为作者？举个例子：一个研究生写一篇论文，需要展示文中样品的电子显微镜照片。他自己不会操作电子显微镜，只能请别人帮他操作。如果他把样品交给校内公共测试平台掌管电子显微镜的测试员，请测试员拍摄样品的电子显微镜照片，并且支付了规定的测试费，那么他的论文可以不署测试员的名字，这是约定俗成的。如果他把样品交给校外测试公司并支付了测试费，那么他的论文也可以不署校外测试员的名字。但如果他没有支付测试费，而是和测试员约定：测试是一种合作，如果测试结果有用的话，他们将来会合作发表论文，那他的论文就要署测试员的名字。特别是有些电子显微镜（比如球差电子显微镜）比较高级，取得高质量的图像需要比较多的机时和比较好的操作技术，还需要分析数据，并且得到的图像和数据对于论文的发表非常重要，也占据了显著的篇幅，那么测试员有可能会要求以科研合作的形式开展测试（就是不要测试费，只要合作署名），或者既要测试费，又要合作署名。当然，也有的研究生需要获得电子显微镜照片，他的同学会操作仪器，提出可以帮他，只要他能提供一顿午餐，那么这位研究生写论文可以不署他同学的名字。

还有一个问题就是署名的先后顺序。一般是具体执行研究的研究生排在第一位，导师作为通讯作者排在最后一位，导师的名字旁边打星号，说明导师是通讯作者。如果涉及来自不同课题组的几位导师合作，而且这几位导师都要求成为通讯作者，那么一般是对这篇论文起最为主导作用的导师的名字排在最后，打星号；起到次重要作用的导师的名字排在倒数第二，也打星号。但也有例外，比如最最著名的导师排在最后"压阵"（无论名字有没有打星号），次著名的导师排在倒数第二。当然，也有的导师认为自己的贡献很重要，把自己的名字列为第二作者并且打星号。

如果其他研究生在一篇论文中也起了辅助作用，于是需要按照"从贡献大到贡献小"的顺序依次排序。一般而言，每个人的贡献并不难分清。但如果一时分不清各自的贡献，那么可以准备一张表格，第一栏写名字，第二栏写每个人在这篇论文中的贡献（即做了什么），第三栏写每个人对论文的图表作了什么贡献。比如，一篇论文有8张图，第一作者贡献了5张图，另一位作者贡献了2张图，还有一位作者贡献了1张图，根据贡献图的数量可以粗略判定各自的贡献。但是要注意：这只是粗略地判断，最终还要根据图对论文的重要性、获得图中数据的难易度以及作者在论文写作、修改等方面的贡献，确定署名的顺序。导师在论文署名排序方面起到"定夺"的作用。

一个常见的灰色地带是：一个课题组几位学生合作做了实验，每一位学生都提供了部分数据，其中一位学生起主要作用。但是在写论文期间，导师觉得这几位学生当中有一位研三的学生快毕不了业了，就把论文第一作者的署名"给"了这位研三学生。当叙述这种情况时，觉得自己吃亏的研究生常常从自己的角度出发抱怨遭遇了不公。分析这种情况时，要分清楚：在做实验时，A同学起到主要作用，但论文是A同学写的吗？如果论文也是A同学写的，那么他应该是第一作者。而如果导师让B同学写了论文，那么B同学署名第一作者也无可厚非。而且，如果是后面那种情况，那么导师有可能会给出自己的解释：实验点子是导师想出的，导师安排了几个学生做实验，每个学生负责其中的一块实验，最终导师安排谁写论文，谁就是论文的第一作者。

此外，有时候还会碰到一种情况：一位学生写出了学位论文，并毕业了，但他留下了一篇尚未完成的稿件。有可能科研工作不完整，也有可能论文没有写好，需要花时间补充实验并修改论文。这时候，有的导师会让"后来者"接手前面这位学生的课题，帮前面这位学生补做实验、修改论文，前面这位学生还是署第一作者。但也有的时候，导师会让"后来者"署第一作者，因为如果不这么做，那么"后来者"可能没有积极性补做实验、修改论文，而前面这位学生毕业后也不大可能回到学校做实验。这两种情况都是可以理解的，关键是导师需要和两位学生商量好，并保留大家同意这种安排的证据，以免以后闹出矛盾。

那么，如果研究生写论文不带导师名字行吗？如果研究生写和自己课题无关的通俗文章，比如在《中国研究生》发表关于读研体会的文章，完全可以不带导师的名字。研究生写和导师分配的课题相关的科研论文，必须和导师商定论文署名。在很多学校，如果研究生写的科研论文没有导师署名，那么这篇论文将无法用于研究生申请毕业证和学位证。当导师同意研究生写论文不署导师名字时，学生才可以不署导师的名字，但是需事先了解这么做的风险。

在结束这一部分内容之前，我出一道思考题。A课题组学生做实验，需要某种高质量的实验样品，但A课题组不擅长合成这种样品。B课题组最近在高端学术刊物报道了这种样品，引发学术界的轰动，很多人都来索取样品进行合作。照理说，B课题组的样品已经在学术刊物报道过了，B课题组答应A课题组的请求，向A课题组提供样品开展合作，只需要普通署名即可。A课题组的学生做了除样品合成之外的所有实验，并且写了论文。而B课题组要求给合成样品的学生署名"共同第一作者"，给B课题组的组长署名"共同通讯作者"。你觉得这样合理吗？造成这种情况的深层次原因是什么呢？

5.4 论文投稿的学术规范 ▶▶

有的公司提供论文有偿润色服务。请论文润色公司润色论文本来没什么问题，但要注意：有的论文润色公司还提供违背学术道德的、带有作弊性质的服务。比如，有的公司代作者投稿。在投稿时，他们推荐审稿人，在投稿系统中填写拟推荐审稿人的名字、工作单位和电子邮箱地址。但是，他们提供的"著名教授"的电子邮箱地址是假的（是他们自己设置的，由此他们能收到期刊编辑的审稿邀请，并提供虚假的审稿意见），或者他们推荐的是和论文润色公司有合作的"专家"。甚至还有的公司打着"论文润色"的旗号，其实从事是代写论文、买卖论文的业务。

和投稿相关的学术道德还有很多。比如，所有在论文中署名的作者都需要读过稿子，并同意通讯作者向某一个学术期刊投稿。这就意味着：如果没有获得论文所有作者同意，那么通讯作者不得向学术期刊投稿。这是一个比较微妙的事。遇到这种情况，有的通讯作者会和不同意发表论文的作者沟通，向他解释论文是正确的，或者给予一定的妥协（比如按照这位作者的利益诉求，把他署名的位置提前，或者让他作为共同通讯作者），使他同意论文投稿。通讯作者也可以让研究生根据这位不同意投稿作者的意见补充实验或者改变论文的观点，直至这位作者同意投稿。当然，如果做了很多让步和努力，还是得不到这位作者的同意，那么通讯作者可以和这位作者协商：不署这位作者的名字，他们还是会投稿。但要注意：协商的结果要以备忘录或书面协议的形式保留下来，以免以后引起麻烦。

关于投稿，还切忌一稿多投。所谓一稿多投，就是作者同时把一篇稿子投到两个或者两个以上的学术期刊。或者，作者先把稿子投到一个学术期刊，过了一段时间没有消息，于是作者在这篇稿子还处于送审状态的情况下，把这篇稿子投到了另外一本学术期刊。一稿多投违反了投稿规范，也浪费了审稿人的时间。有时，这篇稿子投了不同的学术期刊，会落在同一个审稿人手里，那么审稿人就有可能会把情况报告给期刊编辑，这会给作者造成麻烦。

作者把稿件投到一个学术期刊之后，由于某种原因（比如论文送审好长时间没有消息，或者别的学术期刊向作者约稿），改变了主意，想把论文发在另一个学术期刊，那么应该联系前一个期刊的编辑，得到关于撤稿的书面同意后，才能把稿件投到下一个期刊。但这样做不好，显得轻率和没有诚信。以后如果作者再把稿子投给前一个期刊，那么编辑有可能不予送审。

还有一个违反论文发表规范的行为称为重复发表。一稿多投有可能造成重复发表。还有一种重复发表是作者在英文论文发表后，又把它翻译成中文发表。或者作者在中文论文发表后，又把它翻译成英文发表。这其实大可不必。只有在一种情况下可以这么做：获得中英文两家学术期刊的书面同意，并在后发的论文中以注脚的形式写清楚：另外一种语言版本的论文已经发表在什么期刊，本文是上文的翻译版。这种情况比较罕见。

还有一个问题是私自投稿。现在很多高校要求研究生发表论文才能毕业或者换取学位证。研究生写出论文稿后将论文稿交给导师修改，但导师迟迟没有修改，或者要求补充实验、反复修改。有的导师甚至以"没有达到论文发表要求"为由，拒绝投稿。遇到这种情况，有的研究生偷偷地以导师的名义投稿。这是不允许的。研究生应和导师以及论文的所有作者沟通好论文投稿事宜。

5.5 确定论文作者单位地址 ▶▶

如果学生毕业后去外单位深造或者工作，把以前未发表的论文投出去，能否把外单位作为第一单位？在现实中不乏有这样的做法，关键是要和前后两个单位的导师协商，并检查是否违反原先单位的规定，是否构成弄虚作假。一篇论文的产出主要涉及实验、数据分析和写作。如果实验、数据分析和写作都是在以前单位进行的，那么论文没有必要加上新单位的地址。如果实验、分析数据和写作大部分是在以前单位进行的，作者在新的单位也进行了论文修改的工作，那么可以把新单位作为第二单位，也可以不写新单位的地址。如果实验、分析数据在以前单位进行，写作在新的单位进行，那么保险起见，可以按照开展研究各个步骤（实验、分析数据、写作）的时间顺序确定对应的单位地址顺序，即把以前的单位排在第一，新的单位排在第二。但这么做的假设前提是学生毕业后是去大学、研究所任教或者担任研究人员。如果学生毕业后去公司工作，学生利用业余时间整理以前的论文，那么没有必要加上现在公司的地址，有的公司也不允许员工以公司员工的名义私自发表论文。无论如何，关于这篇论文的作者单位地址如何写，这位已经毕业的人需要和原导师商量好，并且他还需要保留通联记录或者原导师的书面同意信，以免日后出现纠纷。

类似微妙的情况还有很多。比如，一个研究生申请CSC出国交流，到国外访学一年。他在国外访学期间，国内的导师希望他修改他曾经在国内整理的论文稿，然后由导师投稿。导师收到这名学生修改的论文稿后，发现这名学生把他在国外的大学作为"第二单位"写上去了。这对吗？正确的做法是什么？

上述做法并非一定错误，但也并非绝对必要。对于这位研究生来说，这样做并没有帮助，因为最终决定这名学生能否毕业的，是以自己入学时的大学为"第一单位"的论文。而且，无论是将来找工作还是做博士后，在论文列表中只要这名学生在论文中是第一作者就可以了，别人不在意他同时属于两个单位还是一个单位。

正确的做法是这名学生首先和自己的国内导师讨论，因为这篇论文原本是属于这名学生在国内的研究工作，而且这名学生是国家公派留学生，资助都是由国家提供的，对方大学不提供资助。如果国内导师认为这名学生有必要加上国外的单位地址，那么这名学生还得征询自己国外大学的导师意见，看看所在的国外大学对此有什么规定，是否需要校方或者院系内部审核之后才能投稿。

当然，当这名学生拿着文稿找到国外大学的导师，那么国外大学的导师还有可能会认为该学生"身在曹营心在汉"，没有好好研究自己在国外的课题。国外大学的导师也有可能索要署名。这名学生和国内大学的导师如果商量后决定让国外大学的导师修改论文、合作署名，那么不妨向国外大学的导师直接提出来，大大方方地开展科研合作。

还有一种情况：一名学生作为国家公派留学生，到国外访学一年。他利用国外的实验条件做了实验，并在国外写了论文（或者回国后写了论文），那么，他的单位地址应该怎么写呢？有可能他的国内大学坚持该研究生发表论文必须把国内大学作为第一单位，研究生才能申请学位，并且他的国外导师同意他把国内大学作为第一单位，把国外大学作为第二单位。也有可能他的国外导师坚持认为国外大学应该是第一单位。具体怎么做，研究生、国内导师、国外导师需要事先商量好，形成一个约定。

在结束这一部分内容之前，我出一道思考题。一名研究生曾在A高校跟着A导师读硕士，并发表了科研论文。他进入B高校后，跟着B导师和C导师读博士。开学不久，B高校举办博士生论文，征集会议论文和口头报告，他就把以前跟着A导师发表的科研论文改为了会议论文。但是，这篇会议论文的署名是他本人、B导师和C导师，而A导师的名字不在作者列表中。那么，他应该如何署名并确定作者的单位地址呢？

这样的情况还有很多。比如，一位学生在读博期间写了学位论文，并成功通过评审和答辩。毕业后，他到其他高校做博士后，或者直接应聘成功，成为讲师。想着在新的高校参加考核需要成果，他就把博士论文的绪论章节整理成一篇综述发表，署名是他本人，作者地址是新单位。你认为他的行为对吗？如果不对，那么他应该怎么做？

5.6 科研合作 ▸▸

研究生和他人开展科研合作也是个微妙的话题。

研究生毕业之后到研究所、企业从事大的科研项目或者工程项目，都涉及很多人一起做事，必然需要合作。读研期间在课题组内部完成一项研究，往往也涉

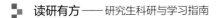

及课题组成员之间的合作。我们需要科研合作精神，科研合作也能产生成果，但是课题组之间的科研合作涉及不同的人投入时间、精力和经费，也涉及利益分配（谁成为论文的第一作者，谁成为第二作者，谁成为通讯作者）和协调安排，有可能会产生始料不及的矛盾。

研究生加入课题组之后，需要听从导师的指导和工作安排。一个原则是：未经导师许可，不得私自和其他课题组的人开展科研合作。

首先，各个课题组相对独立地做科研，除非不同的课题组有合作约定或者联合开展大项目研究。导师作为课题组的负责人，有权决定课题组的研究方向以及是否和其他课题组开展合作。"是否和别的课题组开展合作"的决定权不在研究生手里，尽管研究生也可以把合作信息传递给导师。

其次，研究生的时间有限。研究生读研有一定的任务安排，遵循一定的考核要求，即在导师的指导下相对独立地做科研，产生署名为第一作者的学术论文，并写出学位论文。当你把一些时间花在帮助别人做科研时，精力就分散了，对自己的时间安排和科研工作造成影响。对于导师来说，也意味着不能及时推进原本分配给你的课题，而这个课题的顺利推进对导师目前科研项目的结题和申请后续科研项目都很重要。不排除有一些导师需要研究生帮助自己的课题组或者其他课题组的学生或者研究人员做科研，从而造成研究生精力分散、影响科研进展，这也是需要注意的。

再次，科研合作涉及利益分配，稍有不慎会产生矛盾和意想不到的后果。比如，A同学和B同学在一门研究生课上相识。B同学课题组正在研制一种碳纳米管，B同学提出可以"合作一把"，即让A同学在B同学提供的碳纳米管上负载铂纳米颗粒，然后由A同学测试样品的催化性能。这个提议听起来很好，但其实有很多问题需要思考：B同学课题组制备的碳纳米管，是他们新近研发出来的，还没有发表论文，还是根据别人或者自己已经发表的论文重新制备出来的？如果是他们新近研发出来，还没有发表论文，那么合作的结果是单独发文（碳纳米管的合成和表征算一篇，碳纳米管负载铂纳米颗粒后的表征和催化测试算另一篇），还是合并在一起写论文？而如果B同学只是根据别人文献的制备方法把碳纳米管制备出来，那么A同学把铂负载到碳纳米管上并测试催化性能后，这能发表论文吗？论文有创新性吗？数据量会不会太单薄？论文署名怎么安排？双方的导师是不是共同通讯作者？如果论文发不出来，那是不是A同学测试的结果就成为B同学学位论文的一部分内容，而A同学及其导师什么也没有得到？

正确的做法是，当A同学得到B同学发出的合作提议后，如果觉得不可行，那就"结束"了。如果A同学觉得可行，自己也感兴趣，可以把情况告诉自己的导师，由A同学的导师和B同学的导师进行沟通和协商，是否合作由双方导师决定，合作成败的结果由双方导师承担。

这样的例子还有很多。比如，A同学所在的课题组有一套仪器，其他课题组B同学也想来用。A同学就偷偷地用自己课题组的仪器帮助其他课题组的B同学测试样品。这是不可以的。这是因为，帮其他课题组测样涉及自己课题组资源（仪器、机时、耗材）的使用，既可能影响课题组其他用这台仪器的同学产生科研成果的进度，也可能在使用过程中造成仪器的损耗。更重要的原因在于：A同学不知道他的导师对此持何种态度，也没有从导师那儿得到许可。正确的做法是由B同学的导师向A同学的导师提出使用仪器的申请。

比如，A同学所在的课题组掌握一种数据处理方法，并用程序语言自编了一个电脑程序。其他课题组的B同学也想用这种方法处理数据，于是他们想获得这个程序或者请A同学帮忙处理数据。如果A同学偷偷地帮B同学分析数据，那么这往往是A同学的导师所不愿意看到的。原因之一是A同学有自己的课题，他帮别人后，自己的精力就分散了；而且，A同学的导师辛辛苦苦申请来了项目经费，给A同学每个月发补助，他当然希望A同学能专心做课题研究。原因之二是A同学的导师没有从这件事情上得到任何好处，而自己"吃饭的工具"却被别人拿去了。原因之三是A同学的导师认为：A同学教别人分析数据，如果教得不好，别人把数据分析错了，反而不好。正确的做法是由B同学的导师向A同学的导师发出合作申请，由他们去协商。

再比如，院系建立了一个大气采样和监测站，采集了一些基础数据，放在内网，供院系从事相关研究的课题组下载数据、开展科研。这些数据都是这个院系开展科研设施投资后得来的，是属于这个院系的"无形资产"，仅限于院系内部使用，而不能随意分享给外系、外校的人。假设一名研究生未经许可，下载了这些数据并分享给了外系、外校的人，以此来开展所谓的"合作"，这就违反了规章制度。正确的做法是：如果外系、外校的人需要这些数据，那么得由导师之间谈合作，并且取得院系大气采样和监测站领导的同意，并保留相关证据（电子邮件、微信记录、知情同意书、合作协议），以免日后产生纠纷。

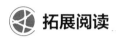

念好科研合作这本难念的经

马臻

在科研中总会有人找上门来谈合作。提出合作方常常"封官许愿"说只要你用少量时间提供或测试样品，就给你第二作者，"至少能发 *Science*"。你脸上浮现出微笑，心想又有一篇论文"进账"了……

且慢产生幻觉！Kathy Barker 在 *At the Helm: A Laboratory Navigator* 中写道：好的合作是科研中最令人享受的收获之一，但坏的合作是令人困惑的、浪费时间的，甚至令人不时感到彻头彻尾的痛苦。

令人困惑的、浪费时间的？

导师出去开会，逢人便谈合作，一拍即合。你不知道他们是"拍脑袋"说着玩玩的，还是严肃认真的。你雀跃地合成了无数样品四处分发，或者给对方测试了大量样品、提供了数据，可是付出时间和劳动后，不知怎么就没有下文了。对方不主动沟通，你也不能找对方"讨债"，难受不难受？

彻头彻尾的痛苦？

你开发了新材料，发现有优异性能，正准备详细研究。别人恳求你提供样品，你毫无保留地给出未报道的样品和数据。对方急不可耐地做了后续实验，从他们角度写了论文，准备"抢跑"。你找对方理论："样品是我发明的，优异性能是我发现的，凭什么你们的论文先发？"对方说："你只是'提供'了一个样品。我到超市里去买一个样品，也要挂超市的名字吗？如果你同意我们投稿，名字还在；如果不同意，名字去掉！"

别人合成了新材料，见你的实验室有专门仪器，便恳求你给他测试性能。你惊喜地观测到从未报道的奇特现象，做着发 *Science* 的黄粱美梦。合作方拿到数据后，在第三方的仪器上证实了这种现象并得到更精确的数据。结果第三方写了论文，你的名字不在上面。你愤愤不平地找他们理论道："现象是我首先发现的，为什么没有我的名字？"第三方却说："这篇论文里哪个数据是你的？我们用自己的数据写论文，还要你同意吗？"

不愉快的合作发生后，困惑和痛苦都无济于事。各方都从对自己有利的角度描述"事实"，公说公有理，婆说婆有理，也没有哪个学术道德法庭能去评理，就算世间有学术法官也"清官难断家务事"，于是就产生Kathy Barker所说的"被欺骗、被伤害"的感觉。更多时候，只能"打落牙齿往肚子里咽"了。其实，问题的症结在于这些合作都没有按照规范来。

美国霍华德•休斯医学研究所编写的 *Making the Right Moves: A Practical Guide to Scientific Management for Postdocs and New Faculty* 第十二章提到：在合作前就要讲清楚合作的目的、研究范围、合作双方的期望、合作"产品"的形式、具体分工和时间期限。要商量好署名，包括谁是第一作者，甚至要以书面约定的形式记录下来。

奇怪，合作还没有进行就要谈"分赃"了，这庸俗吗？脸皮拉得下来吗？美国学术出版社出版的 *On Being a Scientist: A Guide to Responsible Conduct in Research* 写道：最好在研究开展的最早期就坦诚、公开地讨论如何分享功劳，这样能防止以后的麻烦。最好的做法是对所有合作者讲清楚署名标准。

不说清楚分工会导致"一笔糊涂账"。导师叫两个学生合作实现一个点子，"先做了再说"，结果不是两个学生大眼瞪小眼不知该干什么，就是狐疑这篇论文算谁的。再比如有的研究者叫他人给自己合成样品，然后"发包"给第三方测试，却不说清楚谁当"操盘手"，结果要么谁都不整理论文，要么各方都认为自己作了重要贡献，抢着要写论文。

科研合作不但要坦诚和公开，更要有礼节，不要"越界"。科研有"界"吗？当然有！比如合作发起方是一直做某课题的，他想出了点子、发明了样品，请你做辅助性测试。你怎能未经同意，从自己的角度写论文，把别人的首创发明"包"进去呢？又怎能自作主张，拿别人未报道的样品做自己想出来的"兴趣题"，抢先发表"自己的结果"呢？

说到底，很多合作问题是人品问题。*Making the Right Moves: A Practical Guide to Scientific Management for Postdocs and New Faculty* 一书谈到好的合作者有几个特征：①诚实。事先说清困难和条件，虽然这些信息可能把对方吓跑。②开放。和合作者保持联系，尤其是遇到困难的时候。③公平。谁的功劳就给谁，不抢功。④勤奋。合作时全力以赴。⑤尊重。感激合作者的贡献，不一厢情愿地认为自己的贡献最大。⑥可靠。按时递交承诺的"产品"。

随着学科交叉化、分工细化和国际交流频繁化，课题组内部、课题组之间和国际合作不可避免，合作中遇到的问题必然越来越多。我认为与其在一次又一次的跌倒中记住血的教训，还不如强化对科研合作规范的认识和执行，防患于未然。只有加强规范，注重礼节，才能把科研合作这本"难念的经"念好。

（来源：马臻.念好科研合作这本难念的经[J].科学新闻，2009（13）：36.）

5.7 审稿的学术规范 ▶▶

前面章节说了针对审稿人的意见写答辩信。研究生有时也有机会帮学术期刊审稿。抑或者，哪怕研究生在校期间没有收到审稿邀请，如果将来走上科研道路，也可能被邀请担任审稿人。此外，了解审稿过程，对研究生了解审稿人的心理、顺利通过评审是有帮助的。那么，审稿有什么规范呢？

审稿人可能与审的稿件或者稿件的作者有利益冲突。

举个例子：审稿人正在研究某一个实验点子，他打开编辑发给他的稿件，发现论文作者研究的内容和他正在研究的内容非常相似。遇到这种情况，有的审稿人能够以平和，甚至欣赏的态度看待别人的研究工作。但也有的审稿人担心如果别人的论文先发表了，那么自己类似的研究工作将来发不出去，或者只能发在低档的学术期刊。还有的审稿人会嫉妒其他研究者取得了和审稿人相比更好的研究结果，进而不相信眼前这篇稿件的实验结果。

再比如，审稿人曾经提出了一个实验发现或者实验结果，并发表了研究结果。当他现在收到审稿邀请后，打开论文稿，发现论文作者谈到审稿人以前的论文时，说那篇论文里面的实验发现或者实验结果是错的。于是他有可能"戴着有色眼镜"看这篇稿件，对论文提出很多疑问，建议编辑退稿。他甚至会把论文放在一边，等编辑多次催他提交审稿意见时，他才给出负面的、具有"杀伤力"的审稿意见。

当然，反过来的情况也存在。例如，审稿人打开论文稿，发现论文的实验证据非常不充分，但论文的结论支持了审稿人原先已经发表的论文中的观点，或者论文证明了审稿人前期开发的新材料在能源、化学、环境方面的应用，并且作者引用了审稿人发表的多篇论文。于是，审稿人可能会用积极的态度看待眼前的这篇稿件；哪怕该稿件存在较多问题，审稿人也建议编辑给予作者修改后发表的机会。

利益冲突还不仅仅局限于上述情况。有时候，审稿人和论文作者有交情或者有过节都会影响审稿人的判断。

举个例子：一位审稿人收到编辑发给他的一篇稿子。他打开稿子，发现自己曾经和这位编辑、这篇稿子的作者共进晚餐、相谈甚欢，他知道这位编辑和这个作者很熟，于是不好意思拒稿（哪怕这篇论文根本没有达到在这个期刊发表的水准）。

再比如，一位审稿人打开编辑发给他的稿子，看到论文通讯作者的名字，想起曾经在一次学术会议上作报告，这名研究者在提问环节跳出来公然质疑他的研究。于是，这位审稿人怎么也不想让眼前的这篇论文通过。

当审稿人有潜在的利益冲突，并发觉这种利益冲突会影响自己的学术判断时，应立即通知编辑，回绝审稿任务，并建议编辑找其他审稿人审稿。

此外，道理上讲，审稿人和编辑判断一篇论文是否应该发表，不应受到作者国籍、人种、性别、所在大学的知名度以及作者在学术界知名度的影响。但实际上，审稿人往往更容易相信来自于发达国家知名大学、知名作者的稿件，从而放松对审稿的要求。审稿人应该明白自己在这方面的心理偏差，从而在审稿方面做到公平公正。要知道，知名科学家也会把一篇普通的论文投给很好的学术期刊，而且知名科学家的论文也会出错。

审稿人还要注意：在大多数情况下，审稿人的名字是不公开的。这就是说，编辑在收到作者的投稿后，把审稿任务分配给若干个审稿人；审稿人读完稿件后，在审稿系统中向编辑提交；自始至终，审稿人都不和作者直接联系，审稿人也不能在审稿意见中透露自己的名字。

作者的稿件以及编辑和审稿人的通联纪录、审稿人在审稿系统中看到的其他审稿人的审稿意见都应该是保密的。

这就意味着，审稿人不能把编辑发给他的稿件给第三方看，审稿人也不能把其他审稿人的审稿意见透露出去。

举个例子：审稿人A在审稿系统或者作者写的答辩信中看到审稿人B向作者提出引用同一位作者（有可能是审稿人B自己）的多篇论文，审稿人A看不惯这种行为，就把审稿人 B 的审稿意见放在了网上，加以批评。这种做法是违背审稿规范的。虽然审稿人 A 指出了学术界的黑幕，他认为自己是"行侠仗义"，但编辑在邀请审稿人审稿时，在电子邮件中有言在先：编辑和审稿人之间的通联信息以及审稿人的意见都是对外保密的。

现在，有少量期刊会在发表的论文网页上附上审稿意见供读者下载，甚至会在审稿人同意的情况下，写明审稿人的名字。这是在期刊编辑征得作者和审稿人同意的情况下进行的，符合这些期刊定下的政策。但这并不意味着审稿人可以私下透漏个人信息、稿件内容和审稿意见。

此外，审稿人应该尊重投稿作者的劳动成果，而不能剽窃作者的实验点子。有一些审稿人在收到编辑的审稿邀请后，会故意拖延论文审稿，等编辑催促他多次后，才给出一堆让人难以回答的审稿意见，建议退稿。同时，他还会让课题组研究生按照论文作者的思路开展一样的研究，想抢先发表。这是违反学术道德的。

最后，说说审稿该怎么进行。审稿人在收到审稿邀请后，应仔细阅读稿件，还可以结合这篇稿件调研相关的文献。审稿时，要综合考虑研究领域的重要性、选题的正确性、论文的创新性、实验工作量有多大、研究结果是否可靠、研究结果是否重要、论文写作是否规范、有无学术方面的漏洞和写作方面的瑕疵。

审稿人在审稿时既要严格，又要提出建设性的意见和建议。具体而言，在审稿意见的第一段，要对论文作出整体评价，即简要地说清楚这篇论文处于什么研究领域、作者研究了什么、得到了什么结果、论文究竟有什么意义、审稿人判断这篇论文应该如何处理（直接接收、小修改、大修改、退稿）。

接下来，审稿人要逐一指出论文存在的漏洞或者提出疑问，并给出修改意见，每一条意见都要有编号。逐一指出时，最好按照漏洞或者疑问在文中出现的顺序，而不要跳跃。

在写审稿意见时，审稿人应该表现出专业和理性，不要用情绪化的单词、句子（比如"这是我几十年科研生涯中看到的最糟糕的稿件""再也不想看到作者的稿件""应该把作者课题组的稿件统统枪毙"），更不能开展人身攻击。无论是建议退稿还是修改后接收，都需要给出详细的审稿意见，不能只是给出结论而不提供评价和修改建议。如果审稿意见过于简略或者浮于表面，那么编辑会认为审稿人没有认真审稿，从而对审稿人的专业性产生怀疑。编辑会找新的审稿人审稿，或者要求这位审稿人充实审稿意见。

如果审稿人发现作者漏引了审稿人自己相关的、重要的文献，那么需要在审稿意见中指出这一点，并给出需要让作者引用特定文献的理由，但不能直接说"这些文献是我的"。让作者引用审稿人的文献，也仅限于和这篇论文直接相关的文献。比如，审稿人曾经首次用一个特殊的方法制备了A催化剂，作者沿用这个方法制备了A催化剂，但没有引用审稿人的文献，那么审稿人就需要指出。再比如，文献中已经有很多光催化剂了，作者制备了一种基于钼酸铋的光催化剂，而审稿人曾经制备了一系列基于氧化钛的光催化剂，那么审稿人没有理由强迫作者引用相关性不大的文献。毕竟，基于钼酸铋的光催化剂和基于氧化钛的光催化剂不是一回事。

审稿人根据编辑的要求给出审稿意见，并不意味着这件事情就一定结束了。等过了一段日子，编辑可能再次联系审稿人，说作者已经进行了修改，把修改稿投了回来，编辑想请审稿人复审稿件。遇到这种情况，审稿人得仔细阅读作者的答辩信和修改稿，看看作者是否根据所有审稿人的所有意见进行了合理的修改、论文整体是否符合这个学术期刊的发表要求、还需要进行什么修改，并把修改意见提交给编辑，由编辑把几份复审意见汇总后转给作者。

在复审的过程中，审稿人可以给出"建议接收"的结论，可以继续提出修改意见，也可以建议退稿。比如，有的作者没有按照审稿人的要求补做实验，他们一再搪塞，甚至顶撞审稿人。还有的作者宣称论文的结果是首创，但审稿人在复审的过程中发现已经有类似的报道了。于是审稿人可以建议退稿，但要给出充分的理由，并且保持冷静，不要表现出感情用事。当然，遇到这种情况，审稿人也可以不建议退稿，但需要作者调整说法，并引用类似的报道。

还有的时候，一审时编辑找了三个审稿人，其中审稿人A建议退稿，另外两位审稿人说论文可以在修改后发表，编辑就给作者一次修改机会。在作者进行修改后，审稿人A看了修改稿觉得还是不满意，于是坚持建议退稿。当然，另外两位审稿人看了审稿人A的一审意见和作者的答辩信，也有可能在先前已经同意修改后发表的情况下，这次建议退稿。

编辑在大多数情况下会考虑审稿人的意见，但编辑有权最终决定是否接收论文。比如说，一个审稿人给出"退稿"的审稿意见之后，最终看到编辑接收了这篇论文。幕后的原因有很多，比如这个学术期刊最近缺少稿源、编辑认为这篇论文虽然数据不丰满但具有创新性、编辑认为这篇论文虽然创新性不强但数据非常丰满、编辑认识这位知名的通讯作者、编辑认为这篇论文的发表能带来很多次引用、编辑认为建议退稿的审稿人过于苛刻等。这时，审稿人不要把这样的情况太放在心上。如果审稿人觉得这篇论文的确有问题，可以针对这篇论文，给这个期刊写"评论"，提出疑问，开展正常的学术讨论。

关于审稿话题，有兴趣的读者可以参阅格洛丽亚·巴尔扎克、阿比·格里芬写的《如何做好同行评议：学术期刊论文审稿方法与技巧》。

5.8 本章小结 ▶▶

做科研的学术规范：从事科学研究要诚实，不能造假，也不能主观地"挑选"符合自己心意的数据并舍弃不符合自己心意的数据；从事科学研究还需要严谨，认真设计实验、认真做实验和分析数据，而不能得到一点点数据就急着发表论文。

写论文的学术规范：写论文切忌抄袭，抄袭包括抄别人和抄自己的论文；写论文同样要严谨，考虑实验数据能否支撑自己的结论，而不能主观夸大；引用别人的观点和已经发表的论文要反复核对。

论文署名的学术规范：署名的假设前提是作者对这篇论文的产出有实质性的贡献，论文不能有挂名作者。署名的先后顺序一般是按贡献大小排序，导师作为通讯作者可以放在最后。最终由导师定夺署名的顺序。不同课题组合作完成的论文，署名顺序由各个合作方的导师协商确定。

论文投稿的学术规范：不能由论文润色公司代投论文；向编辑推荐审稿人时，不能提供虚假电子邮箱地址；所有作者在论文投稿前得看过论文并同意投稿；论文的内容不能全部或者部分在其他期刊发表；切忌一稿多投；研究生还不能未经导师同意私自投稿。

确定论文作者单位地址：确定论文作者单位地址不能受利益驱使，而要遵循诚实的原则，即第一作者的主要完成单位列为第一单位。如果第一作者是研究生，他毕业后去新的工作单位之后修改了论文，那么没有必要加上新单位的地址，除非他去新单位当老师或者研究人员，并且以前的导师同意这么做，又不违反新单位的论文发表规定。

科研合作：科研合作能推动科研的进程，但研究生身处课题组，和其他课题组合作做科研需要得到导师的同意，由导师来安排。科研合作涉及资金、人力资源和时间的投入，还涉及科研成果的归属和利益分配，不可不慎。

审稿的学术规范：接受审稿邀请的假设前提是审稿人和被审的稿件或者投稿者没有利益冲突，或者虽然有利益冲突，但审稿人认为自己能够公平公正地审稿。如果有利益冲突以至于会影响审稿人对稿件的判断，那么审稿人应该在收到审稿邀请后把自己的顾虑告诉编辑，并拒绝审稿。审稿人在审稿时既要严格，又要提出建设性的意见和建议。在写审稿意见时，审稿人应该表现出专业和理性，不要用情绪化的单词、句子，更不能开展人身攻击。

第 6 章

学术
交流

6.1 课题组组会交流 ▶▶

　　课题组由导师和一些学生组成。导师对学生的日常指导包括在办公室修改学生的论文和在实验室指导研究生做实验，还包括通过课题组组会指导研究生。而且日常导师可能比较忙，未必能每天都和每一位研究生互动，课题组组会就提供了一个师生开展交流的平台。

　　不排除有的导师不大喜欢开组会，他喜欢和学生一对一讨论，或者把研究同一课题的两三名研究生叫到一起讨论。在通常情况下，课题组组会是每个课题组都会进行的。每周或者每两周一次组会是合适的。

　　组会的内容一般是这样的：研究生面对课题组全体成员，向导师汇报阅读文献以及做科研的进展，导师进行点评。学生汇报的内容有几种：①只是汇报文献阅读情况，可以报告读过的单篇论文，也可以把读过的几篇论文串起来讲；②只是汇报自己近期的科研进展，并提出下一步的研究计划；③既汇报文献阅读情况，又讲自己近期的科研进展。

　　汇报文献阅读情况和做学术报告类似。区别是：学术报告主要讲"我们做了什么研究"，而文献阅读汇报主要讲"作者（别人）做了什么研究"。进行文献汇报时，要讲清楚论文的研究领域及其重要性、作者为什么要做这个研究、用什么方法做了什么研究、得到什么研究结果、这些研究结果有什么重要性、这个研究对目前的课题组研究有何启发。研究生还可以多看几篇文献，把几篇文献串在一起讲，或者结合其他文献来讨论一篇文献。

研究生汇报自己最近的研究进展同样要讲清楚为什么要做这个研究、别人做了什么研究、自己用什么方法做了什么研究、得到了什么研究结果、这些研究结果有什么意义、目前的研究还有哪些难点、下一步准备怎么做。研究生阶段性地报告自己的进展，可以催促研究生及时地分析整理数据，进而把思路理顺。在作报告的过程中，导师以及其他研究生会进行提问和评论，这对提高研究生科研水平、促使研究生及时补做实验有用。

反过来，研究生作为观众向报告者提问，不但有助于提高报告者的学术水平、促使他补做实验或者深入思考一些学术问题，而且有助于培养研究生批判性的思维能力，并提升学术水平。提问时，首先不要害怕自己提的问题很傻或者很简单；其次，提问时要聚焦于学术问题，而不要涉及对个人的评价；再次，提问时不要一口气说出两三个问题，而要先问一个问题，等报告者回答完之后，再提出第二个问题，如果一口气问两三个问题，那么回答问题的人可能一下子记不住这些问题；最后，提问时要言简意赅、清晰明了，不要啰啰嗦嗦、同义反复。

参加课题组组会还要注意：在组会上，导师除了听取文献调研汇报，研究进展报告并提出问题、给出评价，还会像企业的研发团队领导那样，分析团队面临的形势和问题，布置任务，协调矛盾，并提振士气。换言之，组会上并非仅交流学术，还涉及课题组的管理。

6.2 学术会议报告 ▶▶

读研期间，研究生需要作很多场报告——在课堂上，你要讲PPT，接受任课老师的考核；在课题组，你要作文献阅读报告，并汇报自己的研究进展；在院系，你要参加开题报告、中期考核、学位论文答辩；在校外参加学术会议，你要作学术报告。今后走上工作岗位，你还是有机会在PPT的辅助下，作述职报告或者向客户介绍你们公司的产品。作报告，是一种重要的职业生存技能。

在报告过程中，我们要把自己想讲的内容说清楚，让听众听懂，以达到最佳的表现效果。为此，要注重报告的结构、PPT设计制作、现场表现，这些都离不开充分的准备。

报告的结构

在组会上，学生往往只是汇报自己近期的实验结果，而不介绍研究背景。这是因为，导师已经很熟悉研究背景，或者学生在前期组会上已经介绍过研究背景。但在作正式报告时，还得把20%的讲解时间放在"龙头"和"凤尾"。

"龙头"就是背景介绍。它把一个具体的研究放在合适的"上下文"中，还能证明开展这个研究的合理性。"龙头"的基本思路是：首先介绍具体研究所处的研究领域，说明该领域的重要性；其次，简介这个领域的脉络，举出典型的文献例子；再次，说虽然别人开展了很多研究，但还有什么没有做；最后，简短指出——针对文献中的缺漏，你做了什么工作。"龙头"遵循"倒金字塔"结构，从宽广到具体。

报告的"猪肚"约占讲解时间的80%。如果是讲解一个研究工作，那么你可以把"猪肚"分为实验方法和实验结果两部分。另一种情况是讲解几个研究工作。如果这几个研究工作采用类似的实验方法，那么你可以先简述实验方法，再逐一讲解几个研究工作。而如果这几个研究工作的实验方法有较大差别，那么你可以把"猪肚"分为几个小部分，在每个小部分先简述实验方法，再介绍实验结果。

报告的"凤尾"比"龙头"更简短，但"凤尾"能给听众一种意犹未尽的感觉。大多数听众听完你的报告，都记不住你的实验细节和实验数据，因而你需要给他们一些"能够带回家的信息"。在报告的结尾部分，你需要总结出几个要点，简述这个研究工作的意义、局限性，并指出后续研究思路。"凤尾"遵循"金字塔"结构，从具体到宽广。

总之，报告的思路要清晰，要讲清楚研究背景、研究思路、研究结果及其重要性。

PPT 设计制作

作报告不能"想到哪儿就说到哪儿"，而要借助精心设计的PPT设定报告的内容和进程，提升表达效果。PPT设计的总体原则是一目了然，即让听众看一眼PPT就知道大致意思。

PPT设计的第一要求是图文并茂。不能在页面上堆满文字，而是要把一段文字转化为几个简短的要点，逐条列出，甚至用图来表达文字信息。但是，页面上不能只有孤零零的一张图，而要在图的旁边以小标题的形式在页面配以简短的注解。

有些学生喜欢在页面上展示表格，以显示自己做实验的"工作量"，但听众可能会迷失在一堆数据中，不清楚这个表格能得出什么科学结论。你要学会把表格里的关键信息用图来表示，显示数据变化的趋势。至少要用红框或者红色的下划线把表格中的关键信息强调出来，并配上简单的文字注解，让听众能抓住要点。

PPT设计的第二要求是逻辑清晰。比如，你用一种新方法制备了一种材料，在报告的开头，你说其他人用了几种方法制备这种材料，这些方法各自有哪些"变种"。于是，你可以像中学语文老师写板书那样，用几个大括号，把这些方法进行分类。除了表示"分类"，PPT页面还可以表示流程、因果、对比等逻辑关系。比如，在研究中遇到了什么问题、你采取了什么方法、最终得到了什么结果，这就是一种逻辑关系。

PPT设计的第三要求是精简。作一场45分钟的学术报告，准备40～45页PPT足矣。要突出重点，详略得当。比如，你用一两个关键的实验证据已经能够证明一个要点，那么其他辅助证据只需要一笔带过即可。举例时要注意选取典型例子（即注意"剪辑"），不要把你知道的例子都"倾倒"到PPT中。

PPT设计有很多技巧。大家可以阅读《和秋叶一起学PPT》《说服力：让你的PPT会说话》《说服力：工作型PPT该这样做》等书籍，并反复操练。

报告者的现场表现

你需要一开始就抓住听众的注意力。一个技巧就是找到你的报告和日常生活、新闻的联系。比如，我曾作了一场关于"研究生师生矛盾及化解对策"的报告。一上来，我就讲到新闻曝出的"研究生师生矛盾"的极端案例，由此引出报告的主体内容。

在报告的过程中继续吊住听众的兴趣。有研究表明，听众的注意力在报告开始时最集中，之后注意力快速下降，并维持在低水平。因此，你需要采用某些方法提升听众的注意力。

我曾邀请一位人力资源经理到我们学校作有关职业发展的报告。他用抑扬顿挫的声音说话，讲到关键之处，还会突然沉默两三秒。他还在中途抛出几个问题，让学生回答。学生自信地说出答案，他却说大家都没有答对，于是听众期待他的解答。而当一位学生答对时，他从包里拿出一个小奖品，走到学生跟前，把奖品送给学生。

做学术报告不用像开演唱会那么活跃，但至少，你可以做以下几件事。首先，要抑扬顿挫地说话，让听众感受到你的激情。其次，增加和听众的视线接触。当面对一群听众时，你要慢慢扫视现场，而不能只是盯着某几个听众。再次，观察听众的体态语言，当他们昏昏欲睡或者频频看手表时，你可以通过提问等方式加强和听众的互动。而当听众表现出困惑时，你可以问他们"哪儿听不懂"，也可以详细讲解刚才说的内容。

不要超时。一场学术报告不仅有报告，还有问答环节。一个学术会议有很多平行的分会场，每个分会场都有作报告的时间表，比如你的报告被安排在上午9点到9点30分，下一个报告被安排在9点30分到10点。有的听众听完你的报告，就到隔壁分会场听其他报告。如果你作报告超时了，那么这不但影响你们分会场的下一位报告者，也会影响想去其他分会场接着听报告的人，听众也会不耐烦。

回答问题时，要等提问者说完了，停顿一下再回答，而不要粗暴地打断提问者的问题。如果你没有听清楚问题，可以要求提问者再说一遍，或者说："如果我没有理解错的话，你的问题是……对吗？"回答问题还要简短、抓住要点，一般在一分钟之内解决一个问题。

报告的准备

报告的表现和准备的充分程度有关。我一般在收到作报告的邀请后，就马上着手准备。首先，构思这场报告要讲什么，列出提纲。接着，着手准备PPT，然后反复修改。上述两个步骤就能花去我近一周的时间。完成PPT初稿，我就不担心了，等过了几天有了新的想法，再打开文档，继续修改。这个过程就像是我给报刊写稿，精雕细琢，思路也会更清晰。

报告者不但要提前准备PPT，还要考虑听众对象以及作报告的深度。比如给市民作科普报告，有可能你讲得太深，他们听不懂。但也有可能反过来——有一次我去复旦大学附属小学给四年级学生讲"能源与环境"，讲到煤、石油、天然气的形成，发现很多学生已经知道了，我只能临时加深报告内容。

很多学生站在讲台上会很紧张。一个应对技巧就是事先把报告开始后一分钟的"台词"背出来。这是因为，有人发现报告者的紧张程度在报告开始时最大，随后迅速下降。当你顺利说出开场白，看到听众都在认真倾听时，你就能自然地说下去。

以前读博士时，我在作报告前，对着电脑屏幕反复试讲。这当然有用，但我反复试讲后，越讲越流利，以至于在正式作报告时，一场45分钟的报告，30分钟就讲完了。

作报告之前不但需要准备PPT和试讲，报告者还需要提前到达报告现场，调试话筒、电脑、投影仪等设备，和主办方、听众展开互动，进一步了解听众已经了解什么知识、现在想听什么。熟悉现场之后，你就不会那么紧张了。

在正式场合作报告之前，还得把头发修剪整齐，喷上定型水，并穿上皮鞋和西装——这不但能给你增添自信，而且听众会感到你就像专家一样，报告的效果也会更好。

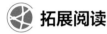 **拓展阅读**

问：关于PPT制作，在我们现在也会涉及一些课堂上的PRE，怎样才能做到更好地把握PPT页数和汇报时间？

答：一般学术报告1分钟约等于1页PPT。也有系主任给校领导做工作报告，30分钟可以讲60页（以显示照片为主，快速翻过去）。在课堂上讲PPT，你可以2分钟讲一页，也可以1分钟讲一页。参加中期考核讲PPT，你对不同的PPT要区分对待——关键的PPT详细讲，非关键的PPT可以快速翻过去。

问：学术类型的PPT整体的基调应该是什么样的？配色、字体有什么讲究？有哪些我们专业相关的素材库可以推荐？

答：一般用白色或浅色背景、黑色文字（需强调的文字可用蓝色、紫色、红色等）。千万不要深色背景、白色文字，那会很难看（太炫）。一般中文用宋体，英文和数字用Times New Roman，且通篇要一致，不能一会儿用这种字体的英文和数字，一会儿用那种字体。作述职报告、中期考核报告、教师设计课件，可灵活采用宋体、黑体、仿宋、等线等，以示强调、总起、分述等。我不用素材库，只用PPT自带模板——重要的不是模板多花哨，而是要表达的内容，这些内容组织是否有逻辑性以及版面的简洁、美观。当然，这不是绝对的。今后作重要的报告（比如参加人才计划答辩、申请重大课题）或者设计放在校门口橱窗展览的系庆展板，可以找专业的文印公司帮忙设计。

问：作会议的口头报告该如何准备，尤其是准备后续的提问环节？

答："准备"是多方面的，包括会议论文整理、PPT制作、试讲和准备回答别人的提问。一般是在WORD文档里写完会议论文，然后把思路再捋一捋，开始设计PPT。很难一气呵成，而是要花一个星期反复锤炼。有时候累了，休息几天，"冷处理"一下再设计，会有更好的效果。准备好PPT之后，就对着电脑屏幕试讲，最好在你们组会或者专门借一个会议室讲一遍，安排组员进行模拟提问，这些问题都是听众可能问到的，你可以根据提问进行相应修改，把没有讲清楚的内容讲清楚。不需要太刻意地准备回答提问——如果论文是你写的，不要太担心提问。你自己准备好PPT、讲几遍、找人模拟提问就行了。不过要注意：你试讲几回后，在正式的会场，还需要放慢语速，不能太"流利"了。

问：如何能做到报告不拖延？如果准备了很多，临场忘词了或者卡壳了，可以做哪些补救？

答：需要自己事先排练，宁短勿长（无论是设计PPT还是现场演讲）。现场忘词不大可能，你需要把需要讲的东西以"短语"形式写在PPT上，就不可能忘词了。作报告的开头可能忘词，是因为紧张。那么只要你把报告最开的一分钟内容背下来，下面就自然而然能够说出来了。

问：做学术报告比较难的就是老师的提问，有些老师提问比较难，有些问题自己把握不大，这个时候自己想尝试着解释一下，又担心自己弄巧成拙，这个时候该怎么回答比较好呢？

答：没关系的，这并不是博士论文答辩，回答不好又有什么可以害怕的呢？你要知道，老师问你的问题，很有可能是以后的审稿人、学位论文评审人、答辩评委会问的问题。现在把这些问题都解决了，以后就不害怕了。每个学生都要经历这样的过程。平时多锻炼，以后到了答辩现场，就不害怕了。

　　问：作报告时，我们难免会面临很多提问，提的问题，如果不容易回答，我们应该怎么表现得更专业呢？

　　答：提问的人有时候是真的不懂，有时候是在显摆，还有的时候是在挑战你。如果你真的不懂，那你就谦虚地说不懂！你要说："感谢你提出一个非常好的问题。事实上我还没有思考那么透彻。我准备回去好好思考一下再联系你，把答案告诉你。"或者说："我准备回去做新的实验。"千万不要犟。

6.3　听报告 ▶▶

　　研究生有很多听报告的机会。院系会请校内外专家进校作报告，导师会把学术同行请到院系或者课题组作报告。一个院系每个学期举行学术报告的数量，是这个院系学术氛围是否浓郁的一个"指针"。对于研究生来说，听报告是了解学术前沿的好机会，也是读研期间各方面训练的一个环节。

　　听报告要注意：提前到报告现场，找到能听清、看清的座位，把手机调成静音，把自己调整到听报告的状态。为了实现好的效果，在听报告前最好能先做一些功课，比如根据海报上报告的标题和报告者的名字，找到报告者此前发表的相关论文，浏览一下，以便对报告的话题有大致的了解。

　　听报告时，有些能够听懂报告内容的听众只是记住报告的大致意思，抓住报告的主要线索，而并不刻意记笔记。也有些听众一直记笔记。但无论如何，切忌"卡"在一个具体的细节上而影响自己把握报告的主要内容。

　　听报告要抓住主要线索，即这个课题的研究领域是什么？这个领域以及这个课题为什么重要？报告者的研究主要想解决什么问题？为了解决这个问题，以往的文献中其他人用什么研究方法，取得了什么研究效果？报告者用什么方法做了什么研究，得到了什么研究结果？这些研究结果有什么价值或者意义，有什么缺点？下一步可以做什么研究？

一场报告听下来，能够听懂大致意思，就已经不错了，不必苛求自己能百分百掌握报告的内容。特别是听外国专家用英语作的报告，如果有一些内容没有听懂，也没有关系。随着听报告次数的增加，自己会逐渐适应。

为了提高听报告的效果，在专家作报告之后，可以举手提问，可以在会后留在报告现场和专家交流，也可以回到办公室浏览这位专家的网页和相关论文。

6.4　学术会议上与专家的交流 ▶▶

研究生在学术会议上与专家进行交流有几种形式。

一种是研究生作为报告者回答听报告专家的问题。遇到这种情况，要礼貌地、简短地、有针对性地回答，不要扯得太远，也不要表现出傲慢。如果专家对你的回答有更多的兴趣，那么你们可以在会后进一步交流，还可以通过电子邮件保持联系。

假设一场报告总长40分钟，那么报告者可以用35分钟作报告，再用5分钟回答听众的问题。一般不希望5分钟只回答一位听众的问题。报告者需要控制好时间，回答问题要简短，有针对性，即说到点子上。

另一种是研究生作为听众向作报告的专家提问。这时，不宜提出肤浅的问题。可以在认真思考后，提出有针对性的、有一定深度的问题，这样就会让专家感到你对他的课题很感兴趣，并且你经过了思考才提出这样的问题。

有深度的问题比如，你们论文的结论是否具有普遍性？在其他体系中是否出现类似的现象？某某某教授曾经发现在他们的体系中有某个现象，和你的现象好像不一致，为什么会这样？如何调和这种不一致？

无论如何，向专家提问要注意礼貌、专业，不要暗示这位专家的实验方法不对，得到的实验结果不好，即不要贬低他人的工作。注意：你们是在讨论学术问题，不要让对方下不了台，不要因为带有情绪色彩的质疑给自己将来投稿、申请科研基金惹麻烦。

第三种是你和专家在非报告现场交流，比如在走廊里遇到时讨论，在用餐时讨论，在墙报前讨论。讨论持续的时间以及内容要根据双方的兴趣，你们有可能从针对学术问题的讨论转移到对职业发展以及兴趣爱好的讨论。如果初次见面聊得来，可以留下联系方式，方便今后保持联系，这有可能会带来今后交流访学和科研合作的机会。但要注意礼仪：不宜单独进入异性专家在会议宾馆的房间，可以在会议宾馆的大厅或者咖啡吧讨论。

有兴趣的读者可以参阅史帝夫·华乐丝著《参加国际学术会议必须要做的那些事：给华人作者的特别忠告》。

6.5 本章小结 ▶▶

课题组组会交流：在组会上，研究生汇报文献阅读情况以及自己近期科研进展，并提出下一步的研究计划。组会有助于研究生理顺研究思路，明确自己有什么实验数据，还需要做什么。课题组成员之间的讨论对提高科研水平，及时补做实验有帮助。导师也能掌握研究生的科研进展，并及时提供意见和建议。

学术会议报告：报告的结构包括"龙头""猪肚""凤尾"；PPT制作要图文并茂、逻辑清晰、精简；作报告一开始就要吸引听众的注意力，在报告的过程中继续吊起听众的兴趣，不要超时，妥善回答好听众的提问；报告的优良表现离不开充分的准备，报告者不但要提前准备好PPT，还要分析听众对象以及作报告的深度，并提前到现场调试设备，和听众互动；克服紧张感的方法是做好充足的准备，把报告刚开始的一分钟背下来，想象听众会支持你，并提前到现场适应环境。

听报告：听报告是研究生培养的重要过程。听报告之前可以对报告人的报告专题开展一番调研，了解报告人从事研究的大致内容，并提前到达报告现场。听报告时应抓住报告的主要线索和主要内容（不要"卡"在某个听不懂的术语上），并在报告结束后提出有价值的问题。

学术会议上与专家交流：一种是作为报告者回答专家提出的问题；另一种是研究生作为听众向作报告的专家提问；第三种是和专家在非报告现场交流。和专家交流要注意礼仪，给对方留下好的印象。

7.1 时间管理的重要性 ▸▸

时间管理对研究生究竟有什么用？也许你会说，每天导师让我做什么，我就做什么，不就行了？但现实情况是：

第一，有些导师不给研究生足够的指导，对研究生的科研和毕业进程不上心。因此，研究生得有主观能动性，积极主动地把握好自己的读研和科研节奏，而不能一味地等待导师布置任务或者过问学生的学业进展。

第二，在大学里，评判研究生读研进展如何的标准和理想化的学术训练是两回事。理想化的学术训练是要花大量时间读文献、练科研基本功、参加学术交流，使自己能够达到"学富五车"的境界；但读研是在有限的时间内完成既定的任务，达到合理的目标，最终评判研究生能否毕业的是"输出"，即能否写出优良的学位论文并发表科研论文，而不是理想化的面面俱到的学习和训练。

第三，职业发展和完成学业互相争抢时间。研究生完成学业需要花时间，而职业发展（包括听职业发展讲座、实习、找工作）也需要时间，很多同学有可能顾此失彼。因此，研究生需要高超的时间管理能力来处理好完成学业和职业发展的时间分配。

第四，其他事务（比如参加课外活动、谈恋爱）也和完成学业互相争抢时间。如果忙于其他事务，固然能提高生活质量，使自己获得满足感，但如果因此而耽误学业，那么自己也会有痛苦感。

第五，研究生也要考虑走上工作岗位以后的发展。研究生毕业走上工作岗位后，需要很强的时间管理能力来维持好工作和生活的平衡，并在工作中脱颖而出，因此必须在读研期间养成良好的时间管理习惯。

如果研究生能够掌握一些时间管理的方法，就可以更加顺畅地完成学业，并促进自身职业的发展，而不至于由于不善于时间管理而在生活和科研方面一团糟。

7.2　时间管理的窍门 ▶▶

对于研究生来说，有哪些时间管理的经验可供参考？

第一，以终为始，把握好大方向。"以终为始"是史蒂芬·柯维博士《高效能人士的七个习惯》一书中的七个习惯之一，意思是根据自己想要达成的目标来倒推出自己每个阶段应该做什么。《吃掉那只青蛙：博恩·崔西的高效时间管理法则》也提到要明确目标。每个研究生都有自己的价值观、兴趣、特长、经历、过去取得的成绩记录；在进校前后，应该梳理自己的价值观、兴趣、特长、经历、成绩记录等，确立自己的目标：毕业后究竟是去学术界还是去企业工作？准备从事和所学专业无关的工作，还是从事和本专业相关的工作？把这些事情想清楚后，自己做事情就会有方向，就能够节约时间。以往，有很多学生没有想清楚这一点，他们在校期间盲目地做了很多事情，精力不集中。如果研究生一开始确实不知道自己毕业后的去向，那怎么办？那么也需要以"确保顺利毕业"作为自己的目标，把精力集中到科研中去，一步一个脚印地达到这个目标。

第二，要有计划，不能混到哪里算哪里。在我的电脑里，有一个WORD文档，里面按周一到周日的顺序编成一个表格。表格的第一行写着周一到周日，第二行的每一个格子写着具体的日期，第三行写着下一周具体的日期，第四行写着后一周具体的日期。学校经常会发通知安排工作，我自己也有需要做的事。于是我把需要做的事一条条地记在表格对应的日期下面。当一件事完成后，我就拿起鼠标，把这件事从表格中删除。我还把需要做的一些事情一条条地记录在一张A4纸上，把这张纸放在口袋里。这样，我不会忘记需要做的事，也无须刻意记忆接下来要做什么。每做完一件事，我就拿笔把纸上写的这个任务划掉，这样顿时有种成就感。过了两三周，这张A4纸已经皱巴巴了，上面还有几件事情没有做完，我就用一张新的A4纸记录近期要做的事，并把旧的A4纸暂时保留在抽屉里（以防新的 A4 纸搞丢了以至于忘记近期要做的事）。我还用手机日历和提醒功能来提醒自己。研究生也要用小本子和手机 APP 记录需要做的事，特别是要阶段性地思考自己近期的实验计划。

第三，要记录每天做了什么。我有个 WORD 文档，这个文档每一页分为三栏（使用 WORD 软件的"布局-栏"功能），每一栏都竖着设置了一些格子（一个格子代表一天），在每个格子里都从上到下、一条条地记录了我做了什么。这样，我对自己每天做了什么事有个大概的了解，不容易忘记，也无须刻意记忆。过了一段时间，我会进行反思总结。研究生日常以学习和科研为主要任务，如果不想记录每天做了什么，也没有关系——每个人的习惯不尽相同，不必强求一致。但是，研究生需要用实验记录本详细记录自己的实验。这样，方便今后回顾和梳理。

第四，要识别自己时间管理的漏洞。打开手机的"设置"，点击"健康使用手机"，可以知道自己每天、每个小时用了多少时间手机以及用手机的时间具体耗费在哪里。你往往会看到，自己每天使用手机的时间非常"惊人"，甚至会有几个小时之多。研究生如果感到自己近期的科研进展不理想，不妨回顾一下：自己是否经常用手机看短视频、刷微博？自己日常除了科研之外，还做了哪些耗时但用处不大的事情？

第五，多利用假期时间，发挥假期的调节作用。很多本科生的努力程度随时间的变化是这样的：平时轻松一点，到期中考试和期末考试前夕努力起来，到寒假、暑假重新放松。在读研期间，很多学生到了毕业前夕紧张起来。研究生要占据有利地形，可以"人闲我忙"，即别人懈怠时我抓紧做科研，课题组其他学生不用仪器时我抓紧时间用仪器。这样，到了读研阶段的后期，"人忙我闲"，即别人忙着写学位论文时，自己可以有充足的时间找工作，参加企业见习。

第六，把事情分为四个象限，区分对待。有很多时间管理书籍都提到"四象限"。横坐标是紧急或者不紧急，纵坐标是重要或者不重要，那么事情可以分为四个象限：重要且紧急、重要但不紧急、不重要但紧急、不重要且不紧急。对研究生来说，"重要且紧急"的事情包括在毕业前夕需要完成学位论文；"重要但不紧急"的事情包括在毕业前一年提前写学位论文，撰写科研论文；"不重要但紧急"的事情包括辅导员临时让学生在今天下午参加一个用处不大的会议；"不重要且不紧急"的事情包括研究生到校外参加一个自己不大感兴趣的讲座。时间管理的方法是把自己的主要精力放在"重要但不紧急"的事情上，以防这样的事情日后变成"重要且紧急"的事情。自己的次要精力放在"重要且紧急"的事情上。总之，要把自己的时间精力放在重要的事情上，尤其当它还没有发展成为"紧急事情"的时候。对于研究生来说，重要的事情是和完成学业相关的"输入""转化""输出"。对于不重要的事情，那就少花时间，或者让"代理"去做。

第七，可以让"代理"来做事。如果你注意观察周围的导师，就会发现他们会利用"代理"来做事，比如让研究生做财务报销的事、准备基金项目进展报告，请文印公司设计展板并把制作的展板送到学校，请保洁公司派人到家里打扫卫生。研究生也可以利用"代理"来做事，比如借助电商、快递小哥、网上银行来把一些生活杂事快速做完，而不用事无巨细的都由自己来做。

第八，见缝插针地合理利用时间。我以前曾经送小孩参加英语学习班。把小孩送过去后，我就在旁边找个安静的茶馆，一边喝茶，一边使用手提电脑办公，这样效率还挺高。平时下午我把车开到小孩所在的中学门口，停下来等小孩放学时，我会用手机听我购买的写作网课，或者用手机梳理一下工作上的事，整理一下思路。研究生也要想一想：在等待时、睡觉前、参加会议的间歇，怎么利用碎片化的时间？

第九，避免做节外生枝的事。读研期间以学业、科研和毕业以及就业为重，应当"求稳"，即把主要精力集中于上述事务，不要做一些节外生枝的事，比如去外地"野游"、帮别人打抱不平等。我的妻子在国外读研期间，曾有一次帮国内的亲友在圣诞夜排队买打折的包，结果得了重感冒，耽误了一个星期的学业。我在2021年春节前夕去上海郊外玩，跨过铁丝网进入一废弃农庄，结果发生意外，摔成骨裂，在家休养了三个月。还有的学生周末经常参加同学聚会，到了周一因为拉肚子，而无法到实验室开展科研。总之，做事之前要三思。

第十，要学会说"不"，即学会拒绝他人。拒绝提供自己力不能及的帮助，拒绝参加不必要的聚会和其他活动。如果自己做"烂好人"，承接一切"飞"过来的任务，那么自己就无暇把精力集中起来。举个例子：最近几年，我审稿的数量逐年增加，2022年更是达到了破纪录的200多篇。我真的是累坏了。2023年，我采取了措施：很多学术期刊联系我之后，我会拒绝审稿，并在期刊的审稿系统里设定not available（没空）。研究生也要思考一下：日常可能会有哪些"多出来的事情"？遇到哪些事情，可以拒绝别人？如何拒绝别人？

第十一，效率低下时，可以休息，休息是为了更好地工作。有些研究生带病工作，这有可能造成实验失误，反而耽误时间。当自己身体不适时，应及时就医、休息。当自己效率低下时，可以出去购物、体锻、听音乐、睡午觉。但要注意：休息之后，就要抓紧时间工作。

从信忠保老师的一篇博文谈起

2016年4月14日，北京林业大学教师信忠保在他的科学网博客发布了一篇博文《给研究生朋友的一些建议》，提出了十多条建议。以下，我针对几条我特别认同的、深有体会的建议补充讲解。

信忠保说："要有读研的整体规划安排。很多研究生，都是随大流读了研，缺乏明确的读研规划。读研期间，要么什么都不想做，要么什么都想做，结果都不理想。毕竟是成年人了，应该对人生有所规划。如果实在是没有规划，那么就脚踏实地读书、做研究，一步一个脚印摸索出适合自己的一条路。"

这番话说得很好。"什么都不想做"就是没有做事的积极性，无精打采。而"什么都想做"，就是心很活，一会儿参加社团活动，一会儿到校外做兼职，一会儿考证，一会儿复习雅思。而导师希望研究生能有一条主线，那就是"认真读研，顺利毕业"。

当有研究生加入我的课题组，我都会问："你毕业后准备干什么？"有的硕士生回答说毕业后准备在上海找工作，有的博士生说准备进高校当老师。我会启发学生：一定要想清楚自己毕业后想干什么，并且要具象化——什么样的工作？不要到了毕业前夕，一会儿考公务员，一会儿找企业工作。

人有了目标，就要"直行其道"。信忠保说："除了顺利毕业和拿到学位之外，如果有了规划，就确定几个目标，然后，围绕这些目标，将复杂的事情分解成小事情，分解成若干阶段。然后与导师充分交流，不断调整和优化，逐步实现自己的目标。"

我对这番话很有同感。我的博士生告诉我，他的目标是进高校当教师，我就告诉他：要有阶段性的目标，比如进校一年后获得国家奖学金，进校两年后再次获得国家奖学金。如果硕士生的目标是毕业后"转行"从事别的行业，我就让他们准备好在研二暑假参加实习，在这之前需要完成毕业所需的科研论文，并且基本完成第二个科研工作。

信忠保还提出，要积极主动与导师沟通学术。他说："要积极主动地与导师交流和沟通，不能消极地回避导师。与导师沟通不积极，最终致使很多科研事情拖延，最后仓促收拾残局，弄得师生关系紧张。"

我经常对学生们说，学生如果能积极主动，多得到导师的指导，进可以多发论文，拿到高额奖学金，退可以少走弯路，至少保证研究的东西是导师所需要的。

我的电子邮箱里有我和研究生的通联记录。有的研究生经常把实验数据发给我看，询问我下一步该怎么做，她还及时地把学位论文一章一章地发给我修改。这样，她即便由于各种原因无法做到出类拔萃，也能顺利毕业。

信忠保还提出，要积极主动地完成科研任务。他说："发表论文、撰写学位论文，都要安排好规划好，最好能提前完成，给自己和导师留有修改和完善的时间。对导师交代的任务，要严格卡住时间点，要以效率优先，兼顾质量。最好是先整体完成，然后再逐步提高。"

我对这段话非常有同感。我经常对学生们说，发表英文论文后，如果在暑假不想做实验或者暂时没有想出别的科研点子，可以把已经发表的英文论文翻译成中文，构成学位论文的一章内容。这一章就像一个砖块，积累了几个"砖块"后，一本学位论文的主体就完成了。一个博士生按照我的说法去做了，但是，后来我发现他在翻译过程中消耗了很多时间。他解释说，他的一篇英文论文发表时有10页，翻译成中文，按照学位论文的格式排版，这一章也只有20页，他觉得应该在这一章里增加文字，使内容更加丰满。然而，我却说："你这一章已经有80分了，即使提高到90分，又怎样呢？还需要花很多时间啊。然而，你学位论文的绪论部分还没有写，那一章0分啊！你应该不管三七二十一，把你已经发表的几篇英文论文翻译成几章内容，先不管排版和校对。然后，花一个月时间猛攻学位论文的绪论部分。先整体完成学位论文，再逐步修改、细化，而不要一开始就在局部'绣花'！"

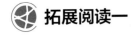 **拓展阅读一**

做科研不顺？没时间找工作？解密读研时间管理

马臻

《吃掉那只青蛙：博恩·崔西的高效时间管理法则》《小强升职记：时间管理故事书》《时间力：如何有效利用时间做好所有的事情》《你一定要

学的时间管理书》《掌控生活，从掌控时间开始》《把时间当作朋友》……林林总总的时间管理书，我读过不下20本。什么"番茄工作法""四象限法则""目标管理法"，不是没有道理，只是很多研究生看了这些，马上像是被"打了鸡血"，但是没过多久，生活又回到原点——长时间低效工作，拖延症再现。而且，这些书并没有根据"读研"这一有别于在公司上班的特定过程，提供有针对性的指导。

每年都有很多研究生完成学业有困难，找工作不顺，其实很多问题是不善于管理时间引起的。我认为，研究生要针对自己特定的生存环境，学些具有针对性地安排科研进程、完成学业的"兵法"。

做事要"线条清晰"

研究生需要对"什么时候要做什么事、要实现什么目标"有清晰的认知。最好把读研分为几个阶段，在每个阶段都要有主攻方向，或是完成课业，或是做科研、写论文，或是实习、找工作。而不是在该做科研的时候外出实习，也不要"眉毛胡子一把抓"地同时做好几件事。

我曾告诉一名准备跟我读研的大四学生："有什么心愿未了，比如考托福、雅思，那就在本科期间完成。读研期间首先还得做好科研，确保自己能正常毕业。"入学后，有一次她被我看到在复习大学英语六级。我说："你英语六级已经通过了，还'刷分'干什么？如果执意这么做，请你转到别的课题组。"

她按照我的要求，按部就班地修读课程、做科研，研二时产出两篇科研论文，还提前写好了硕士论文，从而有大量时间实习、找工作。她再也不用"刷分"了，因为在找工作时，拥有一份"实打实"的实习经历完胜英语六级考高分。

她的师姐小丁也按照这种模式，研二发表两篇科研论文，基本完成硕士论文，研二暑假参加实习。读到研三时，她在"金九银十"两个月投了十多份简历，都进入这些公司的二面和三面，在11月就获知几家"家喻户晓"大公司的意向。此后，她还有足够的时间修改、充实硕士论文，并参加公司培训。

不仅要把读研分为几个阶段，在每个阶段抓住主要矛盾，而且在做具体的事情时，也要"线条清晰"。周六上午，我讲授一门"学术规范和科研技能"研究生课程。有位博士后经常过来旁听。课后在食堂吃午饭时，他对我说："觉得科研写作能力非常重要，因此来听听这门课。想不通课上有的学生拿着手提电脑干别的事情。如果没有听好课，之后还需要更多的时间来'补课'，这不是本末倒置吗？"的确，认真听两节课学到的东西，甚至超过学生在课后花两天学到的内容。既然如此，为何不认真听课？

说实话，我在学校里参加大会，有时也会用手提电脑处理其他事情。并且，我每天面对各种事务（备课、上课、指导研究生、审稿、开会、行政工作），不得不在各个任务之间来回切换，甚至一天能做十多件事情。也有的导师要求优秀的学生同时做几个课题，以便获得更多的科研成果。但是我认为，大多数研究生都不是"超人"。如果不能同时兼顾几件事，那么还是把当前重要的一件事做好吧。

拿捏好轻重缓急

研究生不但做事要"线条清晰"，还要分析和把握好事情的"轻重缓急"。

我的一个博士生进校后，我希望他能尽快做科研。他敦厚老实，但有时候请假，去医学院帮他的女朋友处理小白鼠，或是外出和他女朋友的父亲见面。这使我仰天长叹。

还有一名博士生几乎每个周末都外出看女朋友，周一上午很晚才到实验室。我说："单周休息一天待在学校，双周休息两天看女朋友，就差不多了。我希望你多把心思放在科研上。如果科研'收成'好，那么以后哪怕你暑假休息两个月，平时请假一星期都行。"他没怎么听我的话。后来2020年疫情暴发，学业受阻。他在家待了几个月之后回到学校，终于认清了轻重缓急，论文也接二连三地发出来。

能否拿捏好轻重缓急，不但关乎师生能否和谐相处，也关乎科研效率的高低。

我有一位博士生在硕士毕业后，留在原先的组里做了一年科研助理，积累了一些实验数据。她的原导师准许她离开后在我的课题组整理这些数据，补做实验，写论文，两个课题组一起合作发表论文。可是，到我这儿很久，她都没有交出论文稿。我发现她同时在整理两篇论文稿的数据。我说，应该先把第一篇论文稿整出来，然后再"集中火力"整理第二篇论文稿，除非两篇稿子的数据需要互相印证。

这就好比，一位青年教师入职后，面临三年中考和六年大考。用人单位显然是希望他在参加三年中考时，甚至在入职一年内就有可以展示的成果，而不是拖到第六年才拿出一堆成果。

还有一次，一位博士生在寒假之前完成了一篇科研论文，由我投出去了。紧接着，我发现他的论文漏了一组实验，无论出于发表的要求，还是出于学位论文的要求，都得补上这一组实验。这时候，他说他的亲戚正准备开车和他一起回老家。我急了："一定要把新的样品合成出来，把样品寄给测试机构测试，然后才能回家。"这样，他补做了实验并回家休息一阵后，审稿意见回来了，测试机构补测的数据也回来了，正好能用于修改论文。他的论文返修后，很快被接收了。

少做"无用功"

做和自己工作无关的事情，不一定完全无用。比如，你喜欢看诺贝尔文学奖获得者川端康成、加西亚·马尔克斯的小说，你能收获愉悦；一个教师在业余时间为报刊写稿，哪怕和科研关系不大，他也能收获快乐。但是读研的时间是如此之紧，以至于学生得"精打细算"，谋定而后动。

2020年疫情暴发后，学校暂不开学。我联系了一位其他课题组的研究生，她说每天在家"打卡"看文献。但我说，看文献要有目的，或是为了寻找科研点子，或是为了帮助分析数据，或是为了写论文的引言和讨论部分打基础，而不能漫无目的地看文献。并且，看文献只是"输入"，并非"输出"，最终决定学生能否毕业的是"输出"。当时，我就指导我的一位研一学生在看文献的基础上，提前把硕士论文的绪论章节写出来并修改好。那么到研三别人写硕士论文时，她就可以找工作了。

疫情期间，在讲授网课时，我还听有些学生说他们在导师的要求下，准备写一篇综述。我说："写综述会占据很多时间。你写的这篇综述和你的课题以及将来的学位论文有关吗？能作为你学位论文的绪论章节吗？发出的综述能用于申请学位吗？你写的综述能发表吗？还是只是写着玩玩的？如果写出的综述只是发表在一般档次的期刊，又不能为毕业所用，那有啥意思？"

类似的"无用功"有很多。好几次，有合作者的学生把他们的论文稿发给我修改。我把清晰标记了修订痕迹的 WORD 文档发给对方学生。不料，他们把论文稿发给我之后，也发给了他们的导师同时开始修改。这就使得他们费了好大的劲儿才把两份截然不同的修改稿整合在一起。原本应该采用的正确做法，是合作双方交替修改，或者一方改完了再让另一方审读。在这个例子中，我自己也没有问清对方就开始修改，这给彼此都带来了困扰。

和这种"不假思索地听从导师""不问清楚就盲目地做"相反的，是不寻求导师的指导。有些学生平时做着一些科研，却不及时向导师汇报进展，征询这是不是导师感到有价值的研究课题和实验结果。这么做，有可能自己花了很多时间，但最终自己的付出却无法"兑现"成为"管毕业"的科研论文和学位论文章节。聪明的学生应该"利用导师"，就是阶段性地把实验数据发给导师，问问还需要做什么实验才能"结案"，而不是等到论文初稿写完了，才发现缺少重要的实验数据或者实验方法从一开始就搞错了。

结束语

当我把本文的"半成品"放在网上，并让妻子（她也是博导）在微信朋友圈转发，她拒绝了我的提议。原因是他们物理课题组做实验、发论文比较慢。她希望她的五年制直博生能耐心做科研，承受住几年发不出论文的煎熬，而不是想着尽快完成论文后外出实习。她感到我似乎在宣扬"短平快"的东西。

然而，我认为无论不同学科做科研有怎样的快慢差异，也不管各种培养层次的研究生在培养要求上有何区别，研究生都需要积极完成学业和找工作，脑子要聪明，做事要明快，他们需要在有限的时间内有效地取得能够用于毕业的科研成果，而不是因为偷懒或者没有掌握"兵法"而浪费了很多时间，做了很多无用功。这就是本文的中心思想。

（来源：马臻. 做科研不顺？没时间找工作？解密读研时间管理 [J]. 中国研究生，2021（4）：42-45.）

读研要使巧劲儿

马臻

"苦行僧似的勤奋，是另一种懒惰"，2020年第11期《中国青年》上的一篇文章使我的眼睛一亮。作者古豆豆回顾了自己在学习上走过的弯路，并总结说："没抓住重点，没用对方法，企图用时间的叠加去取得成效，结果让自己身心疲惫，还伴随着深深的自责。"我很有同感：很多研究生不正是这样的吗？硕士生在不到三年的时间内要完成课程学习、科研、期刊论文、学位论文，还要实习、找工作，难度非常大，不使巧劲儿怎么行？

研一学习课程要讨巧

去年秋天，我让一位研一新生在课余最好能每隔十天向我汇报一次文献阅读的情况。我对她讲，读研不仅仅是上课，最终决定研究生能否毕业并获得学位证的是科研和论文。因此，要处理好上课和开展科研的平衡。但她整个学期都在上课，没有向我汇报过一篇文献，也没有做过一个实验。

在我讲授的"学术规范和科研技能"课上，她抬起头认真听讲，和教室里一些使用手提电脑干其他事的学生形成鲜明的对比，但她最终只得了B+成绩，原因在于她写的期末结课文章缺乏创新性，像是参考网上资料写的。

她还花了很多时间准备"环境材料"课的文献汇报和期末文献综述，但最终只得了B+成绩——她写的文献综述只有文字，而没有图。事后，她告诉我，她以为使用别人论文里的图会构成学术不端，所以没有用图。我告诉她，在期末文献综述中用别人的图只需要注明文献出处就可以了；如果没有图，那么这篇综述显得不"好看"、不专业。我感叹道，如果她事先能在组会上多练习文献汇报并让我看一眼她写的文献综述，就能避免走弯路，自己也能得到提高。

我进一步对她讲，现在很多研究生课程的考核要求是写一篇文献综述，学生最好不要"天马行空"地写和自己课题无关的文献综述，要善于"一举两得"。假设你的学位论文研究课题是"开发基于氮化碳的新型光催化剂"，那么你选修"环境材料"这门课，可以写一篇关于"氮化碳合成和物理化学性质"的综述；你选修"绿色化学"这门课，可以写一篇关于"氮化碳在光催化中的应用"的综述；你选修"环境光化学"这门课，可以写一篇关于"氮化碳的光催化机理"的综述。以后，你把这三篇"课程论文"合并在一块儿，加以编辑整理，不就完成学位论文的绪论部分了吗？她恍然大悟。但这时，整个学期已经过去了，她花了大量时间写了好几篇不成体系的课程论文，只是完成了这个学期的课程学习。

写论文要讨巧

一位研一学生进校没多久，我就让她学习文献管理软件EndNote。以往，很多研究生不愿意使用文献管理软件，他们在WORD文稿中"手动"输入文献、调整文献的序号，这不但容易出错，而且浪费大量时间。

从Web of Knowledge导入你的EndNote文献库的文献信息不全是对的，比如有些原始文献的标题中出现的化学分子式有下标，但在Web of Knowledge数据库中的化学分子式都没有下标。因此，你需要在自己的EndNote文献库里订正。往往有些研究生没有在EndNote里订正，于是导师修改学生论文时，花了很多时间指出这些细节错误。这不但使导师很郁闷，也耽误了学生论文的发表。

听了我的话，这位学生学习了EndNote。后来，她把她写的一篇论文稿发给我，我在WORD的修订模式下修改，把改过的文字都用红笔标出，试图让她看清我改在哪里。我还在文档中插入批注，让她针对我的批注进行修改。不料，我将我修改的版本发给她后，过了好久才收到她的修改稿。打开修改稿，我发现有的地方改错了，还有的文字没有按照我的要求进行修改。几次这样下来，时间大把浪费，我很不高兴。

后来才知道，她收到我的WORD文档后，没有在理解我的文字的基础上在文档里"逐一接受"或者"全部接受"我的修改，而是在电脑屏幕上把她的原始稿和我的修改稿分别打开，在她的原始稿中逐一修改，这不但使她非常累，而且耽误了时间，造成了新的文字差错。我对学生们感叹道：做事情之前首先要找准方法；吃不准如何做时，要多问问导师和课题组的师兄师姐，而不能蛮干。

这样的例子还有很多。一名博士生发表几篇英文SCI论文后，我就让他在夏天不想做实验时，把英文稿翻译成中文，将中文稿作为学位论文的相关章节，储存在电脑里。然而，进展缓慢。有时候，我还看到他把手机横过来，使用两只大拇指玩网络游戏，或者发送视频"弹幕"。

我对他讲，学生阶段性地把自己的英文论文翻译成中文作为学位论文的相关章节，就像是在积累"砖块"。积累了若干个"砖块"后，学生再写出学位论文的绪论章节以及总结与展望章节，那么学位论文就"底定"了，以后便有更多的时间找工作。

他还说他的英文稿写得太简单了，翻译成博士论文章节时需要花时间扩写。我对他说，先要逐一完成博士论文的各个章节，确保博士论文的整体框架是可以的、博士论文的"基本盘"是稳的。在完成这个工作的基础上，再考虑细化和调整，而不要一开始就在局部"精雕细琢"。他听从了我的指导，按部就班地先把博士论文的框架搭好。2020年初，他回家过年，因疫情原因无法返校。他在家里花少量时间再"冲刺"一下博士论文，顺利完成，还有时间联系找工作的事。

统筹安排，因势利导

就拿本文开头提到的那位去年入学的研究生来举例吧。原先我就在她入学之前建议她先在当地"刷"一份实习经历，这样进校后对于研三求职应聘就能更加心定了，但她没有做。入学后，本科期间已经考出大学英语六级的她，在课余复习英语，想把大学英语六级分数"刷"高。据她讲，班上很多同学都准备"刷分"。

我认为，既然读研时间紧、方方面面的任务都要照顾到，那么一定得统筹安排。她的一个师姐从不"刷"英语六级成绩，也不参加社团活动，而是提前把毕业所需的SCI论文发出来，把学位论文写出来。这位师姐不但获得一等奖学金和冠名奖学金，还在研二暑假去知名外企实习，研三有大块时间找工作，最终拿到好几个offer，并又参加了实习。相反，有很多学生一开始没抓紧，最后因为没有发出论文而毕不了业、拿不到学位证，找到的工作也"作废"了。

2020年疫情暴发了，学校宣布延期开学，我的这位研一学生很着急。

虽然辅导员给学生们提供了一些下载文献的资源，但我想说，读研又不仅仅是读文献。我让她首先得确定一个科研的题目，然后针对选定的课题，写文献综述，这既可以作为开题报告，也可以作为硕士论文的绪论部分。她在家看了百余篇文献，写完了硕士论文的绪论章节，反复修改。她还通过腾讯会议，给我详细讲解了7篇文献，但到了6月还不能返校，于是我让她和课题组另一位硕士生在确保安全的前提下，在当地找暑期实习。根据"边际效用递减理论"，她们如果暑假在家再看文献都不会有太多的效用增量，那还不如让她们投入社会实践，为将来的求职添砖加瓦呢。她们很高兴地投入了实习，不但在简历里增添了一条内容，增加了对将来就业的自信，而且学到了不少东西，积累了将来求职面试时的谈资。

我对她们讲，有的研究生"想得多，做得少"，还有的研究生"做得多，得到的少"。而聪明的人知道事情的轻重缓急，知道什么东西重要，什么东西不重要，知道什么时候该干什么事情；他们能够明确自己的求学和职业目标，优化做事的方案，实现一举多得；他们很清楚做过的一件事情、参加的一个活动，今后能用在什么地方；他们还善于寻求导师的指导，从而规避可能会遇到的"陷阱"。

（来源：马臻. 读研要使巧劲[J]. 中国研究生，2020（8）：22-24.）

7.3 本章小结 ▶▶

市场上有很多关于时间管理的书。有些好的书对研究生提高效率有一定的效果。比较有用的方法：在每天晚上睡觉前，在纸上梳理好第二天准备做什么；采用"四象限法"分析手头事情是否值得做；经常回顾、梳理自己的时间去哪里了，并采取改进措施；做"减法"，放弃一些不重要的事情。

具体到读研，研究生时间管理不能只靠"术"（技巧），还要有"道"（对大局的把握）。研究生时间管理的秘诀可以用十六个字来概括——认准目标，分解目标，按部就班，尽量提前。

"认准目标，分解目标"就是根据自己的价值观、兴趣、特长、经历、获得的荣誉，确定自己毕业后究竟准备去学术界、企业还是政府部门，准备从事和专业相关的工作，还是无关的工作。然后推导出什么时候该干什么事，需要在什么时间节点达到什么要求。

"按部就班，尽量提前"就是读研遵循一定的规律和时间安排，在什么时候就得干什么事，不能该上课的时候逃课，该做科研的时候去参加实习，该找工作的时候却因为没有研究进展而赶着做实验。

读研期间，学生会面对各种各样的活动和诱惑。如果自己无法做到应付自如，那么就要集中精力，以科研为第一要务。

第 **8** 章

做事规范和职业发展

8.1 做事规范 ▶▶

　　刚进课题组的研究生做事情常常欠火候。作为导师，我认为如果研究生在校期间没有形成好的工作习惯，将来即使找到了好工作，也很难有好的发展。导师不但要指导学生科研，还应该教他们做人做事。一天中午，我把课题组研究生叫过来，给他们上了一堂职场课。

　　说话得"经过大脑"。由于实验条件限制，有位学生需要到其他课题组借用仪器。不料，其他实验室研究生呛声说："你们老师不是很有钱吗？自己为什么不买一台？"再比如我曾在博客上写了指导研究生的种种困惑，有位网友留言："老师教不了学生，还是改行为宜。不是每个博士毕业的，都适合当老师。"说这些话都没有经过慎重思考。出言不慎的后果很可怕，有可能因为一句话而得罪人，对自己以后的工作造成严重影响。

　　细节影响成败，小处不可随便。在美国做博士后时，我在隔壁一位研究员的实验室进行催化测试。有一次换钢瓶时，我提到上次有个减压阀坏了，他就追问我把坏的减压阀放哪里了。我一下子想不起来是丢弃了还是放回抽屉里，也没有找到那个减压阀。他很生气，质问我："如果有人用到坏的减压阀怎么办？"还将此事报告给我的导师，使得我非常难受。

类似不注意细节的事也会发生在研究生身上。组建课题组后，我常看到实验室电脑键盘旁边放着一瓶敞开口的饮料，钥匙插在门锁上无人认领，敞开门的实验室空无一人的情况。一定要注意养成好的习惯！想一想，以后你到了工作单位，如果因为自己的疏忽而导致单位遭受损失，那会产生什么后果！

对于自己不清楚的事情，多问问老师或领导，不要自作主张！某实验室有间屋子的门关着，但没有上锁，屋子里有一辆闲置的钢瓶推车。有位博士后需要搬钢瓶，就进屋挪用了一下推车。过了几天，有好事者向管理部门告发说那间屋子里有放射性残余物，钢瓶推车也是被污染的！因为这件事，整个课题组的实验室被关停整顿，这位博士后也受到了处分。

我也曾遇到麻烦。系里一位老师请我审外校的一篇博士论文，并告诉我有200元评审费。我在电话里回答说，可以把评审费夹在博士论文里，投到我的信报箱即可，等审完后我直接把评审表格放入他的信报箱。我这么做是为了省事，但他坚持要我亲自去拿博士论文，等审完后，他要看看审得认真不认真再给评审费，还要我签收。他这么做也没错，属于按规范做事，可是不知怎么的，这件事传出去，我被说成"给钱才审，不给钱就不审"的人！所以，一定要改掉冒冒失失的习惯！

做事要积极主动！有研究生今天说腿痛，明天说肚子痛。老师交给他一个工作，他能把任务拽在手中，当成"挡箭牌"。每次老师问他，他都说"在做着"，以至于老师无法给他布置后续工作。

有一次，有个放马弗炉的公共实验室出了故障，电闸被拉下来了。于是学生们就停止了原本计划的焙烧实验，转而做别的事情去了。知道情况后，我对研究生们说，什么也不做不是好的做事态度，应该多积极主动。比如说，你们可以打听清楚：究竟发生了什么？故障是由于什么引起的？闸刀是谁拉的？造成了什么样的损失？有没有派人来修？是需要等电工过来修好并把闸刀合上，还是故障已经排除，只需要我们自行合上闸刀就行了？遇到事情多思考，主动过问，自己的办事能力就会加强。

在回应领导（导师）交代的任务时，不要说一些"应该没问题""应该马上就能出结果""到时候我会准备好"之类模棱两可的话。喻向东编著的《大学生毕业后要补的7堂职场课》举了个反面教材：

上司：你什么时候能把这个漏洞修好？

小张：我已经通知他们了，他们大概明天就会来修。

一天后，维修的人没有来。

上司：维修公司什么时候来？你找的是哪家维修公司？

小张：好像他们说安排不出人来，如果可能的话，今天晚上或者明天下午就能过来。

又过了一天，依然如故。

上司：漏洞怎么还没有修好？

小张：我晚点再问问他们。

上司忍无可忍，拍桌子说：今天下午之前不解决，你明天也不用来上班了。

我自己也遇到类似的事。我曾让一位研究生把样品送到他处测试。我把需要达到的精度告诉了他，并强调一定要达到这个精度才能达到实验目的。我拿到测试结果时，发现他自作主张变换了实验条件，没有得到任何有价值的数据，只能重新测试。过了好久都没有得到测试结果，他一会向我解释说"测试要排队，所以现在还没有消息"，一会说"实验员可能要过节""实验员可能外出开会"，却没有明确告诉我已经进展到哪一步了，什么时候能够把结果给我。后来查明原因，学生没有及时追踪测试情况，而实验员早就把需要重新测试这件事忘记了。这个学生给我留下了办事不牢靠的印象。

在做事的过程中提高与人沟通协调的能力！比如要联系一个测试业务。你打电话过去，总是联系不上实验员。有没有办法找到对方的手机号码，然后联系上他/她？再比如送仪器的人把笨重的仪器往实验楼下一放，然后说不能帮你搬上去了，你有没有办法把事情解决？做实验急需配制一瓶特种气体，但气体公司业务员说马上就快过年了，厂里缺乏人手，你怎样劝说对方在过年前把气体钢瓶送过来？以后当了教师，也会遇到和人打交道的事。比如到国外实验室利用他们的仪器做实验后，需要支付测试费。但到财务科办理手续，却被告知因为暑假的关系，操作外汇业务的工作人员休假了。怎样解决这个问题？

总而言之，我认为，读研究生不仅是做科研，更是"职场历练"。有了这些历练，对自己将来在职场上的生存和发展很有帮助。

拓展阅读一

换位思考，落到实处

马臻

换位思考

在生活中，在职场上，我们常常会遇到令人沮丧的事。遇到事情，一般人总是情绪化地抱怨环境，数落别人，但我却在摸爬滚打中学会揣摩对方是怎么思考、怎么"出牌"的。每件事情的发生，都有其原因，无论原因是否正常。如果能把事情背后的原因想清楚、弄明白，不但能增长经验，而且以后能少吃闷亏。

我的妻子从国外回到上海工作后，常遇到一些不顺。有一天，她下了班，独自在车站等公共汽车，没想到上车后被司机"劈头盖脸一顿臭骂"："刚才你怎么站在那么后面？"听到妻子说起这个情况，我很烦恼，真想打电话找车队投诉。

沉思片刻，我问："那个站台是不是凹进去的？"她说："是的。"我说，这就对了！凹进去的站台也许正好能容纳一辆车。在上海乘公共汽车，规定是前门上车，后门下车，而你站在本来后门的位置，总不能让司机把车头恰好停在你身边，以至于车尾露在车道上吧？而如果这个站台能停几辆车的话，先到的车总是靠前面停，把后面的空间留给后面到的车。否则，后到的车只能停在先到车的前面，岂不把路给堵住了吗？

过了不久，又遇到挫折了！她在站台等候，一辆公共汽车经过，停也没停就开走了，害得她只能再等20分钟。听了描述，我沉思片刻，问："站台上有其他人吗？"她说："没有。"我说："这个站台有其他路线的公共汽车经过吗？"她说："有的。"我说："那你有想上这辆车的体态语言吗？比如拿出交通卡、翘首以盼、招手？还是低着头光顾着玩手机，或者像是在等其他车或者别的人？"她无语了。

妻子做科研需要借助国外研究所的大型仪器。她向国外四个研究所申请了仪器机时，其中三个研究所批准了申请，唯独一个研究所两次拒绝了她。我没有情绪化地责怪对方，而是说，事情的发生，总有原因。从对方的角度来考虑：你是重量级的科学家吗？你和对方有过合作经历吗？你给对方出了论文吗？你要研究的东西马上就能发重量级论文吗？你是严肃地想发表论文，还是测着玩玩的？实验样品准备好了吗？大型仪器的机时不是随便给你的，对方科研工作者也是需要发表合作论文生存的。你有良好的合作记录，并且研究的东西有趣，他们自然会愿意给你机时。而如果没有和他们合作的经历，那只有靠别人带你一起去做实验或者你在下次申请的时候显示和别的研究所合作的"战果"了。所以，应该把在其他研究所测得的数据及时整理成文，让别人看到一些"产出"！

无论在马路上开车，还是和别人相处，都需要换位思考。无论是申请购买科研仪器的论证报告被反复打回来要求修改，还是评职称遇到挫折，都需要换位思考。也许有的人不理解换位思考，说这是一种"奴性"。但我认为，应该把握好度：什么时候该据理力争，什么时候该领会对方的思路、改进自己。弄清别人的思维方式，能更好地和对方打交道。改进自己，能使自己适应社会和职场的运行规则，使自己更加强壮。

落到实处

在国内做事情，或者和学生打交道，要积极主动，多催问、监督进展。不要听什么"马上就办""应该没问题的""在做"，而要问"什么时候办""已经办到哪一步了""什么时候能有结果"。做事要有强劲的执行力，稳扎稳打，否则就会把事情搞糟。

我的一个在其他单位工作的朋友打电话告诉我，他会通过特快专递送样品给我测试。几天后，没有消息，我以为他还没有准备好样品，恰巧我自己也有事情忙着，因此没有催问。又过了几天，他打电话问我收到样品没有。我说没有啊。后来他告诉我，他让学生寄样品，学生写的地址和收件人为"复旦环境系马老师"。我说："我们系有4个马老师！"他说他会联系快递公司的。又过了几天，他问我收到了没有。我说还是没有收到，这才去了系办查找。以往系办工作人员收到快递，会把收件人名字写在黑板上，提醒收件人去拿。但这次快递员在写着"复旦环境系马老师"的包裹上改正了名字，忘了告诉系办的工作人员，导致我的名字没有被写在黑板上。

妻子要出国做实验，国外实验室提出了一前一后两个时间段供她选择。她询问了一些人，认为能赶在前面那个时间之前办完出国手续。可是由于种种原因，在办批件、办签证、制备实验样品、邮寄样品等环节都出现了耽搁：碰上寒假和过年，办批件签字的老师休假了，申请签证的类型搞错了，制备样品的仪器发生了故障，样品寄到国外被海关扣留了，提前订好的飞机票也作废了……幸好及时和国外实验室沟通，调整了实验时间，这才完成了实验。事后想想，很多教训值得吸取。比如，本来可以主动追踪批件办理的进展，而不是等了好久才去询问。办批件签字的老师休假了，但只要强调急需批件，其他工作人员会帮忙解决的。

世界上的事情，并非都是完美的，但很多失误是可以避免的。"吃一堑"固然能"长一智"，但如果在做事之前制订严密的计划，并留有时间余地，在做的过程中多问问，监督进展，就不那么容易"失手"了。与其做了很多事情却没有做好一件，还不如做得少，但做得好！

（来源：马臻. 换位思考·落到实处[J]. 科技导报，2013（26）：85.）

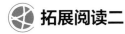
拓展阅读二

在科研中学会做事

马臻

研究生进我的课题组后，往往存在着做事不积极主动、毛毛糙糙、得过且过等问题。我告诫他们，做科研就是做事。不会做事，科研也不会好，还会影响他们将来的职业发展。为此，我不但指导研究生具体的科研内容，还针对科研中遇到的囧事，不厌其烦地给他们讲解做事方法。

遇到问题，解决问题

实验室有一套装置能测试催化剂催化一氧化碳氧化的性能。为了防止一氧化碳泄漏，我订购了两个一氧化碳报警器。

到货后，我让学生到学校仓库请购20节用于报警器的特殊型号电池，以备不时之需。可是他们只顾着用，不顾着买。一天早上，我到实验室，发现报警器没电了，就打开抽屉找电池。只找到一节电池，装上后却发现还是没电！

我把学生们叫过来告诫他们：做事情不要只顾自己，不顾别人。不要只顾眼前，不顾将来。就这件事而言，应提前多请购些电池，不要等到电池用完了才想到请购。不要把用过的电池和新的电池混在一起。可以保留一节旧电池作为请购的样本，但需要两端用标签纸封上，以便区分新旧电池。

我接着说：看到现象（比如电池快用完了、气体钢瓶快没气了），应该马上想到可能出现的问题，提前采取措施。例如我看到实验室垃圾桶里有两根破碎的专用封管，就问研究生储备的封管还够不够，需不需要定制。看到一个研究生使用实验室一套装置快测完样品了，就问他有没有把"什么时候测完"这一信息提供给准备接着测样的学生，以便衔接。这类似于麦肯锡的"空→雨→伞"思维。即看到天空中乌云密布，想到可能要下雨，于是持伞出门。

不久，我又遇到一件事。我到实验室转转，看到博士生小刘在合成样品，就问他合成什么样品。他说在用商品化金属磷酸盐制备负载型金催化剂，即把氯金酸、尿素溶液和金属磷酸盐载体放入烧杯，搅拌16个小时。

我觉得很奇怪，于是问他："你前几天已经制备了同样的两批催化剂，一批搅拌4个小时，另一批搅拌16个小时。你发现搅拌4个小时制备的催化剂的效果最好，于是我让你以那一批催化剂为基准进行后续研究。你今天怎么又要制备搅拌16个小时的催化剂呢？"

小刘解释说："制备这些催化剂需要商品化金属磷酸盐，最近实验室还有其他人在使用这些原料。瓶子里剩余的原料不多了，我怕以后用完了，所以抢先合成出一批。"

我感到匪夷所思："好比你的身上中了箭，你用剪刀把箭杆剪掉，而箭头留在身体里，你觉得荒谬吗？"

小刘语塞。

我接着说："如果你以后经常使用某种原料，你怕原料用完，应该提前订购。如果你吃不准要不要订购，可以来问我。关键是，要遇到问题，'解决'问题，而不是采取'权宜之策'！"

解决问题的方法有很多种，要认真思考哪种方法更好。一个合作者的学生合成了一批材料，找小刘测试催化一氧化碳氧化的活性。活性曲线本该是这样的：一氧化碳的去除率在室温是零，随着反应温度的上升，去除率逐渐上升，最后保持在100%。但测试后发现，有两个数据点不准，导致整条活性曲线不那么平滑。我知道是因为软件自动积分带来的误差，可以重新积分校正。

可是对方学生在写论文时，把"不准"的数据点删除了（这是他解决问题的方法）。由于数据点少了，整条活性曲线看起来很"粗糙"。并且，我觉得没有完整地呈现我们的测试工作量。

我让小刘对有问题的数据重新进行了积分（这是我解决问题的方法），果然得到了正常的活性曲线。

以后，每当学生慌慌张张跑过来说实验数据出了问题，要求将数据删除时，我都见怪不怪地说："究竟是什么问题？是样品搞错了，实验条件没有选好，人为操作失误，还是这种仪器不能满足我们的测试要求？如果样品没合成好，那么我们重新合成。如果实验条件没有选好，那么我们改变实验条件。如果人为操作失误，那么我们吸取教训后下次避免。如果这种仪器不能满足我们的测试要求，我们换其他仪器。但你不能一味地把数据'删除'，当做什么也没做啊。"往往，经过讨论，我们发现实验数据正能说明我们想说明的问题，或者想出了其他改进实验的方法。

做事要上心，不要得过且过

我让博士生小谢送几个样品测X射线光电子能谱，反复叮嘱他：样品里钯的含量很低，需要精扫才能得到钯的含量和价态。哪怕精扫后得不到有价值的信息，我也愿意出钱。几星期后，他给我粗扫的结果，数据不能用。

我让他重新送样精扫。可是过了好久都没有下文。他一会儿解释说"测试要排队，所以现在还没有消息"，一会儿说"测试员可能要过国庆节""测试员可能外出开会还没有回来"。我反复催问后，他才去找测试员，测试员疑惑不解地说："你让我重新测试了吗？上次不是已经测（粗扫）过了吗？"

研究生们普遍存在类似的问题。有一次，我的妻子（也是研究生导师）要到国外借助大型仪器测样，手头旧的样品数量不够，便让研究生制备了第二批样品。之后，需要测试样品的基本物理性质，确保质量合格后，才能把样品带到国外实验室进行后续测试。她让研究生在自己的实验室测试第二批样品，但研究生测了旧的样品！临上飞机，才发现了这个疏失。由于旧的样品数量不够，也不能保证第二批样品的质量是合格的，只能取消了原定的实验计划。

我对研究生说：导师给你们布置任务时，你们要明确导师的意图，把要求记下来。如果不清楚、不理解，那么当场问清楚。如果回去发现了新的问题，应及时问老师。送样测试时，才能跟测试员沟通好测试要求，并且及时跟进。

给学生讲了以后，他们有所改进。但后来，我又遇到了新的情况：我让研究生们做事，他们起初也出力做了，但当我提出更进一步的实验或者写作要求时，他们带着思想情绪，开始"讨价还价"。

小孟制备了四颗不同大小的Cu-ZSM-5催化剂，用于催化分解氧化亚氮，发现催化效果有明显区别。他做了常规的表征实验后，我让他用一氧化碳吸附红外来表征四个样品的铜离子物种，每个样品在四个温度条件下进行实验，试图解释为什么这四个催化剂的催化效果有明显区别。但他只是挑了其中一个样品，在一个温度条件下进行了实验。我让他重做。我说我不在乎花钱，只在乎得到有用的结果！他还是用这个样品，补了三个温度条件的实验，而没有表征另外三个样品。他解释说，做实验很累的，只要能（用最少的数据）说明问题就行了，"别人不都是这样做的吗"？

见他有思想情绪，不愿意做，我不情愿地将稿子投了出去。后来，审稿意见回来，三个审稿人一致对催化剂的铜离子物种提出疑问，要求补做红外实验以后才能发表。小孟"敬酒不吃吃罚酒"，乖乖地补做了实验。

无独有偶，硕士生小秦制备了几个系列催化剂，并进行了相关的表征和催化测试。发现有些催化剂效果好，有些催化剂效果差。这样，撰写出硕士论文不成问题。可是在撰写SCI论文时，她开始"纠结"。

我让她把有些催化剂效果好、有些催化剂效果坏的事实（数据图）都写上去，这样，"红花需要绿叶衬托"，也显得"没有功劳也有苦劳"。可是她"刚愎自用"，只是挑出几个好的催化剂，试图用有限的数据写成论文。

并且，她对她的实验室同学说，她自己会处理（写论文）的。

与其相反，和她同一年进来的硕士生小钱经常把数据和写出的稿件给我看，问我："马老师，你看看还需要补什么数据吗？"因此小钱很快发表了SCI论文。可是小秦不那么积极。

有一次，我看到小秦的X射线光电子能谱数据有个别好像不大对，而且没有分峰。我让她分峰，她说文献里对于这个元素都不分峰的。也就是说，她只愿意笼统地、定性地描述。

我"怒"了，说你不分峰，我不给你投稿。她只得分峰，这证明研究生被逼一下，还是能够前进的。

最使我疲倦的是，她发过来的稿子英文都不通，每次发给我也是改变一点，没有达到我稍加修改就能发表的状态。这使我非常烦恼——如果我"扑进去"花很大精力改这篇论文，势必会耽搁其他研究生的论文。

我对她说：你把英文稿子改好了以后再发给我，不要每次只是改变一点，而没有本质的提高。哪怕你把稿子给师兄师弟看看，让他们帮你改改也行。

她花了三个多月时间反复修改，补做实验才把论文投出去，一举命中。

我把编辑给我的接收函转发给全体组员，说：做科研要多听听导师的意见，把实验做完整了，把论文改好了再投出去。不要抱着"得过且过"的态度，也不要像在菜场里讨价还价那样拒绝做补充实验。只要按照导师的意见、审稿人的意见做了实验，修改了论文，发表通常是不成问题的！

（来源：马臻.实验室非菜场，拒绝讨价还价[J].大学生，2016（15/16）：138-139.）

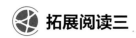 **拓展阅读三**

指出研究生思考问题的误区、盲区，促其成长

马臻

在课题组，我不仅指导研究生做科研，还针对学生在遇事时流露出的思想倾向，点出他们思考问题的误区、盲区，促使他们从"学生"向"职业人士"转变。以下我举几个例子。

不要用情感诉求代替理性分析

一位博士生读研三上学期时，我见他科研工作不完整，也没开始写博士论文，写作能力也不理想，便向他指出问题，提醒他如果不采取有效措施，可能要延期毕业。他给我写了封电子邮件，没有从学术角度论证自己达到了毕业要求，也没有针对我的顾虑提出改进方案，而是说："你可以问问其他组员，我有没有工作不努力？我有没有不乐于助人？"又说："爹妈年事已高，他们希望我按时毕业。如果他们不幸福，我就没有存在的价值了。"过了一阵，他写了篇学术论文，我从学术角度指出论文存在的问题，论证该论文只适合发表在影响因子2～3的材料化学期刊，但他苦苦相劝："我为了这篇论文付出了很多，做实验很辛苦的。并且我想进高校当讲师，没有高档次论文不行。别人不也是'从高到低'投稿的吗？不试试，怎么知道投不中？"我拗不过他，按他心意把论文先后投给3个刊物，论文都被编辑直接"枪毙"了。

遇到上述事情后，我对学生说，不要用情感诉求代替理性分析。职场是现实的，不是你有苦衷，或者你付出了，你就该得到你想要得到的东西。比如一位大学生在应聘时和一位HR讨价还价："你看上海的物价那么高，我要交房租，要交水电费、电话费，还要谈朋友。每个月工资5000元，你让我怎么活？"HR回答："每个月需要多少钱才能活，是你的事，不是我的事。如果你要求每个月拿8000元工资，那么你应该论述你为什么值8000元，你能为公司实现多大的价值。"再比如，参加晋升教授答辩时，你说你科研成果少，是因为你"上有老、下有小"，这有用吗？你说你当初回国时把自己"贱卖"了，只得了副教授职称，回来后重新搭装置、招研究生很辛

苦的，这样的说辞有用吗？评审者只问你入职后到底做了什么，取得了哪些成果，是否比其他候选人明显优秀。你很辛苦，别的候选人就不辛苦吗？

哪怕别人有错，自己也要为自己的前途负责

一位硕士生进校后，仅仅满足于上课，做志愿者。我多次找她谈话，促使她在科研上步入正轨。她写出一篇论文后，在科研上有所懈怠，实验进展缓慢。我不愿等到最后出现危机了才责怪她，而是一看到"苗头"就告诫她："如果你已经投的那篇论文发不出来，而新的实验工作量不够，你有可能毕不了业，希望你再努力一点。"她理直气壮地说："如果我毕不了业，我相信不仅仅是我的错！"

我坦率地对学生说：研究生毕不了业，有种种原因，比如课题难、实验条件差、导师指导无方、投错学术刊物、审稿人没有及时审稿等。你们还会受网上一些舆论的影响，说"毕业要求发表一篇SCI论文是不合理的""做科研不仅仅是发表论文"，甚至抱着"法不责众"的幻想说"班级里很多同学也没有发出论文"。但如果把这些说辞作为"挡箭牌"而不努力的话，吃亏的还是自己。如果一个学生毕不了业，对自己100%是有影响的。

2015年第9期《青年文摘·彩版》刊登了生涯规划师古典的一篇文章《别人错了，你也有责任吗》。文中介绍，在一场电视节目中，专家分析了大学生就业难的原因，包括缺乏职业教育、企业用人需求虚高、大学生扩招导致教学质量下降……现场的大学生们释然了："哦，原来如此，原来这不关我的事！"古典却说："即使是有人做错，却还是需要你来负责。在今天听完这些社会的不完善以后，你出门还是要面对这一切，找你的工作，过你自己的生活……整个世界都翻船，重要的是先把自己捞出来。"这不是是非不分，也不是委曲求全。而是说，要放弃借口，面对现实，努力进取，为自己的前途负责！在高校评职称也是如此，纵然有很多不合理的现象，也要把自己的本职工作做到极致！

从领导者的角度思考问题，要有全局观

国外一位同行给我发电子邮件，让我推荐一位博士生过去先做半年访问学者从事环境催化研究，然后转为博士后。我推荐了其他老师招进来和

我合带的一位学生。我自己的学生对此颇有微词，说我"嫡庶"不分。

我耐心地给学生们解释：一般人只是从自身利益角度看问题，认为"如果你和我关系密切，你就应该把机会给我，否则就表示你和我不亲"。但如果你们将来想成为领导者，就得学会从领导者的角度通盘考虑问题。

就此事而言，我考虑的是对方导师的需求（招实验技能、英语写作和品学兼优的学生完成他的课题）、我的声誉（不能把某方面有欠缺的学生"打闷包"推荐给对方）和学生的实际情况（能力、学位论文进展、职业规划）。我和其他老师合带的一个五年制博士生从事相关课题研究，他已经完成博士论文的几章内容，即使出国半年做访问学者都不会影响其正常毕业。并且他能力超群，两次获得国家奖学金。而我自己的三年制博士生课题研究尚不完整，英文写作能力欠缺。如果这时让他出国做访问学生，他毕业就会成问题。于是，哪个先"成熟"就先推荐哪个，还没有准备好的学生在组里再多练一练，这就是"量体裁衣"。

我还告诫学生们不要和别人攀比，应该踏踏实实做好自己的事情，这样以后才能抓住适合自己的机会。这位三年制博士生在我课题组最后半年时间里做了新的实验（构成了博士论文新的一章内容）、整理好了博士论文，去了上海一所高校任职。

（来源：马臻. 指出研究生思考问题的误区、盲区，促其成长[J]. 科技导报，2016（9）：125.）

8.2 职业发展 ▶▶

硕士生毕业后的去向包括读博士、进企业或者事业单位、做公务员或者选调生、自主创业等。博士生毕业后的去向包括做博士后、进企业、进高校等事业单位、做公务员或者选调生、自主创业等。为了找到好的工作，为了将来在工作岗位有好的发展，在校期间除了做好科研，还要发展自己的职业生涯——阅读职业发展类书籍、参加职业发展讲座、在条件允许的情况下参加实习、参加应聘面试，提升自己的时间管理、沟通协调、求职应聘的能力。

第一，找到"要我做""我想做""我能做"的交集。

人思考职业发展问题，往往会从"我想做"（即自己的主观意愿）出发。但只是"我想做"还不行，还要"我能做"（有能力做），否则就会"心有余而力不足"，纵然机会从天而降也抓不住机会。只是"我想做"并且"我能做"还不行，还要确保自己想做、能做的事符合时代发展的需求，符合国家和市场的需求，符合工作单位的需求，这就称为"要我做"。一些著名的成功人士无不找到了"要我做""我想做""我能做"的交集，比如樊锦诗、屠呦呦、莫言等。"要我做""我想做""我能做"这三个圆的交集，正好对应着一个人的"生态位"，就是靠做这个事生存。

在高校，如果你观察一下不同的人，就会发现他们都有自己赖以生存的东西。比如，有的教师频频在 *Nature*、*Science* 及其子刊上发表论文，并且获得学术头衔，他们的存在就对院系和学校有价值。有的老师虽然在科研上表现一般，但获得省部级教学成果奖，并且出版教材，对学科评估以及教书育人有用。有的老师虽然科研和教学一般，但一旦学校的上级主管部门征集网络育人作品，他能代表学校"出征"。当然，还有些老师从事行政工作，对各项事务的推进起到"催化剂"的作用。

凭借研究生一个人的力量，无法改变"要我做"的内容，但人可以更清晰地了解"要我做"的内容，进而调整"我想做"的范围，但关键还是要在"我能做"这个集合下功夫，提升自己的核心竞争力。

那么，怎么找到自己的生态位，提高核心竞争力？我问你：当你谈到什么，两眼放光？你在什么领域有优势（人无我有，人有我好）？从事一份工作需要什么能力，你是否有？如果别人让你用一段话或者一句话来介绍你自己，你怎么说？如果什么都不知道，或者不清楚，那就要学习、思考、实践和积累。

学习什么？通过网课、图书和行业杂志学习拟从事行业的专业知识。比如，如果你想"转行"从事新媒体或者新闻写作、编辑，那就要学习相关的网课和图书。如果你要"转行"做金融，那就要学习相关专业知识，多阅读相关的行业杂志，进入那个语境，否则很难通过找工作的面试。我就让自己的研究生阅读《高效能人士的七个习惯》《吃掉那只青蛙：博恩·崔西的高效时间管理法则》《小强升职记：时间管理故事书》《大学生毕业后要补的7堂职场课》《向上管理：与你的领导相互成就》等书籍。当然，如果你要坚持在科研领域发展，就要学习各种实验技能、计算方法、数据处理软件、指导研究生的方法、写科研基金申请书的技能，学习本领域的教科书和学术专著。

思考就是静下来思考一下自己所处的环境、社会的需求、自己的优势和劣势、自己和别人的区别、自己的特点和喜好。深入的思考也称"灵魂拷问"。比如有的博士生在校期间发表了多篇高质量科研论文，他的理想是进高校任教，那么他就应该想清楚：发表多篇高质量的科研论文，主要是他自己的功劳，还是导师、合作者们也提供了大力帮助，没有他们不行？离开导师后，到其他高校任教，自己究竟能不能申请到科研项目并指导研究生、发表论文？自己在科研方面，能不能提出具有创新性的科研点子？是不是拥有非常强的实验技能？能不能写好科研论文？是否具有很强的人际沟通能力和指导研究生的能力？进入高校任教后，能够给新的院系带来什么？是准备独立建立课题组，还是加入现有的科研团队？再比如，有些硕士生准备将来"转行"，比如环境专业的研究生想去"大厂"做电商，那么也要考虑清楚自己是否真的有能力从事这份工作，做电商是不是真的是"我想做"的。简而言之，世界上很少有"干活少、拿钱多"的工作；无论是进企业还是进高校当老师，都会面临很大的压力。于是，研究生需要想一想：我真的喜欢这个职业吗？我真的胜任这份工作吗？

实践包括参加实习和日常在课题组、学生团体做事。

关于实习，这里有几个问题或者注意事项。

① 实习分为两种。一种是研究生培养方案中要求的和本专业相关的实习，比如专业学位硕士生需要去企业从事相关的实习；另一种是研究生培养方案中没有要求的，研究生自己要参加的自选实习，比如学习环境专业的研究生去金融企业实习。

② 实习是否对找工作有利？答案是：不一定。这取决于研究生是硕士生还是博士生，以及具体应聘什么类型的工作。硕士生去企业参加实习，对应聘和实习工作相关的工作有帮助。比如说，一位环境专业的硕士生到一家电商参加实习，对他将来应聘电商工作有帮助（而且实习经验越丰富，帮助越大），但对他应聘环保企业的工作不一定有直接的帮助。博士生毕业要求比较高，平时做科研也非常忙，一般没有时间参加实习，也不需要参加实习。如果他将来应聘教职，简历上却有企业实习的经历，那会让人觉得有点怪。

③ 是否一定需要实习才能找到工作？答案是：不是的。硕士生应聘企业工作之前，最好有一份实习经历。特别是如果要"转行"做别的工作（只要不是端盘子之类简单的工作），最好需要做一份相关的实习。但并非一定需要实习经历

才能找到工作。

④ 参加自选实习要有针对性。有很多研究生在课外参加了这个、那个活动，每个都持续半天时间，把这些活动都写到简历里去，但这些"浅尝辄止"的活动对简历没有什么帮助。在研二的暑假扎扎实实地从事一份有针对性的实习足矣。"有针对性"还意味着：假设你将来要去化工公司从事研发工作，那么你就要在研二暑假去化工公司实习，而不是去财贸公司。如果你以后想当公务员，那么研二暑假就要去基层、社区实习。

⑤ 硕士生一般什么时候参加自选实习比较好？答案是：在本科毕业那年的暑假，就可以先参加一份实习。如果条件允许，在研二结束之后的暑假也可以参加实习。

⑥ 参加自选实习，不能只是满足于在简历上写上这一段经历，而是要真正从中收获经验教训，并在将来面试时，能够把自己的体会和收获说出来。

⑦ 如果导师不让硕士生参加自选实习怎么办？那就需要和导师协商，看看需要达到什么要求（比如研二发表科研论文并写好硕士论文初稿）导师才愿意"放行"。如果导师不同意，那就算了，还是要以自己正常毕业为重。切忌私自外出实习——被导师发现后，会造成师生彼此的嫌隙，还会影响课题安排和毕业。

积累包括积累能力和积累简历。

在"积累"方面，要注意两点。

① 知道什么东西重要，什么东西不重要，在理想和现实之间找到平衡点（鱼和熊掌不可兼得）。简而言之，就是研究生在读研期间，会遇到很多诱惑和选择。有很多学生会去"刷"大学英语六级考试成绩、考雅思、考驾照、考教师资格证、考会计证，这样能使自己更加"自信"。但我对研究生说，一份相关企业的实习经历完胜大学英语六级考试得高分，除非学生想毕业后去教培机构教英语。

② 尽可能把做过的事情连成一条线，形成板块，形成可以拿出来"说事"的东西。比如，事业单位实习1 + 事业单位实习2 + 当团学联干部 = 应聘事业单位工作。那么，驾照 + 教师资格证 + 参观访问 + 会计证 = ？

应聘面试实务

研究生找企业工作，对方看什么？看大学、专业、学位；看相关的实习经历；看面试表现（外貌、性格、谈吐、谈话内容）；看应聘者和职位的匹配度；看应聘者能为企业带来什么价值。其中，最重要的是相关的实习经历和面试表现。HR 经理会通过研究生的学历、相关实习经历和面试表现来判断应聘者和职位是否匹配，应聘者能为企业带来什么价值。

研究生找高校工作，对方看什么？看大学、导师、研究方向；看发表论文情况；看面试表现；看应聘者和职位的匹配度；看应聘者能给院系带来什么价值（论文、项目、学科建设）。其中，最重要的是发表论文和应聘者能给院系带来什么价值。"应聘者能给院系带来什么价值"指的是：入职后能否产生高质量的科研论文？能否获得国家自然科学基金项目？能否获得学术头衔？能否发挥自己的专业特长，成为院系学科建设链条上不可或缺的一环？比如，院系想大力建设纳米材料研究方向，正好缺一位能够操作球差电镜的高水平技术人员，而你拥有这方面高超的实验技能。再比如，院系想大力发展生物质转化方向，以便申请大的科研项目，而你从事的正是这个方向。

申请高校工作，有论文"硬通货"是前提，面试时多聚焦学术问题和发展问题，较少采用"行为面试法"。而申请企业工作，根据 *Job Interviews That Get You Hired* 和其他资料，需要注意以下事项。

① 准备好描述你过去的一些经历。HR 会通过问你过去的经历来了解你的性格、做事方式和成绩，这称为"行为面试法"。比如，他会说：举一个例子说明你以前遇到什么困难，是怎么克服困难的。描述一下你曾经面临什么艰难的决定。遇到这类问题，可以采用 P-A-R 格式，即简短讲述自己曾遇到什么问题（problem）、采取什么行动（action）、得到什么结果（result）。也可以采用 S-T-A-R 格式，即简短讲述自己曾遇到什么情况（situation）、面临什么任务（task）、采取什么行动（action）、得到什么结果（result）。

② 被问到问题时，不要只是简单地回答"是"或者"不是"。在这方面，不会表达，会吃大亏。

③ 事先做足功课，了解清楚：公司是干什么的，主要业务是什么，有多少人，公司的文化是怎样的。比如应聘一家环保公司，需要事先通过各种途径了解清楚：该公司是做咨询的（不需要做实验和工程），做工程的，还是建有实验室？公司的规模有多大？里面有哪些部门？平时上班是否需要穿正装？有没有加班文化？需不需要频繁出差？公司领导采用民主的管理方式，还是表现出强势？是否需要经常参加团建活动？

④ 不要透露太多的个人隐私，比如"妈妈生病了，需要照顾"，或者"如果我到贵公司，中午就可以和在附近工作的女朋友一起吃饭"。透露上述信息，会

使得HR认为你很幼稚，而且无法集中精力干工作。

⑤ 回答面试问题，是为了实现一定的"功能"，那就是拿到这份工作。因此，在回答问题时，别忘了"兜售"自己。

⑥ 不要说导师的坏话，也不要说院系、学校的坏话。如果你对HR说别人的坏话，那么他会认为你有问题或者不合群。并且，他会认为你加入他们公司后，也会经常抱怨。他还会认为，一旦你被他们公司解雇，你会把他们公司的机密或者问题泄漏出去。

⑦ 要准备好HR的最后一问："你还有什么问题要问我们吗？"很多不善于回答的人在面对这个问题时，说自己没有问题，或者问一些简单的问题，比如，"贵公司有多少员工？"记得我当年应聘美国一所大学的助理教授，我是这么回答的："新进校教师面临职业发展方面的挑战。我想问：你们院系会不会给新进校教师配非正式导师？"我认为这样的回答比"你们大学有多少大学生？"更好。

⑧ 回答单个问题的时间要控制在90秒之内，除非HR追问或者表现出极大的热情。有些问题你用几十秒回答之后，如果HR对此很感兴趣，他自然会追问的。

⑨ 要注意HR思维方式和学生思维方式的不同。比如，当你提出要更高的薪水，那应该论证自己能给公司实现多少业绩，而不是说自己还要交电费、房屋租金、上网费、谈朋友。如果你用后一种方式论述，那么HR会这么想："这是你的事，不是我的事。就这些工资，你来还是不来？"

⑩ 面试前，要静下心来进行"灵魂拷问"：我为什么要做这份工作？这份工作到底有哪几点吸引我？我为什么是做这个工作的最佳人选？我的弱点和强项是什么？我能为公司带来什么价值？我的职业发展理想是什么？想清楚了，自己回答问题时就更加有底气。想清楚了，自己也不会应聘不适合自己的公司。

⑪ 应聘面试，要学会"讲故事"。

总结和感悟：①要明白自己究竟要什么：成为公务员？进企业？进高校？②要明白自己究竟有什么、核心竞争力是什么。③合理安排好时间，处理好学业和职业发展的关系。④做事要有"针对性"，连成一条线，指向工作。⑤由内而外改变自己，面试自然而然能展现出"内功"。

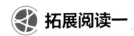

研究生职业发展：要做个有心人

马臻

"毕业时找不到工作，不要怪导师没有让你外出实习，也不要怪就读的专业。我只问一声：面试中，你讲得出来吗？这样的口才，行吗？"有一次，我在"学术规范和科研技能"课上，让几个研究生回答问题，表达自己的观点，他们都支支吾吾，于是我有感而发。

在我看来，很多研究生没有明确的目标，不善于时间管理，更不善于利用一切机会提高自己。他们看起来很"忙"，在课上打开手提电脑干其他事情，课后忙于参加各种活动、考证，心中充满迷惘——这个专业就业面狭窄怎么办？将来找不到工作怎么办？其实，专业研究和职业发展并非"非此即彼"的关系。关键是：你是不是一个有心人？

由内而外地改变自己

Brian Tracy 在 *Flight Plan: The Real Secret of Success* 中写道：要实现你从未实现的事情，你必须成为一个你从未成为的人。你必须发展你从未有过的品质和特点。你必须习得你从未有过的才华和技能。要取得大的成功，你必须成为一个伟大的人。换而言之，职业发展和成功是"由内而外"的。

为此，我买了一些书给课题组研究生们看——博恩·崔西《吃掉那只青蛙》、大冰《你一定要学的时间管理书》、史蒂芬·柯维《高效能人士的七个习惯》、采铜《精进：如何成为一个很厉害的人》、喻向东《大学生毕业后要补的7堂职场课》、陈凯元《你在为谁工作》、萧雨《向上管理：与你的领导相互成就》。

这些书教你如何设定目标、如何管理时间、如何职业化地做事、如何与人沟通。比如，《大学生毕业后要补的7堂职场课》提到，向上司汇报工作时要"先说结论，再讲过程"。这在实验室的场景下也是适用的——导师问你实验有没有成功，你要先说"有"还是"没有"，而不是一开始讲了很多理由，最后才说没有成功。遇到导师交给你的任务，你不要说"到时候我会准备好的""大概明天应该可以完成"，而要雷厉风行地做事，给导师一个准确的答复。

在课题组，我还会开临时组会，针对出现的问题讲道理。我会让学生复述、归纳我在组会中说的话，让他们分析我的意图（例如为什么没有让一名研一新生"刷"大学英语六级成绩），并提出下一步该怎么改进。这样，学生更加知书达理，表达能力有很大提高，这样也有助于他们以后参加企业面试。

人要有自知之明

很多研究生想在毕业后从事和所学专业关系不大的工作，比如学环境专业的研究生想去做销售。他们既没有系统学习过相关知识，也没有阅读相关行业的报刊，更没有联系企业人士进行职业访谈。

"转行"没错，但我认为，不要只是听说从事某行业能挣大钱就想涉足该行业，也不能只看企业名头，而要想想：自己是否真的喜欢某个职业（比如销售）？谈到这份工作，自己是否两眼放光，浑身来劲？

人应该找出自己的优势领域和真正的兴趣爱好，然后把爱好和从事的工作结合起来。当你对所从事的事情有激情时，那么就有使不完的力气，干活不累。于是，你就能更好地为用人单位带来产出，进而实现自己的价值。你想清楚以后，那么在今后的求职面试中，自然有东西可说，自然会两眼放光。用人单位要找的，就是对该项工作有激情的人。

研究生除了要"点燃"自己的职业兴趣，还可以阶段性地进行一些"思维训练"，比如进行SWOT分析。有一位博士生进入我的课题组后，我就启发他进行SWOT分析。他善于想点子，动手能力也强，这是他的强项（strength）。然而，他的弱项（weakness）是不善于写论文。他的机会（opportunity）是我很善于修改论文，也会通情达理地把论文投给合适的期刊，确保学生能正常毕业。他面临的威胁（threat）是课题组近年缺乏经费，并且就大形势而言，现在博士生毕业越来越难了。一个人如果想成功，那么就要把自己的强项发挥到极致，并且避开不利之处。懂得这样分析的人，能识大体，能拿捏好事情的轻重，从而在完成学业和找工作方面做出理智的选择。

要做一个有心人

不会"混"的人，做了很多事情，却得不到理想的效果。我曾经收到一位联系考博的学生的简历，只见简历里既有和环境专业相关的活动，也有担任"吃货部落"店长、"密室逃脱"解说员、家庭教师之类的经历。这给我一种"申请者缺乏自信心所以才把所有的经历列上去，但他不知道自己要什么"的感觉。很多次，我对学生们说："你们的简历上有这个，有那个，但是哪一条能够把别人一下子比下去？"不同经历的"含金量"是不同的。一名研究生参加一家知名企业的暑期实习，对他将来应聘相关行业的工作来说，价值远大于"走马观花"地参加一大堆社会活动。

无心的人做一件事情，只是实现了这件事情表面的效用。而聪明的人，能够挖掘这件事情的几层含义，发挥几个功效。比如说，我们学校一些学生参加了暑期实践，有的去贫困地区，有的去大型国企。我们学校党委给暑期实践定出一个主题——"看需求、悟变化、讲担当"，这样，活动的立意就高了。参加的学生不但进行了暑期实践，还要参加各类答辩并写总结材料。他们不但开阔了眼界，而且锻炼了表达能力、与人打交道的能力。这些经历和能力的提高，都可以成为学生在将来参加企业面试时的谈资。

要把做过的事情连成一条线，甚至形成板块。我常对研究生们说，如果毕业后想进高校机关工作，那么在正式入学读研之前，得提前进校，参加我们学校举办的"研究生骨干培训班"。入学之后，得当辅导员、团学联干部，并融入学校和院系举办的各种活动。如果毕业后想去企业工作，那么在校期间就多参加职业发展讲座，多锻炼口才、沟通协调能力和时间管理能力。无论如何，都不能"东一榔头，西一棒槌"。我举例说：我喜欢在报刊发表文章，但这些文章大多是关于高等教育，特别是研究生教育的。我把自己在指导研究生过程中积累的经验写成文章在报刊刊登，这些工作反过来使我能更好地讲授"学术规范和科研技能"课，也帮助我申请到了研究生课程建设项目。

要善于从经历中挖掘

要顺利找到工作，还要善于挖掘以前做过的事情。有些企业HR会采用行为面试，比如让你举出一个你积极主动把事情完成的例子。记住回答时采用P-A-R结构：遇到什么问题（problem），采取了什么行动（action），得到了什么结果（result）。如果你是一个有心人，那么你就会发现在实验室做的很多事情都可以用来答题。

回答的范例："当我刚进老师实验室的时候，有一套装置刚添置，没有改装成我们要的样子。我来到实验室，从头开始购买配件，学习仪器说明书，不但自己搭建了仪器，还写了一本操作手册，并协助导师指导了三名研究生。后来我用这台仪器发了4篇论文，获得了国家奖学金。"

比如，HR问应聘者是如何面对困难的，可以这么回答："研二时，我没有按照老师的要求补做一个实验，结果论文被两位审稿人'枪毙'了。怎么办？痛定思痛，我列出修改要点清单，挨个补做了实验，自己不会的就向师兄求助。我坚信论文的价值，写了长长的答辩信，把论文重新投回去，终于成功了！从中我学会三点：一是要多听领导的话，不要刚愎自用；二是要善于向别人请教；三是在接到任务之后，无论遇到什么困难，都要想方设法把事情搞定！"

再比如，有些HR会通过行为面试，了解你是怎样与周围人相处的，是否具有沟通协调能力。回答的范例："我记得刚进实验室，有一次和老师发生了误会或者矛盾。我听同学说找工作和大学英语六级相关，便想'刷'六级成绩，但老师不开心了。遇到问题，我学会了从领导角度思考问题，学会分清事情的轻重缓急。于是我和老师进行了沟通，并以此为契机，学习了《吃掉那只青蛙：博恩·崔西的高效时间管理法则》等时间管理书，参加了时间管理和职业发展讲座。我提前完成了硕士论文。虽然我应聘的是非环境类工作，但在课题组学到的人际沟通能力是从事任何工作所需要的！"

你看，学习、生活中处处都有可以用来说的例子，研究生无须刻意地包装自己或者'刷'简历，而要做个"有心人"！你要是注意提高自己的能力和素质，积累相关例子，并看一些管理类、职业发展类书籍，找工作面试时谈吐自然就会好。

（来源：马臻. 研究和职业的关系"非此即彼"？[N]. 中国科学报，2020-01-09（8）.）

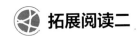 拓展阅读二

研究生就业：你准备好了吗？

马臻

谈到就业，很多硕士生很迷惘。他们或是困惑于整天忙着做科研而无暇外出实习，或是做了很多兼职，却不清楚这是否有助于找到理想的工作。硕士生为了就业，读研期间该如何安排时间？要不要"刷"简历？企业在面试时重点看什么资历？让我们来听听资深HR（郭孝玉）和研究生导师（笔者）的说法。

写简历要有针对性

我经常收到申请考博、推免学生的简历。有的简历长达几页，上面堆满一条条的社会活动——到化工企业参观实践，为企业翻译科技论文，担任"吃货部落"店长，成为"密室逃脱"讲解员，做课外辅导老师。看了这样的简历，我哭笑不得：你想通过这些活动说明什么呢？说明如果你到我这儿读博或者读研，也会这么"忙"呢，还是仅仅想获得我的"点赞"然后就无视你的申请？你的简历有那么多内容，哪一条能有助于你从众多申请者中脱颖而出，让我接纳你呢？

"简历不要超过一页！"应邀到我们学校开就业讲座的资深HR郭孝玉说，很多学生通常犯的错误就是一股脑儿地把所有活动、荣誉都放到简历上，这就让HR不清楚你究竟想申请怎样的工作。简历里的每条内容都最好"指向"所应聘的岗位要求，让人一看就明白你在应聘什么工作。

郭孝玉指着一名环境专业应届硕士生的简历说：如果应聘销售岗位，就没必要把发表的几篇英文论文（包括作者名字、论文标题、期刊名、卷号、页码等信息）放在简历的最前面，也不要显示"会跳健美操""参观敬老院"之类无关的信息，而要突出和销售相关的实习经历——曾经在什么公司销售了什么，取得了什么业绩。即便没有相关行业的实习经历，也要针对销售岗位的要求，突出你的相关资质，比如在大学期间参加演讲比赛（口才好）、在企业当前台接待员或者当过学生会干部（善于与人打交道）、学习过相关课程（掌握行业相关知识）等。

郭孝玉表示，除了要在简历中突出求职目的、经历、优势、素质，还可以给HR预留一些问题，将这些问题"埋"在简历里，比如突出某项经历的结果而"略写"过程。一般来说，HR都会问一下"结果是如何达成的"之类的细节。如果在简历中写了过多的细节，那么HR在看了简历后，无法再开展深度的提问，也就只好随机问一些问题，这就会给面试无形中增加难度。

现在有很多学生在本科期间就通过了大学英语四、六级考试，读研后，有些学生想着把大学英语四、六级的分数"刷"得更高，把最好的成绩写进简历。对此，郭孝玉表示：证书只有与实际能力相匹配，才能起到"证明"能力的作用，否则，只会起反作用。比如，你在简历里说高分通过大学英语六级，可是英文简历写得很蹩脚或你根本无法进行一场英语面试，这就会让人怀疑你只是一个"本本族"，甚全怀疑证书的有效性。相反，如果你的英语听说读写能力很强，分数高低和证书的有无也就无足轻重了（非要有所证明的话，大学英语四、六级证书足够）。特殊情况下（比如当翻译），才会有更高的要求（英语专业八级、翻译专业资格证书等）。

隐性实力很重要

"很多求职者注重自己的显性实力，和别人比较显性实力，却不善于挖掘和提升自己的隐性实力，而HR在面试过程中，重点恰恰在于通过面谈，了解求职者的隐性实力。"郭孝玉解释说，大学毕业生的显性实力通常包括成绩（学业、荣誉）、经验（实习、项目）、外表（气质、礼仪），而隐性实力主要包括性格（生活性格、职业性格）、资源（可调配资源、可利用资源）、兴趣和原动力（价值观、生活观），这两类实力构成了毕业生求职的综合竞争力。

看看某集团招收"品牌管理"管培生的要求：应届本科或以上学历毕业生；热爱时尚产业，关注时尚动态；喜欢商业后台支持类工作职能，喜欢与人沟通；性格外向开朗，善于与人交流。这四条要求当中，除了第一条涉及显性实力（学历），其他的都涉及隐性实力。

郭孝玉说，HR特别看重应聘者的性格和原动力。尤其是职业性格，能够稳定地左右一个人的职场行为并持续影响绩效表现，故很多公司会通过各种各样的性格测评工具来了解应聘者的性格特质，确认是否和企业文化"对盘"。大学生只有了解了自己的性格倾向，才能有针对性地选择与自己相对匹配的企业文化，从而获得相对稳定的职业发展。HR在面谈中，也会刻意地通过有目的、有针对性的提问，来评估大学生的性格倾向是否与本企业的文化、岗位要求相匹配。兴趣爱好也很重要，只不过在对职场缺乏足够认知的情况下，大学生很难判断兴趣与职业的异同，但兴趣至少可以作为一个求职的参考依据。

研究生如何提高隐性实力？郭孝玉说，隐性实力的提高蕴藏在日常学习生活中，关键是，研究生需要有意识地去"发现"。比如，无须刻意地通过"刷"分数来证明英语能力，书面表达、写论文就是很好的历练过程。哪怕没有时间参与实习，也可以通过留心其他同学的实习体会来进行了解。总之，隐性实力与显性实力相比，提升更像是一个润物细无声的过程。只要每个人"有心"，利用一切可利用的机会去优化自己的性格、积累"可利用的资源"，发现自己的兴趣与原动力所在，就业选择乃至职业的持续发展与成功就不是问题。

郭孝玉当年在南京师范大学读化学专业研究生时，就明白自己的性格不适合从事研究工作，于是他就通过提高学习效率、早起晚睡等方式，在研二就完成了毕业所需的论文发表要求，从而留出了大量的业余时间来阅读《演讲与口才》杂志（提升表达演讲能力），四处参加文科类讲座（拓宽知识面），为他今后"转行"做HR奠定了一定的隐性实力基础。"人和人的差别，就是通过这一点点的小事（要不要早起）、一个个不同的选择（听不听讲座），拉开了差距。所以，贵在有心（发现接触社会的机会），贵在有求知欲（探究未知的领域），贵在视野要开阔（拓宽知识面），而不是仅仅一篇论文、几门课程，就成了你读研三年的全部。"

关于实习经历

很多研究生想在毕业后"转行"，于是他们想找和本专业无关的实习，"否则将来找不到工作"。郭孝玉表示，研究生在实验室做实验也相当于实习。当然，去社会上从事和应聘企业业务相关的实习更好。但HR看的不仅仅是你是否有这一份实习经历，更重要的是你做了什么、学到了什么，以及这份实习经历是否有助于你申请想要的工作。

如果有的导师不允许学生外出参加和专业无关的实习，学生该怎么办？郭孝玉说："要相信命运在关上一扇门的同时，会为你打开一扇窗。方法总比问题多。关键是你视野是否足够宽，是否有足够的动力去'改变现状'，并为此做出不懈的努力。"而我则对心存疑惑的学生说："既然你已经选择了读这个专业，选择了这个导师，并且进课题组之前也没有与导师探讨'是否可以参加与专业无关的实习'的话题，那就请为自己当初的选择负责。当然，你也可以选择先把学业放一放而去实习，这样的话，你就要为'可能无法按时毕业'的后果负责。不过，我认为你首先应该搞清楚导师的诉求是什么。如果你能提前完成毕业所需的一篇SCI论文并写出符合质量要求的学位论文（不仅要有绪论部分，还要有2～3篇论文的工作量），我认为你的导师会同意你去实习的。问题是，有的同学远没有完成这些，就提出挑战教学秩序的要求（比如提出整个学期都去实习），并流露出一种"你不答应我，我就磨洋工"的消极态度，那导师当然不会答应。至少，我不能接受"不实习就找不到工作""最终把学位论文交出来不就行了吗？"之类的看似言辞凿凿、实则无理的话。如果你已经完成毕业所需的SCI论文、学位论文，导师还不同意你外出实习，那就发挥你的沟通协调能力吧。你最好能拿出一套方案，说清楚到毕业之前的计划是什么，要实习多久，是一个学期还是两个星期。再说，为什么非得利用正常学习、做科研的时间去实习呢？你完全可以在研一暑假坚持做实验，只休息两个星期，然后在研二暑假实习。"

我举例说，我指导的第一届、第二届共三名硕士生没有参加企业实习，最后也找到了工作。我带的第三届硕士生小林发表一篇SCI论文后，软磨硬泡请求我放他出去参加暑期实习，我勉强答应了。他去了西门子实习，后来接到多家大公司的offer，毕业前还写出另外一篇论文。我指导的第六届硕士生在研二就发表了两篇SCI论文，并写出了硕士论文初稿，我就让她参加暑期实习。读研三时，她不但拿到复旦大学一等奖学金和光华奖学金，还有大量时间找工作，参加面试。

针对学生们"完成学业"和"就业准备"之间如何平衡的困惑，郭孝玉说："如果你对自己学业的要求是考90分，我建议你就考80分吧，用提升另外10分的时间去做些提升隐性实力的事情会更好。如果你考不到80分，那最好先确保能顺利毕业。当然，如果你非常非常确认做研究就是不适合你，当初考研或读博是个错误选择，我建议你尽快退学。现在应聘很多工作岗位，有本科学历就足够，工作三年的经验完胜于研究生学历。"我领会他的意思——要读就好好读，不求出类拔萃，但至少要顺利毕业；如果不想好好读，就别在这儿浪费自己的青春。

努力读研、广泛学习、努力提升综合竞争力，我想这应该成为研究生们的共识。更重要的是通过三年的学习，明白自己的职业目标（要怎样的工作）、社会需要怎样的人才（岗位要求），而不要眉毛胡子一把抓地参加了很多社会活动，却拿不出掷地有声的"拳头产品"，也说不清楚自己究竟适合做什么。

（来源：马臻. 就业，你准备好了吗？[J]. 中国研究生，2020（3）：70-73.）

 拓展阅读三

应聘面试要学会"讲故事"

马臻

研三学生小丁正在准备应聘面试。我提醒她："HR 很可能会问，和别人相比，你有什么优势？你怎么回答？"

"我性格开朗、听话，能静下心来做事，并且作为理工科学生，心思缜密……"

"停！你的回答太平常了！"

应聘面试非常重要。有的人认为"只要展现真实的自己就行"，还有的人回答问题像是在背书，这两种做法都不好。

在上述回答中，小丁首先谈到了自己的性格特质。而其他应聘者也会谈到自己的性格特质，只不过用别的词来形容。这样，小丁如何能脱颖而出？

而且，小丁说自己"作为理工科学生，心思缜密"，然而这同样是在给其他理工科应聘者"打广告",没能突出自己的独特之处。

面试答题要"甩王炸"——张口就把HR吸引住。如果我是她,就会这么回答:"我最大的优势是在贵公司实习了近三个月!刚开始实习时,我感到很累,很多事情忙不过来,经常是晚上七八点钟下班。后来,在领导和同事的帮助下,我逐渐熟悉了各项业务,得到周围人的一致好评,同事都说欢迎我以后再做同事。我已经提前完成学位论文。如果有幸被录用,我将提前到贵公司见习,尽早进入工作状态!"

这样回答首先有形象的故事,其次能建立和用人单位、应聘岗位的联系,再次信心满满。HR听了回答,会想:小丁已经实习了近三个月,适应工作,掌握业务,入职后马上能工作。而如果招了别人,那么还要花几个月培训他,并且他能否适应都不一定。而且,如果给小丁口头offer,那么她能够提前开始工作,试用合格后再签约。她能提出见习,这反映她有满满的自信和诚意,也能降低公司的用人风险。"提前完成学位论文"表示她有很强的时间管理能力和学习、科研能力。而如果把offer给别人,不清楚别人能否正常毕业、拿到"两证"。

当然,小丁也可以换一种说法:"我的导师是一位网红教授。他除了指导我做科研,还让我看了不少和职业发展有关的书,比如《你在为谁工作:世界500强企业推崇的优秀员工思维理念》《高效能人士的七个习惯》《吃掉那只青蛙:博恩·崔西的高效时间管理法则》《向上管理:与你的领导相互成就》。我们系要求硕士生发表一篇论文,而我在研二就发了两篇论文,并提前撰写学位论文。2020年疫情暴发后,我在家写硕士论文,还听了关于职业技能提升的网课,并参加了贵公司的实习。如果有幸被录用,我将提前到贵公司见习,尽早进入工作状态。"

我解释说,这样的回答反映出你在职业发展方面的日常准备,也证明你的时间管理能力。HR听了这样的回答,有可能暗暗一笑:"我也看过《高效能人士的七个习惯》。"他有可能会追问:"哪七个习惯?你觉得哪些习惯能用于你在公司的实习?"他或许还会问:"《吃掉那只青蛙:博恩·崔西的高效时间管理法则》讲什么?向上管理要注意哪几点?"如果你真的认真看过这些书并且有体会的话,就有话可说。当然,HR还可能会追问你具体听了什么网课、网课是谁教的、听了以后感到有没有用。你回答后,可以总结说："职业发展书籍和网课的很多内容已经成为我身体的一部分。但企业是以营利为目的的，日常有很多工作要做，我得靠业绩说话，而不能纸上谈兵。"

我继续发问："HR问，你是学环境专业的，怎么想来做电商？你怎么回答？"

她回答说："我对电商很感兴趣。而且，读硕士期间学习的查阅文献、做科研和写论文的方法都能用到以后的工作中。"

"停！还是不行！"我理解小丁的处境——读本科时想把学历"刷"得高一点，就选择了读本专业研究生，但现在想"转行"。在回答问题时，她被HR"牵着鼻子走"，费力地证明自己做科研的那一套能用于今后的企业工作。但她的说法有些牵强，HR会说："我直接招收相关专业的学生，岂不更好？"

我对小丁说，"对电商很感兴趣"其实是套话。你当初报考环境专业的研究生时，有没有说过"对环境专业感兴趣"？你现在如果应聘银行工作，会不会也说"对银行业务感兴趣"？你能拿出证据证明你对某一行业感兴趣吗？而且，大多数公司是以盈利为目的的，而不是为了满足你兴趣爱好而存在的。

如果我是小丁，我还是会使用"讲故事法"来回答："上学期我因为疫情原因不能回学校，就在家写硕士论文。到了五月份，导师说不能坐以待毙，还得加紧找实习。我把简历投给家附近的几个公司，都中了。之后，到贵公司从事电商业务近三个月，在工作岗位提升了自己，也实现了业绩，得到客户、同事和领导的一致好评。我想我和贵公司是非常匹配的。"

我刚才讲的只是答题的"大致思路"。现场回答时可以稍稍扩充。一般而言，对每个问题的回答耗时不宜超过90秒。如果HR对你回答中的某一点感兴趣或者存疑，他自会追问，这时候你再补充。

比如，你回答"电商"题目后，HR可能会问：找实习时还拿到其他什么offer？为什么不去别的公司而唯独选中了我们公司？在实习期间究竟做了什么、学到了什么？你到底实现了什么业绩？你对这一个行业的发展前景有什么看法？这样，HR就会落入你的"口袋阵"。如果HR觉得还需要提有关环境专业的问题，那么他自会继续询问你做科研方面的情况。

还有一种行为面试法，就是问你是怎么处理和领导的分歧的，是怎么解决问题的。如果你注意日常积累、做个有心人，那么回答这类问题根本不难。

比如，小丁就可以这么回答："研二开学后一天，我被导师训得号啕大哭。那一段时间，我每天快到九点半才提着装有早点的塑料袋赶到实验室。导师很生气，说不可以每天那么晚过来，更不可以在实验室吃东西。我解释说我不大会骑自行车，走路过来耽误了时间，但导师说他不相信借口，还说'以后你到公司里去，也能这样的吗？'他让我合理安排时间，早睡早起。痛定思痛，我觉得要向前看，并且要成为'打不死的小强'。我听了他的话，加以改进，结果研二就发表了两篇论文，并提前写了硕士论文，这才有大量时间参加贵公司的实习。实习那段时间，我每天七点多就出门！人在职场，不努力怎么行？"

这样的回答，讲清楚了遇到的问题、采取的行动、得到的结果、这件事对将来工作的启发，必然能收获HR的点赞。

小丁听了我的介绍，表示很受启发。之前她太过单纯，回答问题一板一眼，也不善于打动HR。接受我的指点后，她信心满满地参加了多家大公司的面试，在一批又一批应聘者当中脱颖而出。

（来源：马臻.应聘面试要学会"讲故事"[J].中国研究生，2020（11）:59-61.）

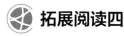 **拓展阅读四**

关于进高校工作，研究生需要知道的那些事

马臻

在考研面试现场，当被问到职业规划时，部分考生回答：博士毕业后想进高校，因为在高校工作稳定。一些导师为了劝说课题组硕士生留下来读博，也说在高校工作好处多。可是，一些博士进高校任教后，就感到压力山大——要上课、申请科研项目、协助教授带研究生，还要评职称。那么，在高校任教是怎样一种体验？想成为高校教师，在读博期间要注意什么？任教后，该如何发展？这些都是正在探索从教可能性的研究生需要了解的。

高校教师的真实生活

20年前，我在复旦大学化学系读硕士时，课题组有几名留校博士。他们每天忙着上课、备课、协助课题组组长指导研究生、承担课题组公共事务，很少有时间做实验。他们工资不高，没房没车，穿得也很简朴。"我才不要像他们那样呢。"当时的我这么想。

我选择了去美国读博士，走一步看一步。我博士毕业前夕，我的博导和另一位老师问我毕业后想干什么，我说想做博士后研究。那做了博士后研究之后呢？我说不出来了。他们建议我找高校教职——当高校教师光荣，而且这能证明他们培养出的博士还活跃在学术界。

我想到，一些企业以盈利为目的，而当大学老师能做自己感兴趣的研究，我就在做了博士后研究之后，回到了母校任教。这时，情况和当年相比有了很大的改变——教师待遇提高了，仪器设备更新了，教师和研究生的规模也扩大了。现在，每年都有大批博士申请进高校任教。

在高校任教的好处是：你可以独立或者和别人联合申请科研项目，可以和本科生、研究生打交道，也可以感受到一种同时做几件事情的充实。好比说，我平时在办公室，时而修改研究生的科研论文，时而看专业文献、书报，时而到实验室指导研究生，时而为报刊写稿。这样"既按部就班又有变化、能够自由安排时间"的生活，正是我梦寐以求的。

但是，千万不要把在高校工作和"轻松"画上等号。现在高校上上下下的压力都很大。高校教师每年都要完成一定的工作量，这是需要计"工分"的，比如教一门课算多少分，发表一篇论文算多少分，拿到一个项目又算多少分。如果年终完不成指标，不但收入会减少，而且有考核不通过的可能。近年来，一些高校还推出了"非升即走"用人制度——如果入职几年内没能晋升职称，那就得离职。

刚进校时，教师很可能缺乏启动经费，不能招研究生，也缺乏开展实验所需的物理空间。为了生存，有的青年教师加入教授的课题组，借助别人的实验平台做实验。还有的青年教师从别的老师那儿"借"研究生开展科研。他们会发现，当老师不像自己以前读博士那样简单——读博士期间，无须担心项目经费，实验平台搭建，也不用从事教学，只需要专心做研究。

但当了高校教师，每天忙着备课、上课和各种杂事，自己又面临着成家、养小孩，时间严重碎片化。在这样的情况下，教师每年发表一篇论文都很困难。要是过了几年拿不到项目，评不上更高级的职称，压力就更大了。

想进高校，读博期间需要干什么？

那么，对于有志于从教的博士生来说，读博期间应在哪几方面取得进步？

要做好自己的研究，最好能在高档次的学术期刊发表多篇论文。但论文的数量和质量就像跷跷板的两头，很难兼顾。有可能为了在高档刊物发一篇论文，需要"憋"三年，甚至还要延期毕业。而如果追求论文数量，那就不要苛求期刊的影响因子。我对我的博士生们说，要一步一个脚印做好自己眼前的事情，把论文一篇一篇地发出来，积累一个又一个的奖励，比如国家奖学金、校优秀学生称号。论文、奖励正是进高校任教的敲门砖，也是今后申请科研项目的资本。

不要满足于"依样画葫芦"般整理出几篇类似的论文，而要真正提高自己的学术水平，扩大学术视野——要多参加学术会议、听报告、看专业书籍、研读自己从事课题之外的论文。这是因为，你将来要申请科研项目、指导研究生。博士期间把学术功底打得越厚实，将来的发展也会越好。

要积累当高校教师的能力，在课题组发挥更大的作用。课题组经常有些杂活，比如修仪器、订购试剂、整理实验室，有的导师还会让博士生帮忙撰写科研项目申请书、审稿、指导低年级研究生。做这些事情，对博士生来说是很好的锻炼。如果在读博期间光顾着自己做科研、发论文，而没有经历杂事的锻炼，那么以后进高校任教面对各种任务，就会感到很难胜任。

要学会用导师的视角看问题。我在美国读博士期间曾"自顾自"地用实验室的仪器做了我设计的一套"短平快"的实验——这样，两个月就能产出一篇论文。我的博导却仰天长叹——他申请到的课题是做实验A，而我做了毫不相干的实验B，他无法向项目资助机构交差。显然，导师看问题着眼于全局和长远，而不是局部和眼前。

要提高自己的情商。比如，我让课题组学生补做实验，修改论文，有的学生嘟嘟囔囔："别人不做这些实验，论文不也发了吗？我论文的质量已经对得起这个期刊的影响因子了。"还有的学生说："你对学生管得这么严，为什么课题组学生没有在影响因子10以上的刊物发表论文？"步入职场后，这样和领导、同事说话不行。无论如何，都要谦虚，不要傲慢。

要积极联系教职。找教职的关键在于自己要积极联络，努力争取，有可能会遇到"山重水复疑无路，柳暗花明又一村"的情况。还会面临很多问题和选择——去A大学还是B大学？遇到困惑，得多调研、思考，听听过来人的意见。博士生在此过程中，会走向成熟。

成为高校教师后要注意什么？

博士进高校后，会感到"理想很丰满，现实很骨感"。如何在高校生存和发展？

要有自知之明。有的人擅长做实验，但他的科技写作能力还不够强悍；有的人写作能力特别强，但他缺乏创新思维，动手能力也不强；有的人只适合"单干"，而不擅长带研究生。对自己要有正确的定位，如果不能补齐短板，也要因地制宜，把自己的长处发挥到极致。

要脚踏实地，先生存，后发展。加入教授的课题组，那就要好好干，不要嘟嘟囔囔。要明白所在院系考核、升职的要求，开展工作要抓住重点，不要眉毛胡子一把抓。要有合理的目标，比如入职三年内申请到国家自然科学基金，发表若干篇论文，评上副教授，而不能混到哪里算哪里。如果在短时期内出不了高档次论文，也要像切香肠片那样，把质量过关的论文一篇一篇地发出来。

要学会"见缝插针"利用时间，并锻炼同时做几件事情的能力。很多人都说高校教师工作轻松，还有寒暑假。其实不是这样的。我寒暑假几乎每天都到学校工作，哪怕已经评上了教授。我甚至把孩子送到英语培训机构之后，就在门外找个桌子用手提电脑工作。此外，还需要带动研究生做科研，教师不可能事必躬亲。

要处好和同事的关系。这不是教你诈，也不是让你拍马屁，而是让你谦虚谨慎，成为所在院系的"好公民"。想一想：自己有没有参加院系的公共服务，比如考研面试、本科生学位论文答辩评审、学科评估资料整理？有没有可能和同事合作申请科研项目、发表论文？自己平时说话、做事是咄咄逼人，还是有礼有节？

要放平心态、严格要求自己。比如，评不上职称，不要一味地抱怨评委不公，而要想一想：自己是否各方面非常突出，以至于评委不投自己一票，良心上过不去？这次评职称失利，下一次再申请时，自己的简历会不会更加"丰满"？自己任教的初心是什么？评上职称的同事，有哪些方面值得自己学习？

总之，面对责任和压力，面对各种资源（实验空间、仪器设备、科研经费、招研究生名额）的匮乏，面对各种各样的同事、学生，教师的能力（包括教学、申请科研项目、指导研究生、时间管理、人际沟通、项目管理、论文写作和口头表达能力）会在实践中提升，经验也会更加丰富。

（来源：马臻. 进高校工作，研究生需要知道的那些事[J]. 中国研究生，2019（9）：42-44.）

8.3 本章小结 ▸▸

读研和自己在职场工作有类似性，都涉及做人做事。研究生需要为人实诚、做事靠谱、积极主动，并懂得如何说话，学会"换位思考"，而不要以自我为中心。

研究生实习、找工作，要发现自己兴趣之所在，把自己的专业、兴趣、经历和找工作"对接"起来，找到"要我做""我想做""我能做"的交集，找到自己的"生态位"，发现并提升自己的核心竞争力。

要学习、思考、实践和积累。学习网课和行业期刊。思考就是静下来思考一下自己所处的环境、社会的需求、自己的优势和劣势、自己和别人的区别、自己的特点和喜好。实践包括参加实习和日常在课题组、学生团体做事。积累包括积累能力和简历。

还要处理好职业发展和学业进展之间存在的矛盾，既要防止因为实习应聘而影响学业，也要防止因为学业进展不顺而影响就业。

应聘面试之前要做好充足的准备工作。应聘高校教职，要讲自己的学术研究内容、学术成果以及今后准备从事的研究课题和准备教的课。并要搞清楚自己能给院系带来哪些价值（论文、科研项目、学术头衔、学科建设链条上不可或缺的一环）。

应聘企业工作，要准备好迎接"行为面试"；回答问题要简短、到位，一个问题的回答时间要控制在90秒之内；不要透露太多个人隐私信息，也不要只是用"是"或者"不是"来回答；不要说别人的坏话，回答问题也不要以自我为中心，而要想一想自己能够为企业带来什么价值。

第 9 章

毕业

9.1 关于正常毕业和延期毕业 ▸▸

　　有很多人认为读研都能正常毕业。但其实不是这么回事。就像考试、考驾照有通过、不通过一样，读研也有正常毕业和延期毕业的区分。

　　现在读硕士一般学制三年。但其实，做研究的时间哪有三年？研究生九月份入学，读研三时的三月提交硕士论文，六月底、七月初毕业。从入学到提交硕士论文只有两年半时间。有些学校还要求硕士生在学术期刊发表论文才能毕业或者拿到学位证。因此，时间非常紧张。

　　当研究生被同学问到是否准备按时毕业时，很多研究生都会说"当然准备按时毕业"。即便他们没有发表论文、暂未动笔写学位论文，他们还是抱着好的愿望或者"闯关"的心理，对同学说自己"毕业没问题的"。有的研究生甚至对同学谎称他的论文已经修回了，哪怕还没有投稿。当自己在毕业这件事情上遇到困难时，很多研究生都不会向周围同学张扬。他们还相信：船到桥头自然直。但最终，确实有些研究生不能正常毕业。

　　毕业需要过几道关？在研究生写出学位论文后，需要通过院系内部的学位论文预审、预答辩和查重。如果这些步骤都通过了，那么学位论文会抽盲审。如果没有抽中，则开展明审，即导师委托答辩秘书或者院系研究生秘书把学生的学位论文交给校内外专家评审，这些校内外专家的名单是导师提供的。如果学位论文审核通过，那么学生可以进行答辩。导师按照学校的规定，请校内外专家组成答辩委员会，参加学生的答辩。如果通过，那么把文书材料提交院系和学校，申请学位。有的学校要求学生在学术期刊发表论文才能毕业或者申请学位，也有的学校不要求学生一定要发表论文。学生需要打听清楚各个学校的规定，并且做好毕业的文书工作。毕竟，很多事情需要学生自己去做，导师不可能帮学生跑腿。

在毕业季，有些研究生会被动地或者主动地申请延期毕业。延期毕业的主要原因在于：学位论文没有完成或者没有写好；学位论文的工作量不够；没有达到院系或者导师制定的发表期刊论文的要求；个人原因，包括身体状况、心理状况、没有找到工作、准备复习英语以便出国深造。

到底应该如何看待延期毕业呢？谈到延期毕业，有的导师义愤填膺地说"不正常"，也有的导师轻描淡写地说"延毕很常见"。说延毕不正常的导师，潜意识里认为延毕的原因是研究生不努力。他说延毕不正常，可能是以此来催促自己的研究生抓紧完成学业；或者他自己的研究生能正常毕业，他是在说其他课题组的研究生延毕不正常。而轻描淡写地说"延毕很正常"的导师，可能在为他无法"保"学生正常毕业而辩解，也可能以此让自己的研究生在课题组多待一段时间，多出一些成果。

我的观点：在如今科研越来越难的情况下，延期毕业很常见，也可以理解。延期毕业的深层次原因有多种，包括学生自身不努力、学生能力不行、课题很难、导师缺乏对学生的指导，等等。既有客观原因，也有主观原因。"延期毕业"只是读研后期爆发出来的表面的现象。更为关键的"真问题"，是研究生究竟是怎么培养的，他们的学业进展是否处于正轨。

如果在毕业前夕科研工作还没有达标，那么延期毕业未尝不可，这是导师对学生的严格要求，也是学生对自己的严格要求。但这并不意味着平时可以不抓紧。我的意思是，在平时抓紧的情况下，到时候能正常毕业固然最好，但如果不能正常毕业，也只能延期毕业。随着时间的推移，学生的学位论文的质量会提高。

如果真的遇到延期毕业的情况，无论是学生主动提出，还是导师不让学生正常毕业，学生都得调整好心态，梳理好自己目前的学业进展到什么程度，还差什么才能达到毕业要求，然后在自己考虑好了之后，跟导师商量如何达到毕业要求。不然的话，过了半年、一年，可能还是达不到毕业的要求。

拓展阅读

理性分析博士生延期毕业现象

马臻

多家媒体以讲故事的形式，描绘了博士生延期毕业的悲惨遭遇。据统计，近年来我国博士生的延毕率为60%以上。媒体的报道使我们对博士生的困境有了形象的认识，但这些报道没有分析清楚：博士生毕不了业，原因何在？怎样才能使他们更好地完成学业？

谈到延毕，一些博士生的脸上写满苦楚和无奈，而一些导师则轻描淡写地说延毕很正常，因为"做科研本来就需要时间"。但我认为，延毕只是表象，更为本质的问题，是博士生有没有正常开展科研工作，他们处于怎样的工作状态？

延毕的客观原因及对策

博士生延毕的客观原因包括：从事的创新课题本来就难，而且实验顺利程度很难预料；由于条件限制，有些实验无法开展，或者需要排队使用公共测试平台的仪器；撰写科研论文和学位论文耗时，发表科研论文要经历审稿，且不能保证"一枪命中"；有些培养单位针对申请学位，提高了发表SCI论文的要求；博士生进校那一刻，他们的科研基础和导师的管理模式、能力水平都各自固定了，很难在短时期内形成质的改变。

遇到这些自己不大能控制的、很多人都会面对的客观原因，博士生有苦也说不出。到时候对照毕业要求，发现自己没有达标，而且院系也没有因为"法不责众"而"放水"，自己就没有什么好抱怨的。比如，我有一个在职的博士生，她在一个科研单位从事本职工作之余，挤时间开展攻博项目的研究，回到家还要照料小孩。对她来说，这种"有一搭没一搭"的科研模式和时间掣肘，就构成她延期毕业的客观原因。

本来她在考博时，我就有言在先：课题组博士生需要有4章实打实的科研内容才能毕业。这4章对应着4篇SCI论文，4篇论文所发期刊的影响因子总和得大于10。如果博士生努力了还没有达标，那么至少要在毕业前发表、接收3篇SCI论文并写出一篇论文初稿。博士论文在我这儿被鉴定为"良好"，我才同意送审。否则，不但达不到学术标准，而且如果博士论文没有通过盲审，导师就要被院系批评并扣除招生名额。该生进校3年后由于上述客观原因没有达到要求，她自然申请延期毕业。彼此都心平气和，没有任何怨言。彼此的目标还是一致的——往前看，往前走，努力达到要求。

由客观原因导致的问题并非真的不能解决，我们得发挥主观能动性。

我会给学生挑选合适的课题——有一定难度，但能够做出来，而且有体系和框架——这个课题可以被分割为3～5段，分别对应于3～5篇科研论文。

如果缺乏部分实验条件，我们就创造条件，把样品送到其他地方测试，我们还规避某些需要借助特殊实验手段才能完成的课题。

写论文、发表论文需要经历较长的周期，那我们就做好自己该做的，把论文写好，并把论文投向"十拿九稳"而且"管用"的期刊，而不是"从高到低"胡乱投稿。

如果学生科研基础不好，那么他不是非常适合读博，可以不用过来。导师得优先挑选适合读博的学生。万一无奈地挑到科研基础不佳的学生，导师可以让学生在入学前针对拟从事的课题开展文献调研，或者阅读相关专业书籍，补补课。

延毕的主观原因及对策

延毕的主观原因包括学生的原因和老师的原因。

学生的原因：一些学生缺乏角色认知和毕业意识，入学后没有及时进入科研状态；光顾着做实验，而没有阶段性地把实验结果整理成文；有心理困惑，想东想西，干扰了学业进程；不听从导师的工作安排，另起炉灶，乱做一气；没有提前撰写学位论文，最后赶出来的学位论文非常粗糙。

老师的原因：一些导师忙于各种事情，或者招了太多的研究生，因而采取"放养"管理方法，不能有效指导学生；一边让学生做基础研究课题，一边又让学生做企业"横向"课题，导致学生精力分散，有很大一部分实验结果不能写进学位论文；没有及时修改学生的科研论文和学位论文，导致学生没有及时达到毕业要求；为了发表高档次论文以便申请学术头衔，卡着学生，不让他们发表论文，也不让他们按时毕业。

我的意见是：等最后出了问题再想到当初，为时已晚。为此，导师和学生都要努力，防患于未然。

从导师方面来说：

一要加强学生的学术训练，让他们在做实验、写论文方面有章法，趋于骁勇善战。我就开设了一门"学术规范和科研技能"课，把这方面的"兵法"传授给研究生。

二要全力以赴投入带教研究生。有时候学生做科研不顺利，我每天去实验室5次，甚至在假期也陪着学生做实验。这样，不但能避免学生懒惰、做错实验，而且我帮助学生在实验过程中判断——什么实验需要继续做下去，而什么实验即使做了也没用。导师经常给学生分析，学生思路就会清晰很多，从而避免做很多无用功。

三是要督促学生及时整理数据、写科研论文。发表科研论文和写出学位论文应该是"同向同行"的关系，而不是互相排斥的。科研论文是阶段性的成果，而学位论文是几年研究的总结。并不是把发表的几篇科研论文凑起来就形成了学位论文（因为学位论文还包括绪论部分等），但这几篇科研论文正是构成学位论文的"砖块"。如果平时不注意积累"砖块"，最后写出的学位论文就会粗糙。我会让学生在发表一定量的科研论文后，或者在暑假不想做实验时，把发表的英文论文翻译成中文，作为学位论文的"砖块"。这样，学生能看到自己朝毕业目标又推进了一步，更有动力完成接下去的科研工作。

四是要有非常强的写作能力，并及时修改学生的科研论文和学位论文。学生上午发给我一篇论文稿，下午我就把修改稿返还给学生。如此经历几轮修改，一篇科研论文就产生了。在修改学生的学位论文时，我要求他们不要写完一整本才给我，而要合理利用时间——先发给我一章让我忙着，我修改这一章时，学生完善另外一章。等我改完一章，学生再把另外一章发给我。

对于学生来说：

首先要想清楚——想按时毕业，要满足什么条件；为了达到这个要求，需要做什么，各项事务的时间节点是什么。不要理想化地以为一些安排很合理，比如博一上课、完成开题报告，博二做实验，博三写学位论文、找工作。我的博士生进校没多久就投入科研。

其次，要想清楚自己将来毕业后要干什么。不要东想西想，一会儿干这个、一会儿干那个。有的学生自己科研还没有做好，就想着出国交流。殊不知，国外课题和国内的学位论文课题关联度不大，做国外课题的结果无法写到学位论文中去，在国外发表论文也涉及知识产权归属问题。

对各方的建言

博士生延毕问题已引起关注，这是我们必须思考和面对的。延毕并非总是坏事或者丢脸的事——做科研需要有耐心，有的博士生延毕后，发表了高质量论文。导师也要有原则，有培养的标准，而不能"放水"。但延期时间过长，容易造成学生心理负担。

我认为，问题的关键，其实不是研究生是否延毕，而是提高研究生培养质量、促进学生健康成长，这需要院系、导师、学生、媒体等多方面的共同努力。

对于院系来说，应加强对研究生的过程管理。不要过于放心地把研究生分配给导师管理，只是到最后一刻收集学位论文，而要加强开题报告、中期考核、预答辩、博士论文预审等环节，提供阶段性反馈意见，对后进学生提出警告，甚至淘汰部分不再适合读下去的学生。比如，我所在的系近几年就加强了中期考核和预答辩，这增加了学生的紧迫感。

导师需要关心学业不顺学生（包括延毕学生）的心理和学业状况，加强心理疏导。我不喜欢那种"你爱咋咋的"的态度。我喜欢和学生把话说明白——现在遇到了什么问题，和毕业目标相比存在什么差距，造成差距的原因是什么；为了达到毕业目标，还需要做什么；导师愿意提供何种帮助，而学生应该怎样努力。并且，我鼓励学生往前看，想一想那些顺利毕业、找到好工作的师兄、师姐。导师要让学生明白，自己是关心学生的，想着学生的安危，也坚持学术的标准，而不是为了榨取学生而让学生延毕。

对于学生来说，一方面要努力做科研，另一方面要注重心理健康。据英国《自然》期刊报道，国外也有很多博士生有抑郁倾向。当学生有延毕风险时，科研已经够忙的了，不要再把自己放在心灵的牢笼中。不要觉得自己没有希望了，也不要认为导师和自己对着干。抱怨"全中国的C刊还不能容纳所有研究生毕业所需的论文"或者"科研的目的不是为了发表论文"并不能解决问题。遇到问题的博士生应该静下心来想一想：自己这样读下去还行不行，有没有可能改变状态。如果实在读不下去，那么干脆放弃。如果还能读下去，那就撸起袖子加油干。

学生还需要加强和导师的沟通。遇到困难时，不要躲起来，而要和老师坦诚交谈：问题出在哪里，需要做什么才能达到毕业要求，接下来的安排是什么。当然，在考博联系导师时，就需要了解清楚：这个课题组以前的学生都能正常毕业吗？这个导师采用什么样的管理方法？自己进校后要做什么课题？是"横向"课题，还是基础研究课题？用什么方法做这个课题？

媒体和民众也应该理性、客观地思考。什么是对的？什么是错的？出现问题的原因是什么？怎样使研究生更好地度过研究生阶段？研究生该如何完成学业？我们需要的是提出问题、分析问题、解决问题，而不是一面倒地把问题归咎于导师和研究生培养制度。如果媒体能多关注如何解决问题，那就更有正面导向意义了。

（来源：马臻. 理性分析研究生延期毕业现象 [J]. 中国研究生，2020（5）：58-61.）

9.2　学位论文写作和注意事项 ▶▶

总体策略

谈到自己写学位论文的经历，有部分研究生吹嘘说自己一个月就写出了学位论文。还有的研究生的确是一开始不着急，到了提交学位论文的前两个月，甚至前一个月才开始抓紧。这样的做法是不对的。

研究生的学位论文不是一个月就能写出来的。有些导师平时不停地催学生做实验、积累数据，让学生到毕业前夕（过完年）才开始写学位论文。也有的学生嘟嘟囔囔说导师不让他毕业，但他自己没写学位论文。这都是大忌！临时抱佛脚，怎么能写出高质量的学位论文呢？让我们粗略算一下。假设你读博期间发表了四篇英文SCI论文，那么你把这四篇论文翻译成中文并按照要求排版，就至少需要四个星期。在此基础上，你写出绪论部分初稿，至少需要一个月，甚至需要三个月。最后还需要至少一个月反复修改各个章节，并写出"结论与展望"章节以及中英文摘要，并填写送外审所需的表格，还要花时间准备预答辩。

在写作时，要注意：先把学位论文整体完成，再逐步细化。而不能花很多时间在某一章节纠结、"绣花"。你的其他章节只得了60分，而某一个"精品"章节就算得了100分，又有何用？

初步完成后，如果提交送审的截止日期临近，可以"各个击破"。比如说，你的博士论文有四章是根据你发表的四篇英文SCI论文翻译的。那么你需要花少量时间，仔细校对这四章，并适当扩充，将它们"搞定"，放一边。然后，你"集中优势兵力"修改尚不完善的绪论章节。等每个章节的撰写进度和质量齐头并进了，再从头到尾把整本学位论文修改几遍。

写出学位论文初稿后，要及时寻求导师的帮助。比如我作为导师，就喜欢采用"车轮战法"。我不希望学生到正式提交学位论文前的最后一刻才来找我，而是希望他们写完一章就发给我一章，我改完了马上发回去，最好这时候收到另外一位同学写的章节。这样，学生一直有事情做，也能看到自己的进步以及距离目标还有多远，而我也不会闲着。

研究生及时寻求导师的帮助很重要，能避免自己走很多弯路。很多研究生在提交学位论文送审的前一周才把学位论文交给导师，那么导师就没有很多时间修改了。这可能会造成几个结果：一，导师不同意学位论文送审；二，导师同意送审，但没有很多时间修改学位论文，导致论文质量不高，影响了送审通过率。无论怎样，都会使导师不愉快，也会使研究生不愉快。

另外，学生还需要摆正态度、调整心态。有些学生在写学位论文时一味地"参考"别人的学位论文。他们不是按照高质量学位论文的要求来要求自己，而是以别人学位论文的最低要求来要求自己，说"别人绪论章节也只写了八页""别人只有一章实验内容也能毕业"。这种"比烂不比好"的说法会使导师非常不高兴。要知道，现在学位论文的要求越来越高。如果对自己要求低的话，不但有失学术水准，而且有可能论文盲审不通过。

写学位论文注意事项

学位论文讲究框架。即当中有几章主干的研究内容章节，前面有绪论或者文献综述章节，后面有结论和展望章节。编排学位论文当中的几章主干章节时，要注意它们尽可能有相当的长度和质量，而不能有的很长，有的很短，有的质量高，有的质量低。它们也要有一定的联系，整体汇总成一个体系，指向学位论文的标题，而不能"东一榔头，西一棒槌"。比如在催化研究当中，研究者需要针对某一个化学反应，设计新的高性能催化剂。一位研究生在这个领域发表了几篇论文，那么写学位论文时，不一定要按照学术论文发表的先后顺序排列论文对应的章节，而是可以按照一定的逻辑顺序编排。比如前面两章是基于某种金属氧化物的改性型催化剂，后面两章是基于另外一种金属氧化物的改性型催化剂。在安排前面两章研究内容章节时，可以按照催化性能从好到更好的顺序，也可以按照催化剂越来越复杂的顺序（即在第一代催化剂的基础上，增添了新的元素，开发出第二代催化剂），体现研究的进步。

编排章节之后，要特别注意在学位论文引言部分的末尾把学位论文的框架讲清楚。否则，评审人有可能会认为研究生只是把几篇论文拼凑成学位论文。换言之，论文框架和逻辑自洽很重要。

写学位论文要讲究写的功夫，体现工作量。有的学生的研究内容相对比较单薄（比如有的物理专业的直博生只有两章骨干的实验内容章节），那么就要把学位论文写得厚实。不能像写"口水文章"那样凑字数，说无用的话，而是要认认真真地在学位论文中把绪论章节写好，并认真分析实验内容章节里的数据，体现自己认真的态度。这样，能弥补实验内容不够、实验结果不够理想的缺点。但是要注意：写好绪论章节并不意味着通过长篇累牍地摘抄文献中的研究结果来凑字数。有一位博士生，他的博士论文初稿有五章骨干的实验内容章节，他的博士论文绪论章节有88页，这还不包括引用的几百条参考文献。在参加预答辩时，他被其他老师狠狠地批评了。有的老师认为：博士论文绪论章节写那么长，有"凑字数"的嫌疑。有的老师说：这本博士论文已经有五章骨干的实验章节，本来科研工作做得不错了，但绪论章节写了88页，说明这名博士生写作不聚焦，缺乏对关键科学问题的凝练。还有的导师说：如果绪论章节不写这么长，也能通过盲审；但现在写那么长，显得有点"另类"，可能有的评委会喜欢，而有的评委不喜欢，给出差评；建议"求稳"，不要太"另类"。最终这位博士生大幅度精简了博士论文的绪论章节，并顺利通过盲审。

写学位论文要看清楚论文评审表里的打分项及评审要求。比如，评审表里往往要求学位论文有科学价值或者应用前景。科研论文的引言相对比较短，而学位论文的绪论应该写得长一点，体现科学价值或者应用前景，体现"根据国家需求找课题"这一思路。举个例子：一位环境系的博士生做的课题是二氧化碳催化加氢制高级醇。这个课题属于化工课题，这位学生本来如果能去化工系读研究生并申请学位会更合适。而她要申请环境专业的博士学位，就需要在绪论章节强调二氧化碳对环境的危害以及通过催化法去除二氧化碳的重要性；当然，她还可以提到"绿色化学"以及"温室气体资源化利用"。再比如，一位环境系的研究生做的课题是开发新的异质结催化剂，用于光催化产氢。这个课题既涉及能源，又涉及化学、材料、化工，和环境的关联不是特别密切（因为开发出的光催化剂并非用于脱除空气或者水中的污染物）。如果这位学生申请环境专业的学位，绪论章节就应该从更加契合环境专业的角度展开，甚至要证明他开发的新型异质结催化剂也能用于脱除空气或者水中的污染物。

学位论文还要注意排版美观、图文并茂、参考文献格式正确。比如，写理工科学位论文的绪论章节需要综述文献。有的研究生写的绪论章节不但很短，而且没有图表，这会让评阅人认为该生不认真，绪论章节缺乏学术价值。绪论章节如果有图表并给出参考文献，这就更"悦目"。参考文献格式正确也很重要，这会让评审人感到很"整齐"。

学位论文常见问题

且不说工作量不够、实验数据有问题的情况。很多研究生的学位论文工作量很大，内容也很好，但是在写作的"冲刺"阶段，还是没有把学位论文写好。

① 参考文献部分错误百出。有些文献没有起止页码；有的文献期刊名一会儿采用缩写，一会儿用全称；文献中作者的名字一会儿采用缩写，一会儿给出全名；文献中论文的标题当中有时候两个英文单词连在一起。特别要提醒一下：使用文献管理软件EndNote从Web of Knowledge抓取文献记录，很有可能原始文献的标题中有希腊字母（如α、β、γ、δ、θ、π），但在Web of Knowledge的文献记录中就变成英文字母或者单词（如alpha、beta、gamma、delta、theta、pi）了。而且，原始文献的标题中，有的分子式有下标，但在Web of Knowledge的文献记录中，就没有下标了，这会造成学位论文参考文献部分的错误。为此，需要

在 EndNote 里面修改，而不是在 WORD 文档里"手动"修改参考文献。如果在 WORD 文档里"手动"修改参考文献的话，那么这只是"权宜之计"；一旦用 EndNote 重新"格式化"参考文献部分，文献错误还会出现。

② 格式错误。要注意字体。中文就用宋体。英文和数字一般用 Times New Roman，而不要一会儿采用这个字体，一会儿采用那个字体。数字和单位之间是否要空格，等号左右是否要空格……这些要根据学位论文的要求，但要一致，不能一会儿有空格，一会儿没空格。

③ 排版不美观。要注意页面上不要出现大片空白。图的大小可以适当调节，以达到排版的美观，但不要让评审人在翻页时感到图忽大忽小，要以协调、能看清图中的字为原则。在调节图的大小时，注意不要任意改变图的长宽比，尤其不能歪曲电子显微镜照片的长宽比。此外，不可以出现"图在这一页，图的说明文字在下一页"以及"一张表格本来可以排在一页却分两页"的情况。

④ 绪论部分有大漏洞。很多学生做了很多工作，绪论写得也很长，但是绪论部分有相当部分文字是抄的。写东西一定不能抄袭，也不能陈词滥调、人云亦云，而要有自己的归纳总结和输出！此外，很多学生花了很多笔墨介绍别人的工作，然后介绍自己的学位论文做什么，当中没有过渡——既然别人做了很多工作，那么为什么你的研究值得进行呢？写"别人做了什么"，应该是为自己的"立项"服务的，而不是随便写的。而还有些学位论文没有说清楚各章节之间的关系。写博士论文和发表科研论文还不大一样。博士论文需要有体系和框架，你最好能在绪论部分把博士论文的研究体系说清楚，并给出框架图。

⑤ 结论与展望部分写得不行。很多学生绪论部分洋洋洒洒地写了三四十页，但结论与展望部分就写了一页半，显得虎头蛇尾。还有的学生把结论与展望部分写成了经历汇报——"在读博期间，我开展了以下科研"，甚至写成了思想汇报——"做科研就是要一丝不苟"。在结论部分，首先需要简单回顾你为什么要做这个课题。然后，分为几段，介绍自己做了什么，得到了什么关键结论，并指出这些研究有什么意义和价值，而不能只是罗列自己开展了哪几方面的研究，也不能把摘要部分的文字搬过来。在展望部分，可以简略地、实在地罗列自己研究的几点不足（比如"反应机理值得进一步研究"），点到为止，不宜过分自贬（如果过多自贬的话，那么可能会引导评阅人给出"差评"）。然后，要说清楚：沿着这个研究体系，后续可以开展什么研究。这些研究可能有什么实际应用价值和理论价值。不要让评审人感到研究生读了那么多文献，做了那么多实验，最终的认

识还只停留在"得到这些数据"的层次。

⑥ 致谢部分写得"另类"。致谢部分要平实、求稳。要感谢对自己读研、做科研有帮助的导师、合作者、实验室同学以及亲人，以及科研经费的资助机构，但不要把致谢部分写成"苦难史""个人奋斗史"，也不要明里暗里地吐槽导师。虽然网上有些反映"个人奋斗史"的致谢部分引发共鸣，但这并不是"致谢"。另外，要用现代文，用平实的语言写致谢部分，而不要出于显摆，用文言文写致谢部分。

9.3　毕业答辩 ▶▶

学位论文答辩需要"实现基本功能"，就是讲清楚：研究的是什么课题，为什么要研究这个课题，用了什么方法做了什么研究，得到了什么结果，这些结果有什么重要价值，这些研究结果对将来进一步的研究有什么启发，你的研究有什么创新点，你为本学科领域的推进提供了什么智力贡献。

学位论文答辩不能只展示实验数据（图表），更要把"故事"及前因后果讲清楚，要有逻辑性和系统性。

研究生做几个研究工作（完成学位论文）的思路有两种：一种是"抽丝剥茧，层层深入"（比如开发了一种催化剂，发现催化效果很好，并开展相关表征；接着，用量子化学计算和原位光谱深入研究反应机理；最后，探索这种催化剂的工业放大应用）；另一种是研究平行的体系，比如针对某个催化反应，先后开发了几种催化剂，机械地测试反应性能，每一个实验章节的"套路"都是一样的。随着高校、研究所科研水平的提高，很多老师更喜欢层层深入的科研工作，而不是"换一个元素发一篇论文""换一个催化剂发一篇论文"。在参加博士论文答辩时，有的评委会对"依样画葫芦"的研究提出疑问。对此，研究生应该事先做好准备，想一想怎么把自己的学位论文讲得更加深入。

学位论文的系统性也需要在答辩时体现。也许有的同学在开展研究时"什么能做就做什么"，东一榔头，西一棒槌地开展了多个研究，也发表了几篇论文。但在准备学位论文答辩PPT时，要注意讲清楚这些研究工作处于一个什么样的"框架"中，彼此是怎么联系在一起的，最好能给出框架图。

在学位论文答辩时，综述了一些文献进展后，不能生硬地切换到自己的研究课题，而要说清楚从文献到自己研究课题的过渡——既然在文献中已经有

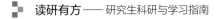

了那么多的研究进展，为什么自己还要从事这个研究？这一层意思，称为gap statement。

此外，还要注意把握好综述文献进展和介绍自己研究的时间比例。有的同学在答辩时花了很多的时间介绍文献进展、构建研究背景，占用了答辩的大块时间；还有的同学快速介绍一下研究背景，然后沉醉于罗列自己做的研究。以上两种情况都是不好的。

制作学位论文答辩PPT时，没有必要把所有的数据都堆砌到PPT中去。可以精选一些图表。在讲解时，也要详略得当。比如，答辩人在讲解了课题的意义以及研究方法之后，说自己做了四个研究。那么，答辩人在详细地讲解了第一个研究之后，后面三个研究可以稍稍概括地加以介绍，而不必"平均施力"。另外，即使在PPT上罗列了很多数据，介绍时也不必"平均施力"。可以把主要的结果和关键证据讲一讲，把非关键的图表罗列在PPT中，在讲解中"一笔带过"即可。如果评委有疑问，他们自然会提问的。

要事先准备好PPT，在课题组内部进行试讲，得到导师和课题组同学的指点。之后，最好在答辩的现场提前进行试讲。如能得到"模拟评委"的提问或者质疑，这将能促使自己思考科学问题，以便自己在正式答辩时从容应对。有条件的话，还可以让课题组同学把自己的试讲表现录下来，试讲之后自己看一看录像，看看有什么值得改进之处。

答辩人还需要预想：评委可能问什么问题？可以自己给自己提问题，也可以让导师和同学提出一些问题。

答辩人要提前准备好答辩文书，例如起草好答辩决议，并提前让导师修改好。有些同学没有让导师提前修改好答辩决议，结果到了答辩那天，评审专家花了很多时间修改答辩决议，这会给评审专家带来不愉快，也会使听众在门外等待过长时间。

答辩那天，答辩人可以穿上稍微正式的衣服，提前到现场调试电脑和投影设备。也可以提醒课题组成员提前到达现场，并安排好记录人员和拍照人员。有时候还要事先准备评委的席卡和饮水。如果因为某种原因（比如遭遇疫情或者出国访学无法回校）只能在线上答辩，那么在得到线上答辩的许可之后，要事先掌握答辩的规则和录制答辩过程的方法，并调试好设备，还要提醒课题组同学和评审专家准时参加。

在回答问题的过程中，不要顶撞答辩评委。不要表现出傲慢。可以在笔记本上记录答辩评委的问题，并一一回答。如果回答不出某个问题，也不要慌张，可以如实地说自己缺乏对这个问题的思考，也可以提出一个粗浅的思考角度，但不要不懂装懂。当答辩评委指出你工作有缺陷时，你可以大方地说："谢谢提供有价值的建议，我的研究的确存在这个问题。值得在将来开展进一步的实验。"评委一旦看到你谦虚的态度，并听你说"值得在将来开展进一步的实验"，往往就不再"追击"了。

保持好心态。答辩人最终得到的答辩成绩未必和自己想象的一样。也许你认为自己准备答辩花了很多时间，答辩时也应对自如，结果只得了"良"；你看到其他同学没你优秀，结果答辩的成绩是"优"。其实，答辩评委评分是主观感受和客观评价结合在一起的，既看你现场表现，又看你学位论文的实际情况（包括选题、对学科进展的把握、科研结果的重要性、工作量、写作水平），还受到你论文发表情况的影响。好比说一个研究生做了不错的研究，但没有发表论文，那么他在答辩时得"良"是可以理解的；而如果他的论文发表在 *Nature*，并且在答辩现场清晰地说出了这个情况，那么这个情况能影响评委的打分。

无论如何，只要自己努力了就可以了，不要计较最终自己得的是"优"还是"良"，也不要盲目地和别人攀比。

9.4 本章小结 ▶▶

毕业需要达到学校规定的要求，但很多课题组也有自己的要求，即研究生并非仅仅达到学校针对所有研究生的最低要求就能毕业的。研究生需要规划好时间节点，并和导师确认毕业的要求和时间节点。

如果延期毕业的话，也不见得是一件坏事。提高学位论文质量、确保能顺利通过评审，才是第一要务。

写学位论文要留出足够的时间，尽可能提前。首先，可以以自己发表的科研论文作为学位论文的"基石"（即主干部分），但是，特别要写好学位论文绪论章节最后的部分以及结论与展望章节，使学位论文各个章节的联系更加紧密，更加体系化；其次，要安排好学位论文的框架，合理安排好章节和章节之间的关系；再次，每一章可以适当扩充，每一章的绪论部分也需要调整，使整本学位论文形成一个完整但不重复的体系，以防评审人说研究生只是把几篇科研论文凑在一块组成了一本学位论文。要看清楚学位论文评审表上的评审标准，根据标准来修改学位论文，特别是调整绪论章节。写学位论文要图文并茂，排版美观，尽量减少低级错误。

答辩之前要做好充分的准备，做好演练，起草好答辩决议，并请导师修改。答辩时，不能一味地向听众"倾倒"数据，而要把前因后果，尤其是课题的重要性、研究结果的重要意义讲清楚。各个章节要有逻辑关系，整个研究工作要有系统性，最好给出整本学位论文的框架图。答辩时，还要虚心接受评委老师的批评，不能顶撞。答辩后，需要根据学校的研究，及时提交申请学位所需的材料。

第10章
撰写科研论文之外的通俗文章

10.1　通俗文章写作的重要性 ▶▶

写作是梳理、表达作者思想的一个过程，亦是作者和外界联系的一条途径。善于写作，既能获得愉悦感，也是从事很多工作的必需。作家、记者固然需要很强的写作能力，领导干部、科研工作者、教师、研究生也需要有很强的写作能力。工作报告写得好不好，将影响领导干部总结工作、布置工作的效果；论文写得好不好，将影响论文能否得到审稿人的好评进而顺利发表；项目申请书写得好不好，将影响它能否获得项目评审人的认可。现在有些人从事新媒体行业，需要通过写稿吸引流量，进而通过广告推广获得商业变现。

我在讲授"学术规范和科研技能"研究生课的过程中，每学期以2～3个课时讲授报刊写作，并让学生以写通俗文章的形式完成期末考核，要求文章必须和"读研""科研"相关。除了对文章内容范围和字数给出要求，我还提出要求——不得抄袭，切忌人云亦云，平淡无奇。要有自己的思想，有血有肉，最好结合实例。不要空话套话。不要写成学术论文，要尽量通俗，甚至要学习新闻写作手法。想象一下，在选题、新意、文字、内容、思想等方面，有没有达到报刊发表的水准？

报刊写作和科技论文写作，无论在内容、结构还是写法上，都有很大不同。但事实上，报刊写作和科技论文写作具有共性。

第一，从选题来说，作者要写、读者要看的是重要的、关乎痛痒的话题，而不是那种"人们根本不在乎"的话题。报刊编辑喜欢那些发表后能引起兴趣、引发讨论和转发的文章，而学术期刊编辑也希望发表能够被分享和引用的论文。

第二，内容要有新意，而不能雷同。比如写通俗文章，观点、材料都是旧的，那就很难发表。同理，如果科研论文报道的研究点子、观测得到的现象以及结论是常规的，那就很难发表。

第三，无论是报刊写作还是科研论文写作，都要讲究中心思想和合适的切入角度。用《人民日报》前副总编辑梁衡的话说，"只有把这个典型（多棱镜）调整到某一个最佳角度时，镜中所折射出的阳光才会放出最奇异的色彩"。

第四，无论是报刊写作还是科研论文写作，都要有读者意识，知道怎样表达才符合读者的阅读习惯，能够吸引读者的注意力；都要知详略、知轻重，即哪些内容要详写，哪些内容要略写，哪些内容要强调，哪些内容要一笔带过。

第五，报刊写作和科技论文都要简洁、准确、结构清晰。新闻写作需要的是"消极修辞"，而不是"积极修辞"（文学作品）；科技论文写作基本不用修辞手法。科技论文写作还需要很强的逻辑思维，注重逻辑性和起承转合。把科技论文写作的笔法用于报刊写作，能提高文章的逻辑性，增加理性成分。

第六，无论是报刊写作还是科技论文写作，都需要反复"打磨"。并且，无论哪种写作，都要有质量意识，考虑到文章或者论文送出去评审或者发表后，是有助于打响写作者的品牌，还是有损于写作者的声誉。

以下，我讲讲和研究生教育相关的通俗文章的写作。

10.2　如何撰写关于研究生教育的通俗文章 ▶▶

关于研究生教育的文章有两种。一种是教育研究论文，比如发表在《学位与研究生教育》《研究生教育研究》的大多数文章。另一种是涉及研究生教育的通俗文章——作者可以介绍读研方法、指导研究生的方法和体验、做科研的经历、指导研究生的经历（这类文章可以发表在《中国研究生》等刊物），也可以针对研究生教育中某一个话题（比如延期毕业、师生矛盾）写述评（这类文章可以发表在《光明日报》《中国青年报》《中国教育报》《文汇报》等报刊）。本章结合笔者的实践经历，介绍如何撰写关于研究生教育的通俗文章。

经验介绍型文章

现在研究生招生规模逐年扩大，学生面临着完成学业和职业发展的双重压力，急需从"过来人"那儿获得指导信息。导师往往没时间给课题组的每一届研究生系统性地讲解读研的方方面面。如果有"公共导师"能够按照几个板块，分门别类地写关于读研的经验介绍型文章，那么这对研究生读者将很有参考借鉴价值。

比如，我基于"学术规范和科研技能"授课内容，在《中国研究生》发表《如何撰写科研论文的引言部分》《如何撰写科研论文的讨论部分》《研究生回复审稿意见的门道》《如何借助PPT做好你的报告》《研究生准备中期考核得"对路"》《研究生做科研得步步为营》《读研要使巧劲》《做科研不顺？没时间找工作？解密读研时间管理》《硕士生如何选导师》《研究生应学会与导师沟通》《导师寄语：当你遇到迷惘》《应聘面试要学会"讲故事"》等经验介绍型文章。研究生也可以写经验介绍型文章，发表在报刊或者发布在微信公众号、博客。

首先说说这类经验介绍型文章的选题。只有抓住读者关心的问题和痛点（比如研究生发不出论文，毕不了业，找不到工作），开展有针对性的指导，读者才会感兴趣，报刊编辑才乐于采纳这样的文章。换言之，文章要"接地气"，服务读者，有实用价值。

写这类文章要结构清晰，各个要点一目了然，整篇文章最好要有三个小标题。比如，《研究生做科研得步步为营》就有三个小标题。①实验设计："不战而屈人之兵"；②做实验："活要见人，死要见尸"；③时间管理：要聪明地工作。换言之，要把一篇文章"切分"为三个部分，每一个部分从一个维度或者侧面进行介绍。当然，也有的经验介绍型文章没有三个小标题，但需要在段落的开头标出"第一""第二""第三""第四"，这样方便读者阅读。

写这类文章还要注意"抽象和形象相结合"。既需要提供"干货"（经验教训），又需要呈现相关的、典型的、生动的例子，而不能一味地罗列要点或者一味地讲故事。提供例子时，可以不必写出完整的经历、前因后果，要非常概括。

比"抽象和形象相结合"更高级的是散文家梁衡的"文章五诀"——形、事、情、理、典。"形"就是文章要有形象，有画面感。"事"就是文章要有故事（这对应于刚才提到的相关的、典型的、生动的例子）。"情"就是文章要有真情。"理"就是文章要有道理，这对应于刚才提到的"干货"（经验教训）。"典"就是文章要有典故——引用书刊、报纸上其他人的话，能使作者的文章更厚实，更儒雅，能印证作者的观点，也能提供不同的视角。这五个要素并非一定要全部具备——撰写经验介绍型文章不必描写"情"，也不必带有明显的感情色彩；但是，其他四个要素应该考虑到。

文章导语（开头）的写作也很重要。普通的导语循规蹈矩。举个例子，《读研要使巧劲》发表在我的科学网博客上，导语是这么写的：

每年有研究生进课题组时，我都会给他们讲一些注意事项，但难免挂一漏万。在以后的日子里，各种事情时有发生。因此，我想还是写篇文章，提醒后来人。在我看来，很多研究生很实诚，也很努力，却得不到理想的效果，用史蒂芬·柯维博士的话说，"许多人爬到了梯子的顶端，却发现梯子架错了墙"。

这个导语比较直白，属于想到什么就写什么。导语虽然引用了史蒂芬·柯维博士的话，增加了文章的立体感，但总体一般。这篇博文改编成报刊文章，发表在《中国研究生》的时候，改进的导语是这么写的：

"苦行僧似的勤奋，是另一种懒惰"，2020年第11期《中国青年》上的一篇文章使我的眼睛一亮。作者古豆豆回顾了自己在学习上走过的弯路，并总结说："没抓住重点，没用对方法，企图用时间的叠加去取得成效，结果让自己身心疲惫，还伴随着深深的自责。"我很有同感：很多研究生不正是这样的吗？硕士生在不到三年的时间内要完成课程学习、科研、期刊论文、学位论文，还要实习、找工作，难度非常大，不使巧劲怎么行？

这个改进的导语第一句话引用了发表在《中国青年》上的一篇文章。第一句话既使用了直接引语（这是一种新闻写作方法），也用一句话抛出一个阅读期刊的场景。第二句话是对第一句话的展开，并使用了直接引语。第三句、第四句话把视角从阅读期刊转到如今研究生培养的现状上，并引出"读研要使巧劲"，为紧接着文章主体的写作铺垫。换言之，写导语不能直接告诉读者"今天我想讲什么"，而要有一些技巧（例如有褶皱、有引用、有视角的切换）。

总之，经验介绍型文章在内容、结构、表现方式、导语写作上要更加"立体"，而不能像一块平板那样。

经历型文章

经历型文章往往叙述作者或者被报道者经历过的曲折的、难忘的事情。比如，研究生可以写自己做实验、投稿遇到挫折的经历，可以写自己去国外访学的见闻，也可以写自己入学后想转专业最终还是留在本专业的心路历程。导师可以写自己在指导研究生和自身职业发展中遇到的事。

　　写作时，可以以第一人称叙述自己的事，可以以第三人称叙述自己和别人之间的事。研究生或者导师还可以变身类似于"记者"的"笔者"，以第三人称写被采访者或者当事人的经历。可以写一件事，可以采用"双线叙事法"讲两个有关联的故事，也可以先后讲两个甚至三个故事。但需要注意：一般而言，故事总有开始、发展、变化和结局（这称为"叙事弧线"），有时候还符合"王国维人生三重境"（遇到困难、努力奋进、豁然开朗），要注意寻找这样的故事，而不是那种只有开头没有结尾、只有困难没有解决困难的故事。

　　不能为了写作而写作，作者要考虑清楚：我为什么要写这篇文章？报刊为什么要发表这篇文章？本文是想说明什么？对读者有什么启发？能否发得出去？比如，我曾在《大学生》发表《别把文献当成"爹"》《一个大大咧咧的研究生》《三件囧事立规矩》《和新研究生的艰难磨合》《"呛声"该怎么回应？》《实验室非菜场，拒绝讨价还价》《实验室里的"自由意志"》《读博的真相》系列文章，针对本科生和研究生读者，通过讲述我指导研究生做科研的故事，反映了研究生做科研的困难以及导师指导研究生的艰难，提醒读者：不但要一步一个脚印地做好科研，还要处理好师生关系，学会做人做事。系列文章渗透着科研方法和做人做事的道理，告诉读者：只要努力做事，总能得到好的结果。

　　再举个例子：每个研究生都有自己的结局，那就是毕业了。但在此之前，每个人都有自己的故事。比如，有的学生在研三秋季学期找到了工作，签了三方协议，但科研论文"难产"了，导师说该生的实验设计、数据分析和论文写作都有问题，抱怨该生以前不努力；有的学生在导师的指导下研二就完成了毕业所需的科研论文和学位论文，暑假去实习，研三秋季学期复习公务员考试，虽投了工作简历但婉拒公司面试邀请，结果没考上公务员；有的学生在提前写学位论文的前提下，花了很多时间实习和找工作，但学位论文查重没有通过，申诉后获准修改后送盲审，结果盲审没有通过；还有的学生科研论文"难产"，学位论文也没有写，却一心想着出国留学。这几个故事串在一起，可能构成一篇好文章。这些故事说明的是理想和现实的差距，说明人在命运中的挣扎，也说明导师和学生的不同想法——有的导师希望学生不要"折腾"，希望学生按部就班地做科研，然后找到一份工作把自己"卖出去"，但学生有这样、那样的职业发展想法；也有的导师希望学生努力科研，尽可能把论文发在高档次学术刊物，但学生希望赶快把论文发了就行。这些故事还说明：一分耕耘，一分收获。如果想得到什么东西而没有得到的话，只能说明自己的付出还不够，或者自己努力的方向是错的。只要自己努力去做，去调整，去寻找，总能得到一些东西，哪怕最终得到东西不一定是自己原先设想的。当然，这些故事还说明研究生要有规划，知道做一件事情究竟需要花多少时间、有哪些时间节点、究竟有无成功的可能性。

从上述例子还可以看到，一篇好的经历型文章需要有"冲突"（波澜），而不只是叙述一件平常的事情。当然，写此类涉及导师和学生双方的事情，还需要注意采访，确认是否属实，写作时要注意"平衡"，即不能一面倒地呈现某一方的说法，而要展示各方说法，哪怕有详有略。笔者就借鉴了新闻写作的方法，从而能使文章更"立体"，也更有"味儿"。当然，写经历型文章还有很多更加高深的知识和技巧，有兴趣的读者可以关注南周书院非虚构写作网课以及中信出版集团出版的《跟着南方周末写出好文章：实战技法》。

教育述评

教育述评和经验介绍型文章、经历型文章相比更难写。首先，经验介绍型文章、经历型文章往往"四平八稳"，不容易"出错"，而教育述评涉及对教育问题的评论，仁者见仁，智者见智。其次，写教育述评需要宽阔的视野和对教育界一线情况的了解。最后，教育述评兼具"述"和"评"，厘清写作逻辑有难度。

在研究生教育中，有很多新情况、新问题，这就是教育述评写作的话题。比如，研究生要就业，就要花时间去实习、做简历、投简历、参加网测、面试。往往学生拿到一个录用意向后，还不满足，会继续申请别的工作。但是，研究生完成学业也需要时间。于是，就出现了研究生完成学业和职业发展之间的矛盾，这一矛盾进而引出课题组生存发展和研究生职业发展之间的矛盾——如果导师无限制地"放"学生外出参加自选实习，那么课题组的可持续发展会受到影响；而如果导师让研究生把全部精力花在做课题上，那么学生的职业发展会受到影响。类似这样现实存在的矛盾、痛点，在教育界是普遍存在的，就是教育述评的好话题。

关于教育述评的选题，以下我再举些例子。

现在，博士生延期毕业的现象引起广泛关注。早在2016年，我就在《文汇报》发表相关文章。文章的起因：当时我的一名博士生写学位论文慢了，我就嚷嚷着让他延期毕业，但他说他们班上的博士生都申请按时毕业。2016年7月初，我在校门口的布告上看到他们班上只有一半博士生拿到学位证。这时，很多问题出现在我的脑海里：博士生为什么会延期毕业？延期毕业是不是一件坏事情？发表论文是不是一件坏事情？如何提高研究生培养质量？导师对研究生培养有没有无奈？我写了篇《研究生和导师头上的"达摩克利斯之剑"》在《文汇报》2016年9月23日第6版（头条）刊登。文章被中国智库网、中国教育新闻网、中国社会科学网等几十家媒体转载。

现在，导学矛盾也引起广泛关注。早在2016年，我就在《文汇报》发表相关文章。文章的起因：在带研究生的过程中，我常感到"不顺"。比如说，有的硕士生提出要外出实习，有的硕士生刚进校就请假复习托福、GRE，有的硕士生发出一篇论文后就懈怠了。课题组生存发展和研究生职业发展之间存在矛盾。课题组要生存发展，就得不停地做实验、发论文、申请科研项目。如果没有经费，那么研究生培养就无从谈起——不但实验做不成，导师也无法招生。但研究生职业发展也需要时间，这就构成了矛盾。我有第一线的实践经验，还采访了研究生，写了篇《破解研究生和导师"不咬弦"的"魔咒"》，在《文汇报》2016年11月25日第7版刊登。文章被光明网、中国智库网、中国教育新闻网、中国社会科学网、中国青年报微信公众号等几十家媒体转载。

写教育述评往往需要一双善于观察的眼睛，并能分析判断这个话题、这篇文章的意义。写法、写作的角度也很重要。比如，谈到研究生延期毕业的话题，一些新闻周刊的记者可能通过采访和报道几位延期毕业的学生（个案），反映延期毕业的"惨状"。但教育述评不这么写。当一个故事片段出现在一篇教育述评的开头时，它只是引出文章主体部分的"由头"。当一个故事片段出现在一篇教育述评的主体部分时，它只是作为例子来说明一种现象以及作者的观点。教育述评的目的不是讲故事，而是把话题端到读者的面前，给读者分析，并提出解决问题的方法，它类似于记者写的深度报道或者解释性报道、分析性报道。

教育述评的基本思路是"是什么，为什么，怎么做"。它不像议论文那样聚焦于论点，而是针对教育界的一个现象或者一个痛点，从三个方面，配以三个小标题进行写作。可以加入作者的一线观察，提高文章的"附加值"，可以提供作者自己的观点和建言，也可以采访别人，加入别人的例子和观点，还可以引用别人文章里的统计数据和观点。写作要客观、全面、务实（解决问题而不是胡搅蛮缠）。

写教育述评需要高度、深度、温度。所谓高度，就是要站得高、看得远。要学习党和国家领导人关于教育工作的重要论述，了解关于教育方面的政策法规，明白一个话题（比如大学生就业）在全局工作中的定位，明白一篇文章发出来后能实现的社会效益，并掂量它是否会产生副作用。所谓深度，就是要基于高等教育一线经历，挖得深，讲得透，写出报刊记者写不出来的东西。所谓温度，就是不能凌空高蹈、高高在上，而要贴近实际、贴近生活、贴近群众，写出来的文字也要让读者能读懂。

举个例子：2021年3月12日，我在"文汇"APP读到一篇文章《某高校导师反对研究生实习，硕士生究竟该实习吗？又该如何安排？》。文章说某高校一位导师怒斥研究生实习，差点被舆论认为有师德问题，而后文章又说另外一所高校某学院实行无导师制，让研究生参加企业实习锻炼能力，引发网友欢呼。看了这篇文章，我顿时来劲儿了：前面说的实习和后面说的实习是一回事吗？很多网民真的懂其中的区别和奥秘吗？"事情不是你们想象的那样"！当自己有话要说时，写作灵感就来了。我写了篇《导师不让参加自选实习，矛盾如何解》，以这位导师怒斥研究生实习触发舆情为由头，分为三个小标题，分别讲述研究生实习到底有没有用、研究生开展自选实习有无必要性、如何解决研究生完成学业和职业发展的矛盾，把研究生培养和课题组运行的机制讲清楚，文章刊发在《文汇报》2021年3月26日第6版。

从上述例子可见，作者需要对研究生教育有近距离的观察和体验，要对网上或者周围出现的现象有敏锐的洞察，要明白一个话题或者一篇文章对于社会的意义，还要掌握报刊文章的表达方式。当然，写教育述评还有很多更加高深的知识和技巧，有兴趣的读者可以关注一下南周书院评论写作的网课以及人民日报出版社出版的《南周评论写作课：怎样表达一个观点》，并多读主流报刊上关于教育的文章。

10.3　通俗文章写作的几点经验和注意事项 ▶▶

在10.2节，我讲了经验介绍型文章、经历型文章、教育述评的写法。需要说明的是：科教类通俗文章的写法和初中作文、高中作文的写法有很大区别。为了写好这类文章，作者最好能阅读一些新闻写作教科书和参考资料。本节"拎一拎"科教类通俗文章写作的经验和注意事项，以期给读者带来启发。

增加文章的"立体感"

有些同学讲述读研的心路历程，平铺直叙，像记流水账一样。有些同学介绍自己读研的经验，像罗列贴士（Tips）那样地说"一要、二要、三要"。而新闻学告诉我们：文似看山不喜平，要有"褶皱"，有矛盾冲突；要讲究"平衡"，即不能只是陈述一面之词，还要呈现另一方当事人的回应，甚至要加入第三方的说法。

我曾在课堂上举例：一位市民打电话到报社，爆料说一家月饼店门口有"黄牛"（票贩子）影响秩序，你作为记者，怎么写报道？同学们往往准备像写记叙文那样，按时间顺序叙述记者接到"线报"，然后开展暗访的过程。但我说这篇报道可以分为三个部分。第一部分：记者暗访，看到月饼店门口"黄牛"向记者和顾客兜售月饼票。第二部分：在采访中，顾客和月饼店员工回忆自己被骚扰的遭遇，表达对"黄牛"的不满。第三部分：相关部门领导接受记者采访时的说法以及后续执法行动。这样的报道涉及三个不同的角度，很"立体"。

再举一个例子。2017年我在《科技导报》发表了《研究生生涯发展和课题组生存发展：一对难以调和的矛盾》。该文源于我在指导研究生的过程中体会出的一对矛盾——课题组要生存发展，导师就得催研究生做科研、发论文，但学生需要实习、找工作。带着这个困惑，我采访了周围几位老师和有志于任教的博士生。我没有采用常规的第一人称叙述，也没有一本正经地归纳出几点意见，而是变身为"笔者"，以第三人称叙述手法，先说出"A教授"的苦楚，再呈现周围人的不同说法，最终给出"A教授"的结论。

这个例子说明：作者不一定要向读者"单向"地叙述自己的故事或者观点，还可以使一篇文章既有故事（例子），又有来自于不同人的说法，这样文章就更有"立体感"和可读性。有的时候，甚至要使用第三人称叙述方法。

写好文章的导语

想使文章吸引人，还要写好导语（开头）。很多通俗文章的导语中规中矩，例如2017年我发在《科技导报》上的《研究生导师该如何与"90后"研究生相处》的导语：

以下这个故事反映了一位"90后"研究生进课题组后遇到的困境以及她的"70后"导师在与研究生互动过程中的转变。故事表明，师生关系、研究生在职业规划上的迷惘和刚进课题组时的不适应，都会影响研究生的感受和科研进展，因此这些都需要妥善处理。

这篇文章以第三人称叙述手法，写了"A教授"和研究生小E发生的矛盾，最终走向和谐的故事。这个导语就像"摘要"，把故事的梗概和中心思想说出来。

这样，读者不必读完故事，就知道中心思想。《科技导报》（中国科协的会刊）编辑看了开头的调调，就会觉得文章是稳妥的。

更好的导语，能够一下子把读者的注意力拉到文章里去（先声夺人）。请看2019年我发表在《中国研究生》上的《研究生做科研得步步为营》的导语：

"你这样下去，会延期毕业的！"我对一名博士生发急了。

该生在别处读硕士时，曾发表3篇SCI论文。加入我的课题组后，他能提出科研点子，也像"拼命三郎"似的做实验，我就没有多管他。7个月后，我催他把实验数据整理成文，他却支支吾吾地说，之前的实验结果"都不能用"。我顿时两眼一黑……

我对学生说，读研时间一晃而过，除去上课、假期和找工作，真正能用于研究的时间非常有限。而毕业又需要发表若干篇论文，因此，研究生做科研得有章法！

在这个导语之后，我以三个小标题和相关文字，分别介绍实验设计、做实验、时间管理方面的经验教训。

看明白了吧？可以借助故事的片段（一段对话、一个场景）来引出接下来的文章主体。这正如，记者写关于中美贸易争端的报道，一开始可以先描绘一个美国农场主望着大片闲置的土地唉声叹气的场景，而不是直接介绍中美贸易形势（见《播种进入倒计时，美豆农焦虑加剧》，刊于《新华每日电讯》2019年5月22日第3版）。

特别注意文章的立意

作者得问问自己：这篇文章是记录自己的私事、宣泄个人情感，还是能给读者带来启发（比如作者介绍科研方法，能避免研究生走弯路）、消除读者对某一话题（比如高考改革）的不确定感？为什么这篇文章值得发表？它能带来什么社会效益？《人民日报》原副总编辑梁衡说，记者写稿要像打靶一样"三点（政策、形势、事实）一线"，"一般来说只要作采访的事实既能呼应中央的政策，又紧扣目前的形势，你这篇稿子就基本命中了。"

举个例子。2018年10月，教育部办公厅正式公布首批"三全育人"（全员、全过程、全方位育人）综合改革试点单位。试点高校通过媒体公布的工作思路着眼于学校层面，提纲挈领。我认为，"三全育人"不能停留在政策、思路和生硬的宣传、说教，更需要实实在在的"抓手"和教师的辛勤付出。在这方面，研究生导师有很多发挥的余地。于是我结合自己的育人实践，写了《除了实验和论文，导师要不要跟学生谈人生？》，在《文汇报》发表。该文被光明网转载。

要注意舆论导向。教育界总有纷乱的事情，你不要只看到负面的个案（比如研究生师生矛盾的极端案例），而看不到整体。不要只看到问题（比如高校教师的生存窘境），而没有看到有关部门、高校对此采取的措施以及将来的发展趋势。不能情绪化地"吐槽"，而要理性地提出问题、分析问题、提出解决问题之道。例如，近年来，研究生师生矛盾极端个案屡屡被网络曝光，触发舆情。对此，我以业内人士身份，写了《破解研究生和导师"不咬弦"的"魔咒"》。该文在2016年发表于《文汇报》，并被光明网转载。总之，好的教育述评应该能起到"澄清谬误，明辨是非"的作用。

提高写作水平的实践

多读主流报刊。正如做科研需要研读相关文献，给报刊写稿也需要读报。我订阅了《人民日报》《光明日报》《中国青年报》《中国教育报》《解放日报》《文汇报》等10多份报刊。我每天看报，把值得保存的教育方面的文章以一个版面或者半个版面为单位剪下来。看多了，心中就有了"大数据"，明白教育界有哪些热门话题，别人持哪些观点，文章要写到什么程度才能在什么报刊发表。并且，阅读主流报刊，明白社会发展的趋势，你就能更好地判断你手头写作素材的重要性，把握好文章的立意。

多读新闻写作的书。2016年6月，《解放日报》一名记者到我们学校采访我，她写了一篇5000多字的"特稿"《"我宁愿成为你们眼前的逆境"》。反复揣摩记者的报道，我感到这里头有奥妙。于是，我自学了几十本新闻写作的教科书。我体会到，哪怕作者的文章不是新闻报道，一些报刊编辑也习惯于新闻写作的思维方式。如果能从新闻学教材中学到一些新闻写作知识（比如导语写作、"藏舌头"、注重"平衡"、使用背景、场景描写、使用直接引语），那么这会使写作如虎添翼。

好的文章源于生活和实践。一线科研、教育实践给我提供了丰富的写作话题——做博士后、申请教职、科研起步、申请科研项目、做实验、指导研究生、撰写论文、晋升职称、科研合作、参加学术交流……有时候我给研究生讲为人处世的道理，讲话的内容后来就整理成文发表。还有的时候，我看了一些微信公众号的文章，觉得事情不是很多人想象的那样。比如，很多人说导师让学生做课题就是剥削，也有很多研究生说"只要达到毕业要求就行了"，这使我心中有了一种"气"。心中"气压"越大，写出的文章就越有冲击力。

文章不厌多回改。有时候，我写好了文章，就将它束之高阁。这期间我会看到别的书报，听到别人的评论，从而有灵感一点点地修改。这样过了几个月，看问题更加清楚了。当对文章吃不准或者觉得写得还不够好时，我会请周围人出出主意、提提意见。还有的时候，写一篇文章需要引用一句话来卒章显意。我找到一句话，但总觉得放在文章的语境下，这个句子还不完美。我就一本书一本书地找，找的过程中会突然有别的线索或者灵感，最终找到一句更贴切的句子。

要有质量意识，考虑发表后的效果。判断一篇文章是否好，是否创造了社会效益，有以下几个标准：文章的确好，编辑自有判断；读者评价好，文章引起轰动；文章得到上级领导批示、阅评表扬，或者被全国主流媒体转载。正如期末考核文章不能随随便便写出，通俗文章也不能随随便便发表。作者应该想一想：这篇文章的质量远远超出这份报纸刊登文章的平均水平吗？文章发了以后，报社总编辑记住我的名字了吗？我的文章下次还能发表吗？

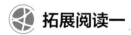 **拓展阅读一**

一个研究生导师的困惑

马臻

2011年，"70后"青年教师冯老师（化名）成为研究生导师。在接下来带教"90后"研究生的过程中，他遇到很多新情况、新问题。这使他明白：带课题组并不等同于做博士后，也不仅仅是带学生做科研，还需要花时间协调师生关系。

学生抱怨"文章被贱卖了"

小志（化名）从一所普通高校硕士毕业，进冯老师的课题组读博士。他做了实验，并整理出两篇论文。但冯老师每次都把小志的论文投给影响因子2～4的"合适刊物"。投稿之前，小志也是同意的。但论文被接收后，小志嘟嘟囔囔说"文章被贱卖了"。冯老师听了，心里很不爽。

冯老师发表了100多篇学术论文，为80多个学术刊物评审过400多篇论文，他知道这两篇论文也只能发在这样的刊物。并且，小志的论文并非

"轻松通过"，而是按照审稿人的意见大修改才通过的，可见冯老师的投稿判断是准的。

很多导师喜欢把论文一个劲儿地投给"高档次刊物"，导致论文屡屡被退稿，学生毕不了业。而现在，冯老师把论文投给了"合适刊物"，使得小志在博二就达到了毕业的论文要求。那么，为什么学生还要闹情绪？

小志解释说，他考博士前看了冯老师的简历，觉得冯老师是海归，挺厉害的，就打算跟着冯老师发表"重量级论文"，毕业后进高校任教。但现在，他感到"理想破灭了"。

而冯老师有着难以名状的苦衷。他20多年前在一所普通中学就读时，他们班级同学的语文会考成绩不好，语文老师便推卸责任说："棉花怎么能制成人造革。"意思是学生基础差。冯老师不想对小志说这句话，怕伤感情。冯老师也承认，课题组初建，仪器条件不是很好。并且他所从事的研究方向，的确很难在高档次刊物发表论文。但冯老师以往就是凭着一股执着劲儿，把实验做好，把论文一篇一篇发出来的，从硕士生逐步成长为名牌大学教授。

"好的文章，需要你靠自己的双手去打造！"冯老师说。

话虽这么说，可冯老师注意到一个动向：有些刚从国外回来的老师把"金点子"提供给学生做研究，甚至拿出快"成型"的论文让学生做第一作者，或者帮学生写论文，使学生成为"三年发表十多篇高质量论文"的"科研达人"。其他课题组的学生看到了表象，便产生心理不平衡，甚至抱怨自己的导师"无能"。

"难道导师的任务就是无原则、无限制地使学生满意？"冯老师非常不解。

"90后"思想活跃

冯老师在带研究生过程中还遇到很多事情。

硕士生小强（化名）进校前千里迢迢找到冯老师，请求冯老师接收他。进组后，刚开始他非常努力，一年半就发表了一篇论文。之后，他就像变了一个人似的，科研进展明显放慢，并和冯老师"不咬弦"。据冯老师分析，原因有以下几点。

首先，彼此目标有差异。冯老师明白，如果一个课题组没有取得科研进展，没有发表论文，那么以后几乎不可能申请到国家自然科学基金项目。并且，硕士生至少要有"实打实"的实验内容才能完成硕士论文。但小强的理想是找到一份和专业毫不相干的、能够"挣大钱"的工作，他认为"只要能毕业就行了"。

其次，彼此价值观不同。冯老师读大学时接受的传统教育就是埋头把自己眼前的事情做好，而不要东想西想。但小强是个思想活跃的"90后"，他常常在周围人（包括冯老师）面前提起他的研究生同学开网店挣了一两百万元，并调侃读博士的师兄，说他们找工作难、挣钱少。这让冯老师觉得难以接受。

再次，彼此对事情的认知存在差异。小强想让冯老师"不要管得那么紧"，便旁敲侧击，说冯老师以前的师兄（现在也是这所高校的教授）对学生管得松，因此组里有个学生出了很多好文章。而冯老师看到的则是：这位教授忙于各种杂事，无暇整天盯着学生；正因为如此，很多学生发文章困难，毕业时拿不到学位证；有个学生出了好文章，是因为这个学生对自己管得紧。

更让冯老师烦恼的是，学生有时还会向老师"叫板"："既然你管得严，为什么课题组学生没有在影响因子10以上的刊物发表论文？"

困局如何解？旁观者的说法

带着工作中遇到的困惑，冯老师向周围人求教。

一位同事说："你跟学生讲道理是没有用的。在我的课题组，学生要么听我的，要么离开！"这位同事曾发现一名硕士生偷偷外出实习，便通过其他学生传话："请她转到其他课题组，别在我这儿做学位论文了！"

也有的同事认为，导师只需要布置科研任务就行了，学生毕不了业是他们自己的事，不要浪费时间给他们讲人生道理。并且，遇到师生冲突要"冷处理"，即采取回避的方法，而不要"话赶话"。

作为旁观者的一名博士生则认为："很多事情并不是谁对谁错的问题，而是彼此诉求不一样，思考问题的角度不一样。导师和学生一方面应该彼此真诚地理解对方，另一方面不要把一些事情和话语放到心里去。"

一位老教师补充说："以学生的基础和见识，他们当然不明白一些事。他们以后工作了，自然会明白。不要苛责他们，看人要看主流。"

无论如何，师生关系和谐是课题组运转顺畅的重要保障。如何化解师生之间的龃龉？这给冯老师那样的课题组组长们出了一道思考题。

（来源：马臻.一个研究生导师的困惑[J].科技导报，2016（23）：147.）

点评：中小学作文（记叙文）强调讲述一个完整的故事，还要运用多种修辞手法，并且字数一般不超过800字。但是，对于研究生和导师作者来说，在报刊和网络发表、发布的经历型通俗文章一般在2000～3000字。这类文章并非应试作文，不需要刻意运用多种修辞手法，也不要求讲述一个完整的故事，而是要说出故事的梗概。更重要的是通过两三个故事来反映一个现象，讲述一个道理。本文可以归为经历型通俗文章，但它并非传统的经历型文章，而是借鉴了新闻写作的方法。文章以第三人称写作，冯老师（化名）就是"马老师"（本书作者）。采用第三人称写作，使得作者在叙事时能够更加超然、客观。文章的结构好：第一个小标题下面写了学生抱怨"文章被贱卖了"的事；第二个小标题下面写了"90后"思想活跃；第三个小标题下面写了冯老师采访不同的人，得到的一些说法和启发。这样写，条理清晰，文章有立体感，呈现不同人的说法。整篇文章围绕着研究生师生关系的和谐相处，具有现实意义。你可以看到，本文不是流于机械地叙述一两件完整的故事，而是写出故事的梗概，穿插了背景介绍和对原因的分析。

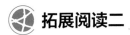 拓展阅读二

科研职业路上的决策

马臻

在科技职场生存，并非只是做实验、写论文，还会涉及决策（选择）。可是，面对不理想的现实情况，人们的决策各异，旁观者也众说纷纭。

2015年夏天，一位学生提前和A教授联系考博事宜。通过面谈，A觉得该生综合素质不错，就当场表态让他来报考，而回绝了之后联系A的10

多位学生（注：A所在的系招收博士生实行申请-考核制，导师有很大的决定权）。该生提前5个月进课题组，工作极为努力，一年产出5篇论文。A看在眼里，喜在心里。

可一位同事却认为A"下了一步臭棋"："该生硕士期间研究光催化，来这里读博士，你允许他继续研究光催化。虽然发了文章，但这不能为你手头课题的结题服务，以后你也很难利用他的成果申请到光催化项目，招他何用？"这位同事还提及，此前A招了一名在职博士生。她使用所在研究院的实验装置做学位论文，不能为A的课题服务，A还要出研究生培养费，"亏大了"。

对此，A解释"没有什么是理想化的"——课题组建立初期，报考博士生的生源质量不太理想，他生怕招不到好学生。因此，一旦有学生提前来联系，A觉得学生的综合素质还不错，就当场答应他/她来报考。A做事"求稳"——确保有学生进来，学生有课题做、有文章发、能正常毕业。确定学生课题时，他会考虑学生的专业基础、课题兴趣和实际情况。

而这位同事的质疑也值得思考：表面上看，课题组做着研究、发着论文，但"繁荣"的背后，可能潜伏着危机。一方面，为了完成课题以及申请新课题，课题组需要"集中兵力"开展系统研究，而不能"信马由缰"；另一方面，现在很多院系和科研部门强化了"顶层设计"。如果课题组的研究方向和学科布局不一致（比如所在的重点实验室主攻大气科学，而你研究水处理），那么课题组很可能分不到学科建设费等资源。

"要运筹帷幄，不能只图眼前的方便"！以往，这位同事就凭着他精心的研究布局和强势的工作作风，完成一系列研究，获得许多科研项目资助，并荣获一个学术头衔。

对于上述事情，我无意断定谁对谁错，而是反映一种"真实存在的现象"。我相信，科研工作者经常会遇到类似的事情和决策困境。

比如，我于2001～2006年在美国读博士期间，用一套原位红外光谱装置研究和催化相关的液固相界面现象。在发了几篇论文后，导师建议我学习核磁共振和量子化学计算，这样能提高论文水平，也有助于我将来科研独立后的生存。但我认为，利用现成的红外装置能不断出文章，而核磁共振和量子化学计算很难学，耗费大量时间可能无法得到发表的结果。

再比如，一位青年教师面临着"6年非升即走"的考核。她已经发了几篇论文，但总觉得还达不到升职要求。她的手头还有多篇即将完成的论文稿。如果把这些论文投到"中等偏上"的专业刊物，应该能发表，她留校不成问题。但她觉得"好不容易得到非常好的数据，这样'贱卖'就亏了"，准备尝试 Nature 及其子刊。但如果文章被拒，时间就耽搁了，可能保不住教职。

人们的不同决策模式，有时候可以用传统经济学和行为经济学来描述。

传统经济学的假设前提是：人做决定前充分掌握信息，他们会如一台超级计算机那样计算各种选择的利弊，对其进行赋值，追求利益最大化。好比一篇科研论文，本来能够稳妥地发在影响因子3～4的刊物，但有的研究人员选择投向影响因子8～10的刊物。

而行为经济学认为，人做决定面临着一定的"边界条件"，做决定所需要的信息不完整，并且人不是追求绝对利益最大化，而是感到自己满意（或者能接受）就行了。就好比一个在海外留学的博士后找工作，他家乡的一所"985工程"高校给他副教授职位。他面临着博士后工作即将到期的"边界条件"，不清楚再努力争取一下是否能得到该学校的教授职位，也不想再耗费时间和别的大学联系教职，就接受了这所大学副教授职位。显然，前文A的"求稳"，也反映了行为经济学的决策模式。

很多事情和做法并非只有一个答案，而是涉及得与失、表象与实质、眼前与长远、理想与现实的关系。如何拿捏好这些关系，是个值得思考的问题。

人们的决策和行动，往往反映了他们的价值取向。比如，有的人以获取学术头衔为工作目标，精心设计并踩准每一步；而有的人认为，要把自己喜欢做的工作做好，别的"都是浮云"。很难断定哪种价值取向对。

我认为，人可以坚持自己，也可以根据环境和别人意见进行调整，但不要太纠结于自己的决定，因为"得即是失，失即是得，得中有失，失中有得"。并且，只要努力去做了，哪怕路径不完美，也会有所收获。比如上述A刚入职时，条件不理想，但他因地制宜，和别的研究者合作做科研。当时有些人觉得他的做法不能带来实际效益，"发表的论文第一单位不是我们系，不能算工分，也拿不到论文奖励"。但合作科研取得的积累，帮助A

在校内外申请到多个项目。本文开头提到的光催化研究工作，也助他从学校获得30万元自主课题资助。

面对"没有什么是理想化的"职场环境，我们怎么办？A坦言，"不求事事尽人意，但求无愧于我心"。而他同事的话，也给我们带来启发——人不能光顾着"低头拉车"，也要"抬头看路"。

我想，每个人都有自己的理念，决定权就在自己的手里。但正如人们常说的，"你做了一个决定，就要为你的决定负责。"

（来源：马臻.科研职业路上的决策[J].科技导报，2017（8）：98.）

点评：文章以第三人称写作，A教授就是"马教授"（本书作者）。文章中有故事，但是作者写作的目的并非写故事，而是把故事当成是生命旅程中的一个样本、一个值得回味的内容写出来，再配以对情况的分析和反思。文章的主题是"科研职业路上的决策"，具有思考的价值。文章的妙处在于有冲突：写出了A教授怎么认为、他的一位同事怎么说。这种冲突，不但是不同的人对于同一个选择的看法不同，而且也是A教授内心的冲突。文章的妙处还在于用行为经济学来分析这件事，这使得文章更儒雅，更有味道。一些关于非虚构写作、时评写作的网课提到：要写好文章，需要学习社会学的知识，这样文章更有厚度。

 拓展阅读三

研究生生涯发展和课题组生存发展：一对难以调和的矛盾？

马臻

"瞧你把学生都带成啥样了！"听了A教授的诉苦，同事甲脱口而出。

据A介绍，他指导的硕士生还没有读到研三就开始"心不定"了，总想着外出实习或者复习托福。A被就业形势和学生的诉求"逼得没办法"，就同意学生参加暑期实习，并给研三学生一段时间，让他们能安心找工作或者复习托福。但学生"脱产"1～2个月后，A看到别的课题组十多个学生正在实验室"浴血奋战"，就坐不住了，打电话催学生回来。而一旦看到学生回到电脑前写硕士论文，一坐就是几个小时，A既感动又愧疚，过一阵就给学生"松绑"。总的情况是，研三学生参加了秋季招聘，来年参加春季招聘，即便拿到几个录取通知，还会继续投简历，很少有时间做科研。这就使得A"很不爽"。

谈到自己纠结的原因，A坦言，师生有"利益冲突"——导师希望学生把更多时间花在科研上，多出科研成果；而学生有他们自己的兴趣点和日程安排。最要紧的，是导师"压力山大"。A在一所全国著名的研究型大学工作。A所在的系每年都对教师进行考核，还通知每一位教师他/她的工分和排名。无形中，教师在系里的"地位"和发表文章、拿到科研经费的情况联系在了一起。维持课题组正常运行更是需要科研经费，而能否申请到科研项目，和课题组做科研、"产出"论文的情况密切相关。

一方面，研究生要找到自己的出路；另一方面，课题组也得生存和发展。在A看来，这两者的矛盾似乎难以调和。

对此，获得多个学术头衔的同事甲说，他的课题组就"没这么多事"。甲就给学生布置很难的课题，并且不允许学生发表"小文章"，而是让学生非得在他指定的高档次刊物发表论文才能申请毕业。这样，学生不得不整天做实验，甚至延期毕业，以达到他们课题组设定的毕业要求。哪怕学生需要找工作或者复习托福，也只能在做实验的间歇"见缝插针"。甲指出，A的困境"都是自己找的"——A让学生做简单的课题，使出浑身的力气帮学生改论文，甚至彻底重写论文，并且把论文投给"一投就中的刊物"，以"确保学生正常毕业"。可结果呢，学生在研二结束时发表了论文，就提出各种要求。

A的同事乙的课题组也"没这么多事"。乙一直招收本校的大二学生进课题组做科创项目，从中挖掘科研苗子，鼓励他们留下来读硕士。当硕士生纠结于"究竟要继续读博士还是找工作"时，乙就说"你已经发了那么多文章，不当教授可惜了，你博士毕业后可以出国，然后回国直接做教授"。这样，学生就能在很长一段时间心无旁骛地做科研。

但A认为，乙课题组的情况是理想化的。A注意到，他们系的硕士生毕业后大多从事和本专业无关的工作，比如做会计、当银行大堂经理，而留下来读博士的寥寥无几。这就意味着，这些学生必然会花很多时间学习和本专业无关的东西，外出实习，广投简历。而且，也有些学生不清楚自己将来要干什么，他们想着"有了一些东西或者资本之后，才有资格做选择"，就"四处出击"，探索职业发展的各种可能。这就给导师培养研究生出了一道难题。

时下，教育界常常提及并倡导的，是以学生为中心，促进学生全面发展，推进大学生就业工作，提升学生的获得感。而无论是课题组正常运行，还是研究生完成学业，都需要研究生认真做科研。该如何处好研究生生涯发展和课题组生存发展的关系？

带着这个问题，A走访了更多的老师。很多老师说，现在研究生毕业要求提高了，每年系里都有很多研究生延期毕业或者拿不到学位证，甚至有些研究生的学位论文送盲审被"枪毙"了。因此，他们不支持学生在还没有达到毕业要求的情况下外出实习或者请假复习托福，"毕竟要分清主次，不能捡了芝麻，丢了西瓜"。

更多的老师则表现出无奈。他们不好意思拒绝研究生的请求，于是对学生"干别的事"只能睁只眼闭只眼，但结果是：研三学生"基本上干不成什么活"。一位老师参加了一位硕士生的学位论文答辩，发现该生的硕士论文只有两章实验内容，其中一章达到了学术论文的水准，而另一章"看起来就只有两个星期的工作量"。一问他的导师，才知道该生发了一篇论文后，就去复习GRE了。

也有的导师说，一旦有学生提出想复习托福、GRE，他会全力支持，"不只是给学生一个月的假，而是六个月"，因为"学生有好的出路，有利于课题组吸引好的学生进来"。

看来，不同导师对学生生涯发展的支持程度不同，但大多数老师都面临着同样的现状——研究生需要很多时间做和科研无关的事。

对此，A还特地问了他的两位有志于进高校任教的博士生。一位博士生认为：研究生生涯发展和课题组生存发展之间的矛盾"既大也不大"，关键是师生怎么看、怎么处理；学生有生涯发展的需求，这是要求上进的表现；老师有对学生的要求，学生也有自己的需求，师生应该互相理解、尊重；每个课题组都有不同的风格，不必太在意其他课题组怎么做。另一位博士生则说，导师让学生好好做科研，是"理"，无可厚非，而"放"学生外出实习，是"情"，成人之美；导师无论作出什么样的决定，都不要纠结。

而通过阅读主流报刊，A终于明白，教育的根本任务是立德树人。导师不仅仅要指导研究生做科研，还要做青年学生的引路人，鼓励学生既探索科学真理，又发展职业生涯，引导学生把个人的成长和国家的发展紧密联系起来，为实现中华民族伟大复兴的中国梦而奋斗。

"不要纠结于一城一池的得失，而要站得高，看得远！"A对自己大声说。

（来源：马臻. 研究生生涯发展和课题组生存发展：一对难以调和的矛盾[J]. 科技导报，2017（20）：138.）

点评：本文同样反映了一段心路历程。开头第一句采用直接引语，能使读者想到当时的场景，增加现场感，并且吸引读者看下去。在接下去的三段，文章从A教授（本书作者）的角度，讲了他的苦楚，并进行了小结。再接下去，文章讲了A教授的同事甲怎么说，乙怎么说，A教授听了他们的话之后怎么想，其他老师怎么说，A教授以前的学生怎么说，最后A教授怎么想。这篇文章涉及研究生生涯发展和课题组生存发展之间的矛盾，值得思考。

 拓展阅读四

参加学术会议的乐趣和现实压力

马臻

"这里的空气很好，神清气爽的，学术氛围也很好，已经有了不少有用的讨论，也有时间修改文章，感觉工作效率比较高。感恩有这么一段日子"。2017年8月17日，在上海一所重点高校任教的虹（化名）通过微信，向笔者介绍她在美国参加学术交流的情况。

从虹发来的照片可以看到，她的临时办公室里有一张硕大的办公桌，桌上放着一台手提电脑、一份文稿、一个文件袋和一杯咖啡。透过干净的玻璃窗，可以看到室外郁郁葱葱的树，排列整齐的小汽车和远处的蓝天白云。

据虹介绍，那儿每天上午和下午都有学术报告会。报告不多，也很精简，但报告后的讨论很长，也很热烈。每天会后还有充足的时间，供参会者个别交流，处理公务。周末休会，参会者可以去附近爬山。

"科研工作者真的应该多参加一些学术会议！"虹感叹道。

参加学术会议的乐趣

谈到参加学术会议的好处，虹告诉笔者，平时坐在办公室里阅读文献可能没有多大的感觉；但在学术会议上，论文的作者站在听众面前亲自讲解，听众有问题可以提问。这对于听众来说，是一个很有效的学习过程，通过这个过程能达到仅阅读文献达不到的效果。

参加学术会议还能直接、有效地了解研究动态，比如学术界对哪个研究体系感兴趣、对哪个观点存在争议。虹曾经听了一个报告，那位报告者说他在论文原稿中提出一个观点来解释他们观测到的实验现象，但审稿人说不要这么写。为了发表，他只能把文稿中的观点删了，但他还是认为这个观点是对的。虹说，这些没有写进论文的观点和内幕，对于其他研究者来说很重要——让他们了解作者和审稿人各自的观点，也启发他们开展新的实验来验证这些观点。

虹还举例说，在一次报告会后，她看到三位教授在激烈地讨论。其中一位教授拿一篇国外同行的论文"说事儿"，但另两位教授说那篇论文的实验和结论是错的。虹最近的实验结果也证明那篇论文有问题。听到这三位教授的讨论，虹觉得应该尽快把实验结果整理成文，以免别人老拿错误的论文说事儿。

虹不但觉得听别人作报告、讨论有意思，能长知识、激发实验灵感，而且感到自己作报告很有成就感——"经常被邀请出去作报告，活跃在这个领域，让人感觉你科研做得好；你做得好，别人才请你去做报告"。虹所在的物理学系主任就曾经说，他们系的每一位老师都必须建立自己在学术界的知名度。外出作报告，正是提升研究者知名度的方式之一。

然而，听了虹的介绍，笔者还是有些困惑：在一般印象中，做科研就是在实验室、办公室埋头苦干，而外出开会势必会影响研究者把时间花在科研上。怎么处理好外出开会和本职工作的关系？另外，为什么要依赖外出开会来获取信息，让别人（报告者和其他参会者）来告诉自己什么研究体系重要、什么体系不重要呢？

"开会也是本职工作，感觉做我们这一行就是这个样子的。"虹解释说，他们做物理实验的人需要向研究理论物理的人学习，把自己的实验和别人的理论结合起来，这样才能提高科研和论文的水平。否则，一篇论文如果只有实验结果而没有理论支撑或者深入解释，那么很难发表在高档次学术刊物。学术问题不是通过打电话就能轻易说清的，最好能和同行当面讨论。学术会议给学者提供了交流、讨论的机会。

虹举例说："比如我想证明某个观点，一开始只找到了必要证据，但这些证据不充分。在开会期间与一位做理论的教授讨论后，我才知道对于这个问题，是很难找到充分证据的。这位教授给我提供了两个思考问题的角度，照着他的建议做下去，肯定会使文章的分量加重不少。"

虹还举例说，2016年，他们得到了一个重要发现。2017年，她在六个国际会议上作报告，把这个重要发现"传播"出去，引起轰动。通过在开会期间和同行讨论，虹收获了很多有价值的反馈意见，还消除了他们对这个研究工作的一些疑惑。虹和她的学生根据同行的反馈意见，反复修改了这篇论文。后来，这篇论文得到一个顶级学术刊物三位审稿人的高度评价。虹信心满满地告诉笔者："有可能他们听过我的报告。"

参加学术会议对虹来说是如此重要和有趣，以至于每次外出开会，她都积极、主动地找同行讨论问题。"有时候找专家讨论，约好了时间，但到了讨论之前或者讨论时，他临时被别人叫走了"。而她在会议上报告了重要的发现后，情况发生了"反转"——很多同行一见到她就追着她问问题，还和她联系科研合作。

参加学术会议的现实压力

虽然参加学术会议给虹带来了无穷的乐趣，但她也会遇到现实困境——出差那几天，虹需要把小孩寄放在她的婆婆家中或者请虹的母亲、婆婆过来照看小孩。小孩想妈妈、找妈妈，以至于虹"出门的时候对小孩有一种愧疚感"。

虹的丈夫虽然也是做科研的，但是他不理解，也不支持虹经常出差开会。他说："评职称看的还是发文章，而不是作报告。作报告多一次、少一次，有什么区别？经常出差，让别人代课，还会影响学生对你的评教结果。"他平时就在学校深居简出，把课上好，把论文一篇一篇地发出来，入职四年时就评上了教授。他还坦言，虹经常出差，使他的生活被打乱了，他"很不适应"。据统计，2017年，虹一共出差14次，历时77天，最长的一次15天。

对此，虹回应称："科研工作者其实很辛苦的，几乎没有节假日，更不用说寒暑假了。出差开会不是为了玩，而是学术交流。女性科研工作者一方面要像男同事那样工作，另一方面还要照顾家庭。要想成为好妻子、好妈妈，首先要成为优秀的自己。"

针对丈夫给她的"评教授要多发文章、少开会"的忠告，虹坚持表示，她做科研并不是为了评教授。她在乎的是做实验、发现新东西、参加学术交流的过程。

虹进一步解释说，出差期间，她用微信指导研究生和博士后做实验、处理数据、写论文。而她自己，则在候机、坐飞机时用手提电脑工作，晚上回到住宿的地方还要处理公务。出差结束回到家，第二天她就去办公室找学生讨论。她当然有工作考核、晋升职称的压力，也希望能把论文发出去。

虽然面临各种压力，但是虹在处理好课题组日常工作的同时，还是坚持参加她认为重要的学术会议。她还支持她的研究生、博士后参加学术会议、暑期学校。她说："做学术就是要活跃，忙总会有结果的。"

笔者注意到，虹2011年底入职至今，在学术会议上作报告20多次。她获批了3个国家自然科学基金项目、多个省部级科研项目，并参与科技部资助的两个大项目。她的论文被 *Science Advances*、*Physical Review Letters* 等重要学术期刊发表。

"参加学术会议也是做科研的一部分。"虹坚持这么认为。

（来源：马臻. 参加学术会议的乐趣和现实压力 [J]. 科技导报，2018（3）：123-124.）

点评：本文开头采用了直接引语、场景叙述等写作方法。接下来两个小标题，一个写参加学术会议的乐趣，另一个写参加学术会议的现实压力。写通俗文章有时候忌讳"一面倒"地说"好好好"，还要说出困难、问题，这样文章才有味道。这篇文章就有这种"冲突性"，在写了参加学术会议的"好"之后，笔锋一转，写了参加学术会议有哪些现实压力。这不但体现了"冲突性"，而且反映了得和失的关系——得即是失，失即是得，得中有失，失中有得；没有全得，只有舍得，舍得舍得，有舍才有得。每个人在遇到类似的情况时，需要选择，需要妥协，需要为自己的选择负责。文章的最后两段，采用"藏舌头"的方法罗列了虹的科研进展，并以直接引语来表明参加学术会议也是做科研的一部分。

10.4　本章小结 ▶▶

和高等教育相关的通俗文章，包括经验型文章、经历型文章和述评类文章。

经验型文章可以总结作者自己的科研和读研经验，也可以总结别人的科研和读研经验，还可以既总结自己又总结别人的科研和读研经验；既可以写成贴士型的文章，直截了当，也可以加入一些故事片段，举一些例子。

经历型的文章主要讲述自己或者他人读研和科研的经历。既可以讲述几年的经历，也可以讲述更短的一段经历。好的经历型文章，往往包含"开始、发展、高潮、结束"叙事线，反映王国维的人生三重境。

述评类文章既有述也有评。好的科教述评不能简单地综合在报刊和网上看到的资料，而要在科教领域一线实践的基础上，有自己的叙述和评论。

写文章要有通透感，既对某一个领域了解深刻，又能表达出来。为了增加通透感，需要一线实践、读书、听网课、听别人讲。

要有立体感，就是不能平铺直叙，而要有层次感，有褶皱，抽象和形象相结合。

要胸怀天下，就是视野要宽广，目光不能局限于某一个很小的范围。

要接地气，冒热气，无论是在内容上，还是在语言上。

总之，写文章要有深度、高度、温度，还要有立体感。

第 11 章

结束语

到这儿，本书即将进入尾声。在此，我梳理总结读研的"道"。

理解如何写论文、如何作报告，只是"术"。但更重要的是"道"，是对"big picture"的理解。而且，读研又不仅仅是写论文、作报告，人还得面对自己心中的魔鬼——比如说，你正常地做着科研，但突然有一天自己的内心翻江倒海，因为看到别的同学在校外参加自选实习，就认为自己不实习的话会找不到工作；而导师不会轻易"放"自己实习，于是，你就失去了对科研的兴趣和对自己的信心。

科研和生活，都不是理想化的

无论是做科研还是生活，都不是理想化的。我在课上提到，有一位大学教师（我的妻子），她在回国的初期花了两年时间整理以前在国外做博士后期间没有完成的两篇论文。她出于对科研的热爱，试图把这两篇论文整理出来，但由于种种原因（实验现象重复性不好；理论解释不清；无法回到以前的课题组重新做实验），最终这两篇论文没有发表。

后来，她的学生做其他课题得到一些好数据，他们很兴奋，写成了论文，投了 *Nature*、*Science*，编辑送审了，但他们"从高到低"投了几个期刊，都遭遇退稿；几年过去了，论文还是在电脑里躺着。其中的原因有很多，比如审稿人不相信实验结果、审稿人不喜欢原创性太强的稿子、审稿人不同意稿子里的结论或者提法、学生已经毕业没时间改论文、论文被说得一钱不值从而使作者们失去了修改论文并改投的信心。

从这两件事上可以看出，无论是读研期间做科研，还是毕业以后做科研，都不是那么简单的。实验结果不理想，论文发不出，都是常见问题。这需要我们有足够的耐心，有克服困难的信心，而且不要轻敌，不要轻飘飘。

不要耍小聪明

万事万物都遵循一定的规律。

第一条规律是：付出了努力，才能得到相应的收获。有时候，你会妒忌其他同学，说他不努力也能收获论文。但那有什么用呢？他能保证自己一辈子不付出努力，也能取得成功吗？更何况，你看到的只是"表象"，并非事实的全部真相。

第二条规律是，得失是交织在一起的。比如说，有的同学上课的时候用手提电脑干别的事情，表面上看节约了时间，但错过了宝贵的授课内容，将来有可能走弯路。再比如，有的同学利用本该做实验的时间去实习，表面上挣到了实习的经历，但因为论文发不出而毕不了业，自己的压力也很大。你们的老师，在做项目的同时，身体健康情况也逐渐不理想。这就启发我们：不要光顾着赶路，而要静下心来思考一下自己究竟需要什么。

无论是第一条规律（付出了努力，才能得到相应的收获），还是第二条规律（得和失是交织在一起的），都告诉我们一点：不要耍小聪明。不要耍小聪明的意思，就是心不要活，而要一步一个脚印地把眼前的事情做好，把课程修读好，把实验做好，把论文发出来，把工作找好。

我上课举过一些例子：有的学生并非出类拔萃，但她能够"在什么时候就做什么事情"，把论文发出来，然后在研二的暑假参加实习，研三有大块时间找工作，最终还获得市级荣誉称号。

要摒弃"学生心态"，走向成熟

读研期间还是自己修炼心态和学习做人做事道理的阶段。要摒弃"学生心态"，走向成熟。上课时，我曾经提到，一个HR经理面试一位大学生。这位大学生嫌工资低，HR就要求他给出理由。这位大学生说：你看，我在外面租房子，要交水电煤气费，要交网络费，还要谈女朋友，每个月5000元怎么够？而HR关心的，是这位大学生如何给企业创造更大的价值。

再比如，一位研究生质疑奖学金评定计算分数。她说她的一篇论文投稿时，目标期刊是"一区"的，而现在这个期刊掉到了"二区"，她认为应该按照"一区"算，因为当初就是冲着"一区"投稿的，将来还想凭获得国家奖学金的这一条荣誉申请教职。

我在课上提到，我曾经看到一本书，里面有段话的大致意思是：生命就像是一条河流，它在你的身边流过。你哭也好，笑也好，河流还是勇往直前地朝前流动，不会在乎你的感受。

同学们，不要指望周围的人会顺着你、惯着你，不要以自我为中心。将来去了单位，去了社会，不顺心的事情多着呢。现在如果你没有调整好自己的心态，以后会到处碰壁。

每颗子弹都有自己的归宿

万事万物遵循一定的规律，只要努力了，一定能得到一些东西。

在课上，我讲过一些论文投稿的故事，做科研的故事，以及自己发表通俗文章的故事。我还讲过自己留学的故事，找工作的故事。通过这些故事，你们可以明白，每一个故事都有它的结局，并且这个结局在大多数情况下都不坏。事后，你静下心来细细品味，这些结局都有它们的原因，而且在很多情况下是合理的。

拿读研来说吧。你会发现，周围有些学生延期毕业了。刚开始的时候，他们往往会难受。但随着时间的推移，科研内容越来越多，自己的学位论文越来越充实，自己也更加准备好了毕业。而且，他们最终也找到了工作。

再说刚才说过的"论文枪毙"吧。虽然我妻子的课题组几篇论文被"枪毙"了，但是，正确的做法是"逐个击破"，就是改完一篇文章就投一篇。这样，几篇被"枪毙"的论文总能找到发表的地方，哪怕前后花费了好长时间。

要有自己的一技之长，找到自己的生态位

在课上，我曾经讲过，要有自己的一技之长，找到自己的生态位。人并不是一个模子里刻出来的。大家在读研期间，要想一想自己究竟擅长什么。擅长做实验？擅长想科研点子？擅长写论文？擅长指导研究生？擅长写科研项目申请书？擅长讲话？擅长报刊写作？自己真的要好好地想一想。当青年教师是非常辛苦的，要么"单干"（自己成立课题组），要么跟着大课题组（成为课题组骨干）。无论如何，都需要有很强的能力。想清楚，弄明白，自己是不是真的喜欢科研，适合做科研。

　　我上课也讲过很多回，不要一会儿考驾照，一会儿考教师资格证，一会儿"刷"大学英语六级成绩，一会儿考会计证。那是没有用的。读研还得认清楚自己的方向，不要东一榔头西一棒槌。

附录 使用的已经发表文章

1.1 读研的意义和要求
马臻. 读研的意义. 科学新闻，2022（3）：41-44.

1.3 选导师的准则和方法
马臻. 硕士生如何选导师. 中国研究生，2021（8）：54-57.

1.4 和导师沟通的技巧和方法
景云. 研究生应学会与导师沟通. 中国研究生，2019（8）：40-42.

3.2 设计实验和开展实验
马臻. 研究生做科研得步步为营. 中国研究生，2019（3）：47-49.
马臻. 别把文献当成"爹". 大学生，2013（3-4）：128-129.

3.3 准备中期考核
马臻. 研究生准备中期考核得"对路". 中国研究生，2019（4）：56-59.

4.2 引言的写作
马臻. 如何撰写科研论文的引言部分. 中国研究生，2020（9）：48-51.

4.4 讨论部分的写作
马臻. 如何撰写科研论文的讨论部分. 中国研究生，2021（1）：72-75.

4.9 回复审稿意见
马臻. 研究生回复审稿意见的门道. 中国研究生，2019（5）：52-54.

5.1 做科研的学术规范
马臻. 做科研的难点和乐趣. 科技导报，2017（23）：111.

5.6　科研合作

马臻.念好科研合作这本难念的经.科学新闻,2009(13):36.

6.2　学术会议报告

马臻.如何借助PPT做好你的报告.中国研究生,2020(7):61-64.

7.2　时间管理的窍门

马臻.做科研不顺?没时间找工作?解密读研时间管理.中国研究生,2021(4):42-45.

马臻.读研要使巧劲.中国研究生,2020(8):22-24.

8.1　做事规范

马臻.一堂职场课.中国研究生,2014(7):56-57.

马臻.换位思考·落到实处.科技导报,2013(26):85.

马臻.实验室非菜场,拒绝讨价还价.大学生,2016(15-16):138-139.

马臻.指出研究生思考问题的误区、盲区,促其成长.科技导报,2016(9):125.

8.2　职业发展

马臻.研究和职业的关系"非此即彼"?.中国科学报,2020-1-9(8).

马臻.就业,你准备好了吗?.中国研究生,2020(3):70-73.

马臻.应聘面试要学会"讲故事".中国研究生,2020(11):59-61.

马臻.进高校工作,研究生需要知道的那些事.中国研究生,2019(9):42-44.

9.1　关于正常毕业和延期毕业

马臻.理性分析研究生延期毕业现象.中国研究生,2020(5):58-61.

10.1　通俗写作的重要性

马臻.报刊写作和科技论文写作——加强大学生通识写作的两个切入点.时代人物,2024(11):1-5.

10.2 如何撰写关于研究生教育的通俗文章

马臻. 如何撰写关于研究生教育的通俗文章. 上海研究生教育，2022（2）：24-28.

10.3 通俗文章写作的几点经验和注意事项

马臻. 一个研究生导师的困惑. 科技导报，2016（23）：147.

马臻. 科研职业路上的决策. 科技导报，2017（8）：98.

马臻. 研究生生涯发展和课题组生存发展：一对难以调和的矛盾. 科技导报，2017（20）：138.

马臻. 参加学术会议的乐趣和现实压力. 科技导报，2018（3）：123-124.